AF495205

L'HISTOIRE DES QVATRE FILS AYMON TRES-NOBLES ET VAILLANS CHEVALIERS.

Ou sont adioustez les figures sur chacun Chapitre.

A TROYES;
Chez NICOLAS OVDOT, Imprimeur & Libraire, demeurant en la ruë de Nostre Dame, au Chappon d'or couronné.

4.

AV LECTEVR SALVT.

Combien que selon l'opinion de plusieurs, les liures qu'on appellent Romans ayent plus de recreation que de verité: toutes-fois qui les sçait bien esplucher il n'y trouuera point faute d'artifice & bon suiet en tous, principalement en cette histoire de Charlemagne, du Duc Aymon & son fils Regnaut. Car on ne doute point que Charlemagne (qui baille commencement à ce liure n'ait regné heureusement & fait son deuoir à desmeller la fauce loy de Mahomet, & agité par continuelles guerre & pertes irreparable les fauteurs d'icelle, tellement que sa mort donna grande resiouyssance, non seulement aux Sarrazins mais encore à la maudite sexte Arrienne pullulant ia du temps de ce bon roy. Et cela tu pourras trouuer vrayement aux Annales d'Aquitaine, partie du 2. chap. en Aneon. Labell. l. 8. de cad. Pleust à Dieu qu'vn pareil zele fust en ce temps secondé. Le Duc Aymon du pays de Saxe eut quatre fils, l'vn desquels estoit Regnaut surnommé de Montauban à cause du chasteau que le roy luy donna, Cela est bien en la vraye histoire. Nul ne peut nier les proüesses & grandes vertus & prompte obeyssance vers son souuerain seigneur, dudit Regnaut, & principalement reluis en luy vn bon vouloir d'extirper la dite sexte Mahometique pleine de fallace.

Touchant la voye sousterraine dudit chasteau de Montauban, delaquelle parle le 20. ch. de ce liure, & par ou se sauuerent Regnaut & les siens affamez par le long siege c'est chose continuë en la vraye histoire de Froissard 3. volume ch. 58. & la mesme est aussi parlé au vray de l'antiquité de la maison de Regnaut & de Montauban. Au reste il y a plusieurs choses pour le passe temps & recreation des nobles esprits, & qui n'aymant point trop graue ny mordante lecture, apres auoir satisfaits aux choses plus necessaires. Il y en a aussi pour instruire & animer les Gentils-hommes à bonne & iuste gueere: Et n'est pas seul en cette mode de proceder: car Homere Virgile & plusieurs autres denommez ont enrichy leur histoire de beaucoup de choses pour ornement, autrement elle eust esté froide en sa briefueté. Parquoy lecteur tu receuras cette histoire en gré, tant pour les raisons susdites que pour espargner ma peine, i'ay remis en tel estat si tu la confere auec les lours exemplaires, qui ont eu leurs cours iusques à present, tu la trouueras repurgée de tous erreurs restitué selon la verité des enciennes annales, & autres fideles Histoires; orné elegant & stil langage pour accroissement de nostre langue Françoise. Adieu.

L'HISTOIRE DES VAILLANS CHEVALIERS LES QVATRE FILS AYMON.

Comme l'Empereur Charlemagne fit Cheualiers les quatre fils Aymon, & comment le Duc beuues d'Aigremont tua Lohier fils aisné de Charlemagne, puis ledit Beuues fut tué. Chapitre I.

VEritablemẽt nous trouuerons és faits du bõ roi Charlemagne, qu'vne fois à vne feste de Pentecoste, il tint Cour à Paris, apres qu'il fut reuenu des parties de Lombardie, ou il y auoit eu vne grãde iournée contre les Sarrazins, dont le chef d'iceux estoit nõmé Guitelin le Fesne, lequel charlemagne par ses vaillances & prouesses desconfit, à laquelle iournée mourut des rois, ducs, comtes Princes barons & cheualiers; comme Salomon de Bretagne. Haon comte du Mans, messire Arnoul de Beaulâ, messire Galeran de bouillon, & plusieurs autres grands seigneurs Les douze pairs de france estoiẽt venus en cour & plusieurs alemans, anglois, normans, poiteuins, berruyers, lombards, & entre-autres le vaillant Duc Aymon de Dordonne lequel auoit amené ses quatre fils, c'est à sçauoir Regnaut, Aiard, Guichard & Richard qui à merueilles estoit beau sage & vaillant, & specialement regnaut qui estoit le plus grand qui se trouuast au monde, car il auoit bien seize pieds de hauteur. En icelle feste & assemblée le roi dist en cette maniere, Barons mes freres & amis vous sçauez cõme i'ay grand pays conquesté par vostre aide & secours, & tant de sarrazins mis sous ma subiection, cõme n'a guere auez veu du mescreant Guidelin, lequel i'ay desconfit & remis à la foi chrestienne, combien que i'aye perde grande cheualerie & noblesse, par faute de plusieurs nos vassaux & subiets qui ne nous ont voulu secourir, iaçoit que eussions mandé, comme Gerard de roussillon, le duc Nanteuil, & le duc beuues d'aigremont, qui sont tous trois freres, dont de tous me complains à vous, & si vous dy que si ne fust esté Messire Salomõ qui nous vint secourir auec trente mil combatans, & messire Lambert herruyer, & messire Geoffroy de bourdeille, auec Galeran de bouillon qui portoit nostre enseigne, nous estions desconfits, & par le defaut desdits trois freres, qui ne voulurent venir à nostre mandement, & sur tout le duc Beuues d'aigremont, combien que tous sont mes hommes, qui me doiuent fidelité & seruice, à present lui manderai qu'il me vienne seruir auec toute sa puissance, & en cas qu'il soit refusant d'obeyr à mon commandement, ie manderai tous mes subiets & amis & l'iray assieger à Aigremont, si le pouuons tenir, ie le ferai pendre hõteusement, & son fils Maugis escorcher vif, & aussi feray ardre sa femme, & mettray à feu & à sang toute sa terre. Lors le duc Naimes de bauiere diligem mẽt se leua & dist au roi. Sire, il me semble que ne vous deuez ainsi courroucer: mais si me croyez vous enuoyerez vn messager au duc d'aigremont, lequel sera bien accompagné, & qui soit sage & prudent pour remõstrer audit duc tout ce que lui direz, puis quand sçaurez la response, vous verrez que deuez faire. Le roy lui dist, vous me conseillez sagement; adonc il pensa quel messager il y pourroit enuoyer, & que par doute de mort ne laissast à dire son message au duc beuues; il n'y eut homme qui rien respondit; car plusieurs estoient de la parenté dudit duc, comme le duc Aimon de dordonne qui estoit son frere germain; car ils estoient quatre freres d'vn pere & d'vne mere. Le roi fut fort courroucé, tellement qu'il iura que tout le pays dudit duc seroit gasté, & qu'il n'y auoit homme qui l'en sçeust garder. Si appella hautement Lohier son fils aisné, & lui dist. Mon fils, il faut que vous fassiez ce message, & menez auec vous cent cheualiers bien armez, Vous direz au duc beuues que s'il ne nous vient seruir à cette S. Iean prochain, que i'iray assieger Aigremont, & destruirai toute sa terre, luy & son fils seront pendus; & sa femme bruslée: Sire dist Lohier, volõtiers le feray, sçachez que ie ne craindrai pour doute de mort que ne lui die ce qu'enchargé m'auez. Alors Charlemagne plora de pitié de son fils Lohier, car il se repentoit de lui auoir donné charge de faire le message, mais puis qu'il auoit dit, il le failloit accomplir. Le lendemain matin Lohier & sa compagnie s'habillerent, puis monterent à cheual & vindrent deuant le roi & Lohier dist à son pere. Sire, moi & mes gens sommes prests de faire vostre vouloir. Beau fils ie te recommande à Dieu qui en croix souffrit mort & passion, le priant qu'il te guarantisse toi & toute ta compagnie de mal auoir. Lohier & sa compagnie se partirent, dont le roy mena grand deuil, & non sans cause; car depuis ne le veit. Or s'en vont les messagers contre Aigremont, menaçant le duc beuues, dont vn espion entendit tout ce qu'ils disoient, lequel vint hastiuement vers Aigremont, & conta au duc cõment les messagers du roi venoient vers luy qui fort le menaçoient & que son fils estoit en personne. Adonc le duc dist a ses barons qui estoient en grãd nombre à cause des festes de Pentecoste. Seigneurs, le roi me tiens bien vil & peu me prise, qui veut que ie l'aille seruir auec tous mes gẽs, & m'enuoye son fils aisné par deça, pour me faire vn message, en menaçant grandement, que me cõseillez-vous;

mes freres & amis. Lors vn bon & sage cheualier nõmé messire simon lui dist, mon
seigneur ie vous conseillerai bien, receuez honorablement les messagers du roi; car
bien sçauez qu'il est vostre seigneur & qui guerroye contre son souuerain seigneur
il fait contre dieu & raison. Seigneur n'ayez égard à vostre parenté, ne à ce que vos
freres gerard de roussillon & le duc Nantueil ne lui ont voulu obeyr, ie vous donne aduis que le roy est puissant & vous destruira de corps & de biens, si ne lui obeyssez, & si allez vers luy il aura mercy de vous. Le duc luy respõdit qu'il nen feroit
rien, & que mauuais conseil donnoit; car dit-il, ie ne suis pas si bas que ie n'aye trois
freres qui bien m'aideront à soustenir la guerre contre luy, & aussi mes quatre neueux fils de mon frere Aimon de dordonne, qui sont vaillans a merueilles, en faits
de guerre. Helas dist la duchesse, sire croyez vostre bon conseil; car iamais preud'-
homme ne vous conseillera de faire guerre contre vostre droicturier seigneur, &
c'est contre le commandement de Dieu & toute bonne équité. Si vous luy auez
meffait, faites tant qu'accordiez auec lui &, ne prenez garde à vos freres, comme
vous conseille messire simon. Lors il regarda la duchesse par colere, lui disant qu'-
elle se teust, & que iamais ne lui parlast de cela; car il ne feroit pour le roi mõstrance d'vn denier. Elle se teut, & dist que iamais ne lui en parleroit. Grãde fut la noise
par le palais d'aigremont; car les vns disoient que la duchesse cõseilloit bien, & les
autres mal. Adonc le duc dist à ceux qui luy conseilloient de n'obeyr au roy, qu'il
leur en sçauoit bon gré, & que tant qu'il viuroit il ne lui obeyroit, mais luy feroit
si merueilleuse guerre, qu'il connoistroit s'il auoit nul amis. Les messagers du roy
cheuaucherent tant, qu'ils arriuerent au chasteau d'Aigremont, assis sur vne haute
roche enuironnée de hauts murs espois & garni de hautes tours, tellemẽt que pour
la force & scituation dudit chasteau il estoit imprenable sinon par famine. Lohier
dist aux seigneurs qui estoient auec lui, regardez quelle forteresse, & le fleuue qui
passe au pied, ie croy qu'en la chrestienté n'y a son pareil, iamais par force ne sera
prins, si ce n'est par famine. Lors vn cheualier nommé Sauary dist à Lohier. Sire, il
me semble que vostre pere le roi a entrepris vne grãde folie, quand il cuide venir à
bout de celuy duc d'aigremont; car il est tres-puissant, ie croi qu'il aura bien autant
de gens pour guerroyer que monsieur voitre pere, si à tant venoit qu'il lui voulust
faire guerre, il feroit belle chose s'ils pouuoient estre d'accord, mais ie sçay bien
que si le roi vostre pere le tenoit, que tout l'or de paris ne le garderoit qu'il ne le fist
pendre ou tout vif escorcher, ie vous supplie que parliez humblement au duc beuues; car il est fier & orgueilleux, il y pourroit auoir difficulté entre vous & lui, dõt
la perte tourneroit sur nous; car nous sommes trop peu de gens. Lohier lui respõdit qu'il parleroit bien sagement: mais s'il dit chose qui nous desplaise il en sera le
premier marri; tant cheminerent les messagers qu'ils vindrent au chasteau d'aigremont, ils heurterent à la porte, & le portier leur demanda. Seigneurs, qui estes-vo⁹?
Amis, dist Lohier, ouure nous la porte, nous parlerons au duc beuues de la part du
roy. Attendez, ie vais parler à monseigneur le duc. Adonc il alla au palais, & dist au
duc qu'à la porte du chasteau auoit grand nombre de gens d'armes, & qu'ils estoiẽt
bien iusques à cent, & tous bien armez. Monseigneur, vous plaist-il que ie leur ouure la porte. Ouy, dist le duc; car ie ne les doute en rien. Le portier leur ouurit, &
Lohier & ses compagnons entrerẽt dedans, & monterent iusques au donion du

Chasteau le duc dist à ses barons, voici venir le fils aisné du roy, qui me vient conter son message, mais s'il parle à nous sagemét il fera bié; car s'il dit chose qui nous desplaise, i'en aurai bien raison. Beuues estoit bien accompagné de deux cens cheualiers, cependant Lohier entra en la salle du palais bien armé auec ses gens, il vit la salle armée de nobles gens, & le duc assis au milieu d'eux, auprés de lui la duchesse estoit & maugis son fils, lequel au monde n'auoit son pareil en l'art de Nigromancie & fort vaillant aux armes. Lohier entra le premier & ses gens apres lui, il se leua, puis lui dist en cette maniere, Dieu qui crea le firmament sauue & garde le roy & toute sa lignée, & te confonde toy duc d'Aigremont. Le roi mon pere te mande par moi qu'incontinent tu vienne à Paris auec cinq cens cheualiers pour le seruir la ou il lui plaira t'enuoyer, aussi pour luy faire droit & raison de ce que tu ne fus auec lui en Lombardie batailler contre les Sarrazins; car par ton deffaut y sont morts Baudouin seigneur de Melan, Geoffroy de boudeille, & plusieurs autres grãds cheualiers. Si tu ne le veux faire, ie te dis que le roi viendra sur toi auec cent mille combattans, tu seras prins & mené en France comme vn larron faux & déloyal, & écorché tout vif, ta femme bruslée & tes enfans destruits & exilez, fais ce que le roi te mande & tu seras sage; car tu luy est subiet.

Quand le duc Beuues ouyt ainsi parler Lohier fils du roi Charlemagne, il commença à muer couleur cõme cruel & felon, & dist à Lohier que ia n'iroit vers le roi & qu'il ne tenoit chasteau ne forteresse, & qu'il s'en iroit sur lui auec toute sa puissance, en sorte qu'il destruiroit tout le pays de France. Alors Lohier lui dist, vassal, comme oses tu ainsi respondre, si le roi sçauoit tes menaces, incontinent il viendroit sur toi & te destruiroit, tu sçais bien que tu es son homme lige & ne le sçaurois desdire. Si t'en viens prestement seruir le roy & me croy; car si tu ne le fais ie te dis que s'il te peut tenir par force qu'il te fera pendre & brusler, puis ietter la poudre au vent. Quand le Duc Beuues l'ouyt ainsi parler, il se leua & dist qu'a la mal heure lui estoit venu conter le messager.

Il y eut vn noble cheualier des gens du duc beuues, qui lui dist, monseigneur, gardez que ne commettiez folie, laissez dire à Lohier ce qu'il voudra; car de ce ne valez ne plus ne moins, & cõme bien sçauez Charlemagne est tres puissant, allez vers lui; car vous luy estes vassal & subiet, & de lui tenez vostre chasteau d'Aigremont & toute vostre terre, si ainsi faites vous ferez sagement; car de vous esleuer contre vostre droit seigneur il ne vous en peut que mal aduenir. Le duc l'oyant ainsi parler luy sçeut bon gré, toutes fois luy dist Taisez vous; car ie ne tiendrai rien de luy, tãt que ie pourray porter armes & monter à cheual. Ie manderay mes freres Gerard de roussillon duc de Nantueil & garnier son fils, puis irons sur le roi Charlemagne, & si ie le rencontre en la place ie le destruiray & feray de lui ce qu'il pense faire de moy. Ie ne prendrois pas tout l'or de Paris que le messager ne fasse mourir, & ne deust en pieces decouper, mal fut pour luy quand ainsi m'osa menacer. Lohier lui dist, ie ne vous prise ne doute. Quand le duc beuues l'entendit, il rougit de honte, & commença à crier: or sus barons prenez-le moi, ia n'empeschera que ne le fasse vilainement mourir. Les barons n'oserent contredire à leur seigneur, si tirerẽt tous leurs espées & allerent sur les gens de Charlemagne. Lohier cria son enseigne, & cõmença lui & ses gés à se deffẽdre. Sçachez que tant se cõbatirẽt leans en la salle du palais, que le bruit en fut par toute la ville. Lors eussiez veu bourgeois & artisans auec haches, espées & autres bastons venir, tant qu'ils furent bien sept mille, mais l'entrée du palais estoit estroite & les françois estoient dedãs qui bien les gardoient d'y entrer à leur aise. Helas que terrible & malheureux fut celuy iour; car les vns qui estoiẽt peu au prix des autres, se deffendoient fort vaillãment, tant que lohier voyant que lui & ses gens auoient du pire, frappa vn cheualier si rudement, qu'il cheut mort à terre deuant beuues, puis dist piteusement. O Dieu tout puissãt qui pristes chair humaine au ventre de la vierge Marie, puis souffristes mort & passion pour racheter l'humain lignage, vueillez auiourd'huy me garãtir de mort, car ie sçais bien que si ce n'est par vostre aide que ie ne sois secouru, iamais le roy mon pere ne me verra: le Duc dist à lohier ainsi m'aide Dieu, qu'auiourd'huy sera vostre definement, non sera dist lohier; Lors print son bran d'acier, & frappa le duc sur son heaume le coup tomba sur le talon, tellemẽt que le sang courut parmi la salle. Par bieu dist lohier vous n'en eschapperez ia: le duc vint vers lui tout enragé, disãt peu ie me prise si ie ne me venge de toy, le duc leua son bran & frappa lohier si rudement sur son heaume qu'il le fendit iusqu'aux dents & tomba mort deuant luy. Or est courageusement mort lohier fils aisné du roi Charlemagne, & le duc beuues plein de cruauté lui coupa la teste. Quand les gens dudit lohier virent leur maistre mort, ils ne firent pas grand deffence, toutes-fois de ceux qui estoyent entrez au palais auec lohier n'en estoit demeuré que vingt, dont le duc en fit occire dix, & aux autres dix il leur dist. Si me voulez promettre sur vostre foi de cheualerie, que vous porterez vostre seigneur lohier a son pere Charlemagne, & lui direz que ie luy enuoye son fils & qu'à mal heure me l'enuoya pour me dire telles nouuelles, ie vous lairray aller, & lui direz que pour lui ne ferois la mõstrance d'vn denier, mais m'en iray à luy auec cent mille combattans & destruiray lui & son pays. Sire, respondirent-ils, nous ferons ce qu'il vous plaira nous cõmander. Il fit faire vne biere & fit mettre le corps dedans, puis le mirent sur vne charette, & les enuoya le Duc conduire iusques hors la ville.

Quand ils furent aux champs les cheualiers se prindrent à pleurer, en disant, helas, que dirõs nous au roi qui tant de douleur aura, quand il sçaura vostre cruelle mort, nous pouuons bien estre certain qu'il nous fera tous mourir. Et ainsi en pleurant & lamentans allerent droit à Paris, le roy Charlemagne y estant, vn iour dist à ses barons, ie suis fort courroucé de mon fils lohier que i'ay enuoyé à Aigremont, i'ay peur qu'il ait pris debat au duc beuues qui est fier & outrageux, ie me doute qu'il ne l'ait occis, mais par ma couronne, si ainsi l'a fait, i'iray sur luy auec cent mil hõmes & le feray pendre aux fourches. Sire, dist le duc Aimon, ie vous sçauray bon gré s'il vous a meffait que le punissiez & en preniez bonne vengeance, il est vostre homme lige, il vous doit seruir & honorer & doit tenir de vous sa terre, toutesfois s'il vous a meffait en aucune maniere, fort m'en desplaist. I'ay icy mes quatre fils, à sçauoir Regnaut, Alard, Guichard & Richard qui sont fort vaillans & qui bien vous seruirons à vostre volonté. Aimon dist Charlemagne, ie vous sçay bon gré de l'offre que m'auez presenté. Ie veux que presentement les fassiez venir icy, afin que ie les fasse Cheualiers, ie leur donneray assez cheuaux, villes & citez; Adonc le Duc Aymon enuoya querir les enfans & les fit venir deuant le Roy.

Quand le roy les vit, il lui pleurent fort, Regnaut parla le premier, disant, sire, s'il vous plaist de nous faire Cheualiers, à iamais serions tenus de vous seruir. Le Roy Charlemagne appella son Seneschal, & lui dist, apportez moi mes armes qui furent au roi de Cypre, lequel i'ay occis en bataille deuant Pampelune, ie les donneray au gentil Regnaut, comme à celui qui est le plus vaillāt de tous, & d'autres armes donnerai aux trois autres freres. Le seneschal apporta ses armes qui estoient fort belles. Lors furent armez les quatre gentils enfans du bon duc Aimon de Dordonne, & Oger le dannois qui estoit de leur parenté chaussa les esperons au nouueau Cheualier regnaut. Le Roy luy ceignit son espée, puis luy donna l'accollée, en luy disant, Dieu te croisse en bonté, honneur & vaillance. Puis Regnaut monta sur vn cheual bayard qui onc n'eut son pareil; car pour courir dix lieuës il n'estoit point las, ledit cheual bayard auoit esté nourri en l'Isle de Bescan, & maugis le fils du duc Buues d'Aigremont l'auoit donné à son cousin regnaut. Le gentil regnaut auoit en son col vn escu peint, il branslа son espée par grand fierté, & sçachez qu'il estoit beau cheualier & grād à merueilles. Le roy fit dresser vne quitaine, à laquelle il fit iouster les nouueaux cheualiers & ils iousterent vaillamment mais Regnaut emporta l'honneur. Les faicts du vaillant Regnaut furent agreables au Roy, lequel luy dist. Regnaut doresnauāt viendrez en bataille auec nous, mille mercis dist regnaut, ie promets de vous seruir loyaument, & iamais ne me trouuerez en forfaict, si de vous ne vient. L'Empereur Charlemagne apres les ioustes s'en retourna en son Palais à Paris, alors il dist à ses barons. Ie suis fort esmerueillé de mon fils Lohier, qui tant demeure en son message, i'ay peur que quelque inconuenient ne luy soit aduenu; car la nuit passée i'ay songé que la foudre du ciel tomboit sur mon cher fils Lohier, & le duc d'aigremōt vint sus, qui lui coupa la teste, mais par ma barbe si ainsi le fait, iamais d'accord n'aura auec moi, Sire, dist le duc Naimes, ie ne croi point telles choses & à tels songes ne doit on adiouster foy. Toutes-fois dist le roi, si ainsi l'a fait, ie ne lui lairray la valeur d'vn denier, car ie manderay Normans, Berruriers, Flamans, Allemans, Bauarois, Anglois, Lombards, & si iray sur luy & le destruiray. En disant ces parolles, il arriua vn messager mōté sur vn cheual, lequel estoit grandement lassé, & estoit navré à mort, il vint deuant le palais, le Roy estoit aux fenestres, quand il vit venir le messager, il descendit prestement du palais auec le Duc Naimes de bauiere, Oger le dannois. Et quand le messager fut deuant le roi, il le salua bien bassement, comme celuy qui estoit navré, & luy dist. Grande folie fistes, quand enuoyastes monseigneur vostre fils demander truage & obeyssance au Duc Beuues d'Aigremont, lequel trop hardiment luy demanda, mais le Duc qui est fier & courageux, quand il ouyt ainsi parler monsieur vostre fils, commanda à plusieurs qui la estoient, qu'il fust prins, & que iamais ne vous retourneroit dire la responce. A laquelle prinse fut si grande meslée, tant que vostre fils y est mort, & l'a occis le Duc Beuues, & tous vos gens, excepté moi & neuf autres, qui apportent vostre fils en vne biere, & moi qui suis fort navré; adonc le messager se pasma & ne peut plus parler de la douleur de ses playes. Quād le roy l'eut entendu il tomba à terre tout pasmé puis commença à dire. O Dieu qui auez crée le Ciel & la terre, vous m'auez mis en vn tel dueil, que iamais n'auray ioye, ie vous requiers la mort; car plus viure ie ne demande. Adonc le Duc Naimes en le reconfortant luy dist. Helas! sire

sire ne vous tourmentez pas ainsi, ayez esperance en Dieu, faictes que vostre fils soit honorablement enterré, puis irez voir le Duc Beunes à tout vostre puissance & destruirez luy & son pays. Le roy se reconforta, & recogneut que Naimes le consoloit bien, & dist à ses barons apprestez-vous pour aller au deuant de mon fils Lohier, & incontinent les princes & barons firent le commandement du Roy. Quand ils furent dix lieuës hors de Paris, ils rencontrerent le corps de Lohier qui estoit dans vne biere, & estoient auec le duc Naimes, Oger le Dannois, Sanson de bourgongne, & autres grands seigneurs. Lors dist le Roy, quand il vit son fils. Helas comment ie suis vilainement traicté. Si descendit à pied & leua le tapis qui estoit sur la biere, & vit son fils qui auoit la teste coupée & le visage tout detrenché. He dieu dit le Roy, voicy assez pour enrager, bien dois hair beuues d'aigremont qui mon fils a ainsi meurtry. Adonc le baisa tout sanglant qu'il estoit disant. Helas beau fils, vous estiez gentil cheualier, ie prie Dieu le puissant Roy de gloire qu'il mette vostre ame au Royaume de Paradis. Alors Thierry le Ardenois & Sanson de Bourgongne prindrent la biere où le corps de Lohier estoit & l'emmenerent iusques à S. Germain des Prez, où il fut honorablement enterré comme appartient à tout fils de Roy. Nous lairrons à parler du Roy & de son fils & parlerons du bon Duc Aymon, & de ses quatre enfans qui estoient à Paris.

Mes enfans, dist le Duc Aymon, vous sçauez cõme le Roy Charlemagne est fort courroucé & non sans cause, pource que mon frere vostre oncle à occis Lohier son fils, ie sçais bien qu'il ira sur luy à grand puissance, mais nous n'irons pas, allons à Dordonne & si le Roy luy fait la guerre de nostre puissance nous luy ayderons Ils monterent à cheual & n'arresterent iusques ils furent à Laon, & de la firent tant par leurs iournées qu'ils arriuerent à Dordonne. Quand la dame vit son seigneur venir auec ses quatre enfans elle en fut ioyeuse, & s'en alla au deuant demandant des nouuelles, & si Regnaut & ses freres estoient cheualiers. Le Duc Aimon luy dit que ouy, puis elle luy demanda pourquoy ils estoient partis d'auec le Roy, & luy conta comment le duc beuues d'aygremont auoit occis le fils aisné du Roy Adonc la Dame fut fort faschée, car bien cogneut que c'estoit la ruine de son mary, d'elle de ses enfans & de toute leur terre Regnaut menassoit fort le Roy, & la dame oyant ce luy dist, mon fils Regnaut ie te prie que tu m'entende vn peu, ayme & crains ton souuerain seigneur & luy porte honneur & reuerence & seras aymé de Dieu. Et vous monseigneur Aimon ie m'esmerueille de ce qu'estes partis de la Cour du Roy sans son congé, luy qui vous a fait tant de biens & d'auoir donné de si riches armes à vos enfans, & les a fait cheualiers, plus grand honneur ne pouuoit-il faire à vous & à vos enfans, ie vous prie que de cette affaire ne vous en mesliez, car cét esté vous verrez que le Roy ira sur vostre frere. Par mon conseil seruez le Roy vostre seigneur, car si autrement faictes vous serez desloyal. Dame pour Dieu ie voudrois auoir perdu mon cheual & la moitié de ma terre, & que mon frere le duc Beuues n'eust point occis Lohier. Icy lairrons à parler du duc Aymon & de ses fils, & retournerons au Roy qui lamentoit la mort de son fils Lohier.

Cependant que Charlemagne lamentoit il vint vn messager qui luy conta comment Aymon & ses quatre fils s'en estoient allez en leur païs. dont le Roy fut fort courroucé: il iura Dieu & sainct Denis qu'auant qu'il mourust que Aymon & ses quatre fils, l'acheteroient cher, & que le Duc beuues d'Aigremont ne ses Freres & enfans ne l'en sçauroient garder. Le disner fut prest, ils s'assirent à table, mais peu mangea le Roy, car il estoit en grand melancholie. Salomon seruit celuy iour de couper deuant luy. Apres disner le Roy dit à ses barons, Seigneurs grand outrage m'a fait le duc beuues, qui si vilainement a occis mon fils Lohier, mais si dieu plaist ie l'itay voir à ce premier esté, & destruiray toute sa terre, & si le peux tenir ne lairray d'en prendre vengeance pour le duc Aimon qui s'en est allé, ne pour ses enfans que i'ay fait cheualiers dont m'en repens. Sire, dit le duc Naimes, vostre fils est mort par malheur, iamais mort ne fut si cher vendu, mandez vos hommes par toutes vos terres, puis prenez vostre chemin vers aigremont, & si le duc beuues pouuez tenir vendez-luy la mort de vostre fils cherement. Naimes dit le Roy, fort estes prudent & sage ainsi le ferai comme m'auez conseillé. Il donna congé à plusieurs de ses barons, & leur dist qu'ils s'en allassent chacun appareiller en son pays, & qu'ils retournassent au premier iour de l'esté venant. Ainsi fut fait comme le Roy l'auoit deuisé, & pour lors fut la renommée iusques à rome que Charlemagne faisoit grand amas de gens d'armes, tant que les nouuelles en vindrent au duc beuues d'aigremont, lequel d'autre part manda tous ses parens & amis & principalement ses freres Gerard de Rossilon, Doon de Nantueil. Quand tous furent assemblez, ils se trouuerent bien quatre vingt-mille combattans oncques plus belles gens ne furent veus. Adonc ils dirent tous ensemble, nous croyõs que si le Roy assiege ce chasteau que le pis en tournera sur luy. Et le duc beuues dist à son frere gerard : frere ne vous esmayez, i'espere bien greuer le Roy s'il vient sur nous : mais allons deuers Troye, & là nous combattrons deuers le Roy vigoureusement, & bien sçay que Dieu nous aydera.

Ce fut au commencement du mois de may que Charlemagne estoit à Paris qui attendoit ses gens qui deuoient venir. Il ne demeura gueres que Richard de Normandie vint auec trente mille combattans, puis vint le Comte Guichard qui amenoit auec luy fort noble compagnie. Apres vint salomon de Bretagne, & d'autres, comme poiteuins, gascons, normans, berruyers, bourguignons, lesquels se logerent és prez S. germain. Quand le Roy sceut que tous ses gens estoient arriuez, il fit departir ses batailles: & fit de Richard de galerant de bouillon, de guidelon de bauieres, de Ysachar de Nemours, & de Oger le Dannois, & de Estou le fils Odon auec quarante mille combatans son auant-garde. Ils partirent de Paris & se mirent deuers le chemin d'aigremont. Apres auoir cheuauché plusieurs iournées, Oger qui menoit l'auantgarde vit venir vn messager hastiuement cheuauchant qui demanda à qui estoit ceste belle compagnie. Oger respondit qu'elle estoit à Charlemagne. Il luy dit qu'il voudroit bien parler à luy. Adonc Richard le mena vers luy. Quand le messager le vit il le salua, puis luy conta qu'il estoit de Troye & que le seigneur de Troye le supplioit de luy donner secours, car le duc beuues d'Aigremont & ses deux freres, auec cent mille combatans l'auoient assiegé, & que s'il ne luy donnoit secours, il seroit contraint de rendre Troye.

Quand Charlemagne entendit que Troye estoit assiegée par le duc beuues & ses freres, il fut dolent, & iura par S. Denis de France qu'il iroit celle part auec son armée & que s'il pouuoit tenir le Duc d'Aigremont qu'il le feroit mourir, il appella Naimes ne bauiere, Godebœuf de frise, le duc Galerant & leur dist : Barons cheuau-

chons hastiuement vers Troyes auant qu'elle soit prinse, ils respondirent tous que
tres volontiers & cheuaucherent tant qu'ils furent pres de Troye. Et tout premier arriua l'auant-garde à tout l'Oriflan laquelle conduisoit Oger, Richard de Normãdie, le
Duc Galerant, & auec eux trente mille combattans, le messager de Troye les conduisoit. Quand ils furent prés de Troyes vn messager vint dire à galerant, que le roi venoit sur eux pour secourir Aubery à mout grande compagnie Gerard dit à ses freres
Roussillon estoit tout le premier à l'auant garde. Tant cheuaucherent que l'vne des
auant garde vit l'autre. Quand Oger le Dannois vit venir Gerard de roussillon, il dit
à Richard de Normandie. Voyez comment Gerard de roussillon nous pense mal mener. Or pensons de nous bien deffendre tant que l'honneur en soit au Roi & à nous.
Adonc laisserent courir les cheuaux de part & d'autre.

Gerard frappa vn Allemand de sa lance, tellement qu'il l'abbatit mort par terre,
Gerard print son enseigne & cria Roussillon, adonc commença terrible bataille, car
quand Oger veit ainsi mourir ses gens il cuida tout vif enrager, il frappa vn cheualier
parmy le corps, & tomba mort. Gerard de Roussillon voyant ce frappa vn des gens
d'Oger tellement qu'il le ietta par terre, mout fut piteux l'estour, là eussiez veu
tant de targues rompués, tant de ha berts d'esmaillez, & tant de morts gesir l'vn sur
l'autre que toute la terre estoit couuerte de sang & estoit grand pitié à voir. Adonc
vint le duc beuues d'aigremont en picquant son destrier il frappa Oger seigneur de
Peronne & de S. Quentin si rudement qu'il l'abbatit mort, lors il se print à crier aigremont. Il vint vers luy son frere Nantueil & tous ses gens, & vont tous ensemble
sur les gens du Roy. D'autre part arriuerent à puissance, comme poiteuins, allemans
& lombards qui estoient du party du Roy, & se meslerent les vns parmy les autres,
tellement que terrible bataille fut, car la furent tuez des vaillans cheualiers, Richard
de Normandie monstra pour lors sa grande proüesse, car il frappa vn cheualier que
Gerard de roussillon aimoit fort, de si grande puissance que mort le tresbucha à terre.
Quand Gerard de roussillon le vit ainsi mort, il fut fort fasché & iura qu'il s'en vengeroit, adonc cria son enseigne roussillon & son frere Doon de Nantueil promptement le vint secourir, & luy dit. Frere ie conseille que nous retournions car voicy le roy & tous ses gens, ie vous dis que si nous l'attendons que la perte tournera sur
nous. Cependant qu'ils parloient Galerant de bouillon frappa deuant eux vn des neueux de Gerard, tellement qu'il luy mit l'espée outre le corps & cheut mort à terre.
Gerard cuida sortir hors du sens, & enuoya querir le Duc beuues son frere, lequel le
vint incontinent secourir comme preux & hardy D'autre part le Roy assembla ses
gens, il y mourut celuy iour tant d'vn costé que d'autre quarante mille hommes &
plus. Hé Dieu quelle occision. Le duc beuues frappa messire Gautier de Pierrelée en
son escu, tellement qu'il luy mit la lance au trauers du corps, puis cria à haute voix
son enseigne aigremont. Fiere fut la bataille, & là monstra richard de Normandie sa
prouesse, car il iousta contre le duc d'Aigremont tellement qu'il luy perça son escu
& le naura, puis luy dist, vous ne serez huy guarenti de mort, mal fut pour vous
ceste iournée quand oncques occist monsieur Lohier, & derechef frappa sur le Duc
que si n'eust esté la coiffe d'acier qui fit deualer le coup, ledit beuues estoit mort à
celle heure, le coup tomba sur le cheual qui tout outre le trencha, & le Cha-

ual tomba mort dessous son maistre, adonc fut esbahi le Duc Beuues, quand il se vit par terre, il se redressa promptement, ayant l'espée en main & frappa vn cheualier nommé messire Simon, tant qu'il l'abatit a mort, puis s'escria à haute voix Oger Naimes Gallerant de bouillon, Huon du mans, le comte Salomon. Leon de frise, l'archeuesque Turpin, & Eston le fils Oedon, car à ceste assemblée moururent grand noblesse de tous les deux costez.

A ceste occision vint Charlemagne criant, barons s'ils nous eschappe iamais honneur n'aurons, lors mist sa lance en arrest & frappa Gerard de Roussillon parmy son escu tant qu'il l'abbatit à terre, là eust esté sa fin si n'eust esté ses freres qui le vindrent secourir. D'autre part vint Oger le Dannois qui frappa vn cheualier des gens de gerard de Roussillon, tellement qu'il le fendit iusques aux dents, & tomba mort à terre, quand gerard le vit ainsi mort, il reclama Dieu & la vierge, disant. Helas i'ay auiourd'huy perdu de fort bons cheualiers & aussi le Duc beuues fut fort esbahy, & pria Dieu qu'il luy pleust le guarantir de mort & de cheoir aux mains du Roy. Le Soleil se vouloit coucher & estoit enuiron heure de complie les combattans d'vn costé & d'autre estoient fort las. Les trois freres s'en retournerent en leurs tentes fort courroucez, & par special, Gerard qui a ce iour auoit perdu Amonis son bon cousin, & cent autres des meilleurs de sa compagnie il commença à dire, malle fut l'heure quo le fils du Roy fut occis. Lors vint vers luy le Duc Beuues tout sanglant comme celuy qui estoit bien nauré quand Gerard le vit il se print à souspirer tendrement, disant, beau frere vous estes nauré à mort, non suis dit-il, ie seray bien tost guery, adonc gerard iura que au soleil leuant il commenceroit telle meslée auec le Roy & ses gés, dōt trente mille en perdroient la vie. Helas pour dieu non faites dit le duc de Nantueil: mais si me voulez croire nous enuoyerons trente des plus sages de nos cheualiers au Roy, & par iceux luy ferons dire humblement qu'il aye pitié de nous, & que nostre frere le duc Beuues luy amendera la mort de son fils Lohier ainsi qu'il sera dit par les barons de sa compagnie. Vous sçauez que nous sommes ses hommes, & que de l'attaquer par armes nous ferions tres-mal, car s'il auoit perdu tous ses gens qu'il a icy amenez, auant qu'il fust vn mois il en auroit recouuert deux fois autant, nous ne pouuons longuement tenir contre luy, parquoy mes freres ie vous prie qu'en ce point le vueillez faire. Ses freres luy respondirent qu'ils estoient d'accord, puis qu'ainsi leur conseilloit, ils conclurent entr'eux d'y enuoyer quand le iour seroit venu. Ils firent faire cette nuict bon guet puis le matin firent apprester leur messagers pour enuoyer au Roy, quand ils furent prest, Gerard de Roussillon leur dit. Seigneurs, remonstrez bien au Roy qu'il nous desplaist grandement de la mort de son fils Lohier, & que nostre frere le Duc Beuues fort s'en repent, & que s'il luy plaist auoir mercy de nous que nous l'irons seruir là où il luy plaira nous enuoyer, à tout dix mille combatans. Et si direz au duc Naimes que pour cette accord faire il s'y vueille bien fort employer.

Quand les messagers eurent entendu ce qu'ils vouloient dire & exposer au Roy de par les trois freres ducs, ils monterent à cheual, & chacun d'eux portans rameaux d'oliuiers en leurs mains, en signe de paix & ne cesserent de cheuaucher tant qu'ils fussent deuant le Roy. Lors parla vn nommé Messire Estienne, saluant le Roy en ceste maniere. Sire, ie prie nostre Seigneur que par sa saincte grace vous doient bonne vie

& longue. Sçachez que le Duc Gerard de Roussillon, le Duc Beuues d'aigremont, le Duc de Nantueil, nous sont icy enuoyez, lesquels vous crient humblement mercy & vous supplient tres-affectueusement de leur pardonner la mort de vostre fils Lohier, de laquelle sont fort dolens & courroucez & vous mande le Duc Beuues que si vostre plaisir est de ce faire, que luy & ses freres seront vos hommes liges, & vous viendront seruir à tout dix mille combatans, en tout ce qu'il vous plaira leur commander. Sire pour Dieu ayez pour souuenance que Dieu pardonna sa mort, parquoy sire il vous plaira leur pardonner vostre mal talent.

Quand il ouyt ainsi parler les Messagers des trois freres, il fronça le front & broncha tout le visage, & à celle heure ne leur respondit aucune chose, puis vn peu apres commença à parler en cette maniere. Par ma foy messire Estienne, bien perdit son bon sens le duc d'Aigremont quand si vilainement occit mon fils Lohier que si cherement i'aymois, il est mon homme vassal vueille ou non. Sire, dit messire Estienne, ie suis certain qu'il vous fera droict & raison au rapport de vostre conseil. Lors dit le Roy, de ce nous en conseillerons. Adonc se tira vn peu arriere & appella le bon Duc Naimes de Bauiere, Oger le Dannos, Messire Salomon, Huon du maine, Galerant de Boüillon, Odet de langres, Leon de frise, & leur dit. Seigneurs voicy les messagers du duc Beuues d'aigremont & ses freres, qui mandent qu'ils me viendrót seruir là où bon me semblera à tout dix mille combattans, si la mort de mon fils Lohier luy voulons pardonner, ils seront nos hommes liges & vassaux, & de nous tiendrons leurs terres & seigneuries. Sire dit le duc Naimes ie conseille que vous leur pardonniez, car ils sont mout vaillans & de grand renommée. Lors par le bon conseil du bon duc Naimes le Roy pardonna aux trois freres, si appella les Ambassadeurs & leur dist comme il leur pardonnoit la mort de son fils Lohier par telle condition que le Duc Beuues d'Aigremont le viendra seruir à la sainct Iean prochainement venant, à tout dix mille combatans bien en point, & leur dictes qu'ils viennent vers moy seurement pour prendre d'eux leur foy & serment de bien & loyaument seruir. Adonc se partirent les messagers de deuant le Roy & vindrent deuers le Duc & luy conterent comme ils auoient besongné auec luy, dont les trois freres remercierent humblement nostre Seigneur, Gerard de Roussillon dit. Il est raison que nous nous despoüillons de nos bonnes robbes, & aillions deuers le Roy tout nuds, & luy crier mercy de ce qu'ainsi auons offencé contre sa maiesté, & les freres dirent que bien le deuoient ainsi faire. Si se despoüillerent les nobles seigneurs en chemise & nuds pieds, puis s'en allerent accompagnez de bien quatre mille cheualiers aussi tous nuds pieds & en chemise comme eux.

Le Roy voyant venir ainsi les trois freres auec les barons, il appella le Duc Naimes & plusieurs autres barons, & leur dit. Ne me sçauriez-vous dire quels gens voici, sire dit le Duc Naimes, c'est le Duc beuues d'aigremont auec ses gens qui viennent requerir mercy. Cependant le Duc Beuues arriua deuant luy se ietta à ses pieds, & luy dit. Sire, pour Dieu ie vous requiers mercy, nous sommes icy venus par vostre commandement, si i'occis vostre fils par ma folie, moy comme vostre homme à vous me rends & mes freres aussi, & voulons estre vos hommes liges & vous seruirons de toute nostre puissance où il vous plaira de nous employer & iamais iour de vostre vie ne vous faudrons, si à vous ne tiens. Quand le Roy vit ainsi humblement estre venu

& tout ouy ce que luy auoient dit, en eut grand pitié & leur pardonna la mort de son fils. Adonc visiterent de part & d'autre chacun baise & embrasse ses parens, les vns ploroient de ioye, les autres de pitié. Or furent appaisez les barons auec le roi par le conseil du bon duc Naime, les trois freres iurerent & promirent bonne loyauté de Roy, qu'ils le suiuroient quand il les manderoit. Ils prindrent en ce point ioyeux congé du Roi, mais le Roi enchargea le Duc Beuues qu'il le vint seruir à la sainct Iean prochainement venant. Or s'en retourna le Roi deuers Paris, & les trois freres s'en retournerent ioyeusement chacun en son hostel : car bien pensoient auoir accordé auec lui mais bien autrement en alla.

Vous deuez sçauoir qu'vn peu deuant la S. Iean Baptiste, que le Roi tenoit court pleniere à Paris, le Duc Beuues n'oublia pas de s'apprester pour y venir comme promis auoit, il partit d'aigremont auec deux cens cheualiers & se mit en chemin pour venir vers le Roi pour le seruir là où il le voudroit employer. Or sçachez que le roi estant à Paris, deuers lui vindrent le Comte Ganelon Fouque de morillon, Hardre & Berenger, ils dirent au Roi que le duc Beuues d'aigremont le venoit seruir auec deux cens cheualiers disant en ceste maniere. Sire comment pouuez-vous estre serui de celui qui cruellement a occis vostre fils nostre cousin si vostre plaisir estoit, bien vous en vengerois. Le Roi lui dit ce seroit trahison car nous luy auons donné sauf conduit, toutesfois faites à vostre volonté, mais que sur moi ne tourne le peché, & vous gardez car le duc d'aigremont est de grand parenté, bien en pourriez auoir affaire si ainsi le faites. Sire respondit ganelon ne vous chaille, il n'y a riche homme au mõde qui osast entreprendre à l'encontre de moi, & de mon lignage, ie vous promets que demain au matin ie m'en irai auec mille combattans & en despescherons le monde. Le Roy leur dit que ce seroit trahison. Ne vous en chaille dit ganelon, il occist bien vostre fils par trahison lequel estoit mon parent, faites à vostre volonté dit le Roi, protestant que ie n'en suis point consentant. Quand vint le lendemain matin ganelon & ses complices partirent de paris auec quatre mille combattans qui n'arresterent iusques à ce qu'ils furent à la vallée de soissons, & là rencontrerent le duc beuues & ses gens. Quand beuues les vit venir il dit à ses gens, Seigneurs ie croy que voici des gens du Roi qui reuiennent de la court. Ne peut chaloir dit vn cheualier. Ie ne sçay que ce peut estre dit le Duc : car il est fort vindicatif, & si il a auec luy vn lignage de gens fort felons c'est Fouques de Morillon, i'ay songé cette nuict en dormant qu'vn griffon venoit du Ciel qui perçoit mon escu & toutes mes armeures tellement que ses ongles me picquoient iusques au foye, & tous mes hommes estoient en grand tourment si qu'il n'en eschappa vn seul, & me sembloit que de ma bouche sortoit vn colomb blanc. Vn des cheualiers lui dit que ce n'estoit que tout bien, & que pour ce songe ne se deuoit esbahir. Ie ne sçai dit le Duc, que Dieu me donnera mais de ce i'ay le cœur marri. Il commanda qu'incontinent chacun s'armast, alors commencerent tous à s'armer. Le Comte Ganelon & Fouques de Morillon cheuaucherent à grand force bien accompagnez, & allerent droit au Duc Beuues, lui disant. Mal fistes d'occir Lohier fils aisné du Roi, mais auãt qu'il soit vespres il en aura guerdon. Quand le Duc l'entendit il commença à dire. He Dieu qui se pourroit garder des traistres. Ie tenois le Roi pour loyal Prince, & maintenant vois le contraire, mais auant que ie meure ie vendrai bien cher ma mort. Lors commença la bataille fort aspres, tant que galenon tua regnier cousin au duc beuues, puis cria à haute voix frappez cheualiers, car mal firent d'auoir occis mon cousin Lohier. Si coururent à grand force sur les gens du Duc, lequel vaillamment se deffendit & frappa vn cheualier nommé messire Faucon tellement qu'il l'abbatit mort : puis se print le Duc Beuues à plorer en regrettant ses deux freres & ses neueux. Helas dit-il, cher fils, où estes vous à present que n'estes vous icy pour me secourir : si sçauiez ceste entreprise bien me secoureriez. He mes chers freres le Duc de Nantueil & Gerard de Roussillon : bien sçay que iamais vif ne me verrez. Helas que ne sçauez vous l'entreprise du roi & du conte Ganelon que si cruellement & par grande trahison me feront mourir : bien vaillamment me viendrez secourir. Hé mes chers neueux Regnaut, Alard, Guichard & Richard, tant ay de vous grand besoin. Hé cher neueu regnaut, vaillant cheualier, si à nostre seigneur plaisoit par sa saincte grace que tu peusse sçauoir le grief tourment, auquel par desloyale trahison suis auiourd'huy iuré, bien sçay que par toy serois secouru, car en tout le monde n'a ton pareil de beauté, bonté & vaillance.

Fiere fut la bataille & dure à souffrir : mais le duc beuues d'aigremont ne pouuoit pas resister à tant de gens, car il n'auoit auec luy que deux cens cheualiers, & les autres estoient plus de quatre mille, vous eussiez veu tant de ceruelles rompuës, tant de pieds, & testes coupez que c'estoit piteuse chose à regarder : puis vint Ganelon frapper sur Tesseaume de Blois, tellement qu'il l'abbatit mort, & fit reculer les gens du duc beuues. Lors fut esbahy le duc d'aigremont qui cogneut bien que sans mourir ne pouuoit eschapper, il frappa vn cheualier & le rendit tout mort : car autre chose ne pouuoit faire que se deffendre pour allonger sa vie. Hé dieu quel dommage fut de l'auoir trahy, car depuis plusieurs Eglises, villes & chasteaux en furent ruinez & tant de noblesse piteusement morts. Tant fit le traistre Ganelon que les gens du duc beuues furent grandement affoiblis, car de deux cens qu'il auoit amenez il n'en auoit plus que cinquante. Barons dist le Duc Beuues, vous voyez que sommes presque tous morts si vaillamment nous nous deffendons, parquoy qu'vn chacun de vous en vaille trois, car vous voyez qu'icy nous faut mourir, lors frappa le duc vn cheualier nommé messire Helie, tellement qu'il le ietta mort à terre, puis cria à haute voix, frappés barons. La vallée estoit belle, si eussiez clairement ouy rententir redonder les coups qu'ils se donnoient sur les heaumes. A celle heure vn nommé griffon de haute fueille frappa de sa lance la poictrine du cheual du duc : en sorte que sous luy tresbucha, & le bon duc se dressa & print son espée cuidant frapper ledit griffon, mais le coup tomba sur le cheual si que tout outre le trencha. Adonc vint sur le Duc d'Aigremont le Comte ganelon qui le frappa si rudement de sa lance qui luy mit parmy le corps & tomba mort. Adonc descendit le duc griffon pere dudict Ganelon, qui luy souleua le lasserant, & parmy le fondement luy mit l'espée tout outre le corps, ainsi luy est son ame departie du corps ; puis dit ledit griffon. Or tu as loyer pour Monseigneur Lohier que tu occis vilainement. Adonc remonta le traistre Ganelon à cheual luy & le Seigneur de haute fueille, & allent apres les gens du duc beuues, mais tantost se rendirent, car ils n'estoient plus demeuré que dix. Lors firent les traistres iurer & promettre que le corps de feu leur maistre le duc beuues ils porteroient à Aigremont ainsi qu'il auoit fait porter Lohier à Paris en vne biere, & lesdicts cheualiers promirent ainsi faire. Ils prindrent le corps d'auec les autres morts & le mirent en biere puis se mirent en la voye. Quand ils furent vn peu esloignez de la place où ceste occision auoit esté faite, Dieu sçait quels regrets firent lesdits cheualiers pour l'amour de leur maistre, mal ia fait le Roy quand ainsi sous sauf-conduite vous a fait mourir par trahison, ainsi s'en alloient les pauures cheualiers en pleurs & gemissemens portant le Duc beuues leur maistre en vne biere sur deux palefrois qui onc de quatre lieuës ne cessa de saigner. Tant allerent qu'ils arriuerent apres d'aigremont, & les nouuelles en vindrent à la duchesse. Quand elle sceut comme son seigneur auoit esté ainsi vilainement occis, il ne faut pas demander si elle demena grand dueil, & aussi maugis son fils. Les gens de la ville sortirent dehors auec les gens d'Eglise & allerent au deuant de leur seigneur. Quand la duchesse vit son seigneur mort, trois fois se pasma, & les gens d'Eglise prindrent le corps, puis le porterent en la maistresse Eglise où l'Euesque de la cité fit le seruice, & puis fut en vn cercueil honorablement enseuely. Adonc son fils maugis commença à dire. O Dieu quel dommage est ce de ce vaillant seigneur d'auoir ainsi esté occis par trahison, si ie vis longuement, le Roy & les traistres qui ont ainsi fait cela l'acheteront cher, puis reconforta sa mere, & luy dit. Ma mere ayez patience, car mes oncles & mes cousins m'aideront bien à venger la mort de mon pere. Icy laisseray à parler du duc Beuues d'aigremont & retourne à parler du traistre Griffon & de Ganelon son fils qui auec leurs gens s'en retournerent à Paris.

Comme Griffon & Ganelon, apres auoir occis par trahison le duc beuues s'en retournerent à Paris, & comme regnaut tua Berthelot neueu de Charlemagne d'vn eschiquier en iouant aux eschets, & de la guerre qu'il en aduint.

Chapitre 2.

A La feste de Pentecoste l'Empereur tint court pleniere à Paris, apres qu'il eut accordé auec les freres du Duc Beuues d'Aigremont. A ladite feste vindrent Guillaume l'Anglois Gallerant de Boüillon, quinze Rois, trente ducs, & quarante comtes, aussi y estoit venu le duc Aimon de Dordonne auec ses quatre fils, ausquels le Roy dit. Ie vous ayme & vos enfans aussi, & veut faire de Regnaut mon Seneschal & les autres me seruiront à porter mes faueurs. Sire dist Aymon, ie vous remercie du grand honneur que vous me faictes & à mes enfans. Sçachez que loyaument ils vous seruiront comme vos hommes : mais ie vous dis que grandement vous vous mesprintes, quand sous vostre sauf-conduit par trahison fistes mourir le duc Beuues mon frere, croyez que i'en suis fort marry, & si ie ne craignois vostre puissance nous nous en vengerions : mais dautant que mon frere gerard vous a pardonné, ie vous le pardonne aussi. Aymon dist le Roy, vous sçauez mieux que vous ne dites : car l'offense qu'il m'auoit faicte vostre frere estoit d'auoir si cruellement occis Lohier, mon fils aisné, il meritoit bien cela. Or est l'vn pour l'autre & n'en parlons plus. Aussi ne ferons-nous dist le Duc Aymon. Adonc vindrent Regnaut, Alard, Guichard & Richard lesquels dirent au Roy : Sire vous nous auez faict pardeuant vous

venir, mais sçachez que point ne vous aymons, pour cause qu'auez ainsi faict mourir nostre oncle le Duc Beuues d'aigremōt de quoi n'auez pas a nous accordé. Quand le Roy l'entendit, il rougit de mal talēt & deuint noir comme charbon, puis dist à Regnaut, fils de putain fui de deuant moy, ie te iure que si ce n'estoit pour l'amour de la cōpagnie qui est icy ie te ferois mettre en cette prison que de longtemps tu ne verrois le soleil. Sire dist regnaut, ce ne seroit pas la raison, mais puisque n'en voulez ouyr parler nous nous tairons. Belle fut l'assemblée de quatre roys trente ducs & quarante comtes, ils allerent à l'Eglise ouyr la messe, puis reuindrent au palais, le disner fut prest, & s'assirent tous à table, excepté le roy Salomon, qui à ce iour seruit auec le duc Godefroy, mais renaut ne peut māger à cause de l'outrage qu'il auoit receu, & disoit en soy-mesme helas, cōment me pourray-ie venger de celuy qui si vilainement a fait mourir mon oncle que tant i'aymois, mais ses freres le reconfortoient. Apres le disner les barons se leuerent de table & sortirēt pour eux esbatre, & Berthelot le neueu du roi appella renaut pour iouër aux eschets, qui estoient d'yuoire & l'eschiquier d'or massif, ils iouërēt tant ensemble que debat s'émeut entre eux, par telle maniere que Bertelot appella regnaut fils de putain, puis le frappa tellement que le sang en faillit à terre. quand regnaut se vit ainsi outragé, il fut fort dolent & iura Dieu que mal luy en prēdroit. Adonc renaut print l'eschiquier & en frappa Bertelot sur la teste si rudement, qu'il luy fendit la teste, & tomba Berthelot mort à terre, grand cri cōmença par la salle du palais, que regnaut le fils d'Aimon auoit occis Berthelot le neueu de du roi, lequel cuida sortir hors du sens, & cria barons, gardez que renaut ne vous eschappe; car par saint Denis, ie le feray mourir si ie le puis tenir; car il a occis mon neueu Berthelot. Alors coururent tous sur regnaut, mais luy & ses parens se deffendirent vaillamment, & y eut grande meslée par le Palais, maints coups donna maugis le cousin de Regnaut. Cepēdant que la meslée estoit au Palais, Regnaut & ses trois freres & maugis sortirent de la prestement & vindrent à leurs cheuaux qui tantost furent prests, si monterent dessus, & sortirent hors la ville & la cité de Paris, & ils s'en allerent deuers Dordonne. Quand l'Empereur sceut que regnaut & ses freres estoient partis de paris il fit armer bien deux mil cheualiers pour les suiure, mais regnaut ses freres & leur cousin ne s'arresterent point qu'ils ne fussent à sauueté, & lors firent repaistre leurs cheuaux, puis Regnaut commença de soy tourmenter, disant, beau sire Dieu qui souffristes mort & passion, aujourd'huy gardez mes freres & mon cousin de mort & d'encombrier, & de tomber entre les mains du roy. Les François les chassoient à pointes d'esperons, tant qu'vn cheualier qui estoit mieux monté que les autres, attaignit regnaut, & dist vous demeurerez chers cheualiers & vous rendray entre les mains de Charlemagne Regnaut se retourna vers luy & d'vn coup de lance l'abbatit mort à terre, puis saisit son cheual & le bailla à Alard son frere, puis en frappa vn autre de son espée & l'abbatit mort par terre, & print son cheual qu'il bailla à son frere Guichard, puis il vint vn des cheualiers du roy qui s'escria, gloutons, ie vous rendray au Roy qui vous fera tous pendre, ha ma foy dist Regnaut, tu mentiras, adonc haussa son espée & tel coup lui donna qu'il l'abbatit mort, puis print le cheual par la bride & le donna à son frere Richard qui en auoit besoin.

Or sont les trois freres montez, & Regnaut est sur bayard ayant son cousin monté derriere luy, & le roy le poursuiuoit de pres, mais c'estoit pour neant. La nuit vint, qui fut cause que les quatre freres & leur cousin arriuerent en asseurance à Dordonne, où ils rencontrerent leur mere qui les courut embrasser puis leur demanda ou estoit demeuré leur pere, & s'ils estoient partis de la Cour en courroux, Dame, dist regnaut, ouy car i'ay occis Berthelot le neueu du Roy, la raison pource qu'il m'appella fils de putain & me donna du poing sur le visage, tellement que le sang en sortit, quand la Dame l'entendit elle tomba pasmée, mais regnaut la redressa, & quand elle fut vn peu reuenue, elle dist, beau fils comment osastes vous ce faire, vne fois vous vous en repentirez & vostre pere en sera destruit, ie vous prie mes enfans que vous en alliez & prenez de mon tresor ce que voudrez; car si vostre pere vous trouue il vous rendra au roy, Dame dist Regnaut, pensez-vous que nostre pere soit si cruel que de nous rendre entre les mains de nostre ennemy.

Regnaut, ses trois freres, & Maugis ne voulurent faire autre seiour, mais prindrent du tresor de leur mere tant qu'ils en eurent assez, puis luy demanderent congé, pitié estoit de voir la mere & les enfans, car elle ne sçauoit si iamais les reuerroit en vie, ainsi se partirent les nouueaux cheualiers auec leur cousin Maugis & entrerent en la forest d'Ardenne par la vallée aux Faées & tant cheuaucherent qu'ils se trouuerent sur la riuiere de Meuse & là esleuerent vn beau chasteau sur vne roche mout forte, & au pied passoit ladite riuiere de Meuse, puis quand le chasteau fut paracheué, ils l'appellerent Montfort, ie croy qu'il n'y auoit si forte place de là iusques à Montpellier, car il estoit enuironné de trois murs & de profonds fossez: or ne doutent ils pas le roy si par trahison ne sont surpris. Le Roy estoit à Paris fort dolent pour l'amour de son neueu Berthelot, il fit venir deuant luy le bon Duc Aymon & le fit iurer que iamais ne donneroit aide à ses enfans, & qu'en tel lieu qu'il les trouueroit s'il les pouuoit prendre qu'il les liureroit, lequel ne lui osa contredire & tout luy iura, dont il en fut repris, apres cette promesse faite au Roy tout courroucé il sortit de Paris & s'en alla à Dordonne. Quand la Duchesse le vit elle commença à plorer, elle connut bien ce qu'elle auoit, lors il luy dist, où sont allez vos enfans, Sire, ie ne sçay, mais pourquoy souffristes vous que regnaut occit Berthelot. Dame, sçachez que regnaut nostre fils est de si grand courage & force, que depuis l'incarnation de nostre Seigneur ne fut veu vn si fort cheualier; car toute l'assemblée qui estoit au palais ne peut empescher qu'il ne tuast Berthelot, auparauant nostre fils Regnaut auoit dit au Roi qu'il luy fist raison de la mort de son oncle, a quoy le roi respondit courageusement, qui fut la raison pourquoy regnaut occit Berthelot pour se venger du Roy, nonobstant qu'ils eurent grand debat au ieu des eschets. Et pource le Roy m'a fait promettre que si ie puis tenir mes enfans que ie les y meneray, & que de moy n'auront aucun secours, duquel serment ie suis courroucé & desplaisant.

Comme Charlemagne assiegea Montfort ou il fut desconfit par deux fois, & enfin par trahison ledit Montfort fut bruslé, & la vengeance que Regnaut fit des traistres, auec l'occision faite des gens d'Aymon son pere.

Chapitre 3.

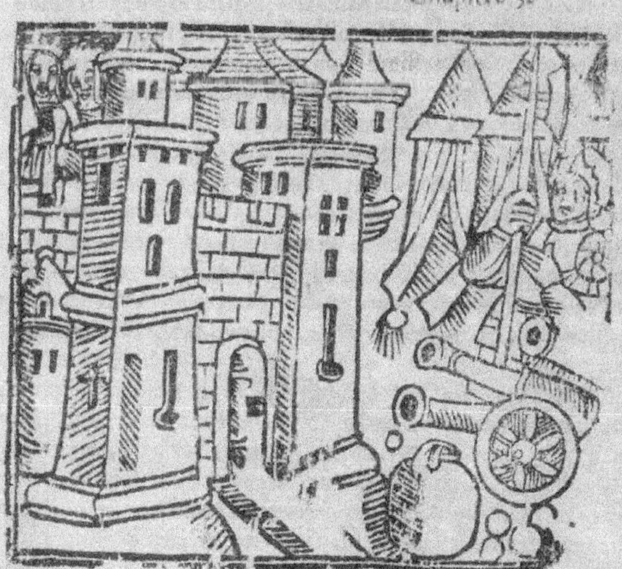

OR dit l'histoire que du temps du roy Alexandre ne furent fait tels faicts d'armes comme firent les quatre fils aymon; car apres que Charlemagne les eut fait bannir du royaume de France, il tint cour pleniere à Paris. Ainsi que les barõs estoient assemblez, il vint vn messager qui s'agenoüilla deuant luy disant.
Sire, sçachez que ie viens du grand bois d'Ardenne, ou i'ay trouué les quatre fils Aymon qui ont fait faire vn beau chasteau, quand le roy l'entendit, il fut mout esmerueillé & dit à ses barõs, seigneurs, ie vous prie que vous aidiez à me venger des quatre fils Aymon, qui tant m'ont outragé. Quand les barons l'entendirent ainsi parler, ils respondirent tous d'vn accord, sire, sans doute nous ferons vostre commandement, donnez-nous congé d'aller en nostre pays pour nous appareiller d'armes, ce que le roy leur accorda, lors les barons se partirent & s'en allerent en leur pays, mais ils ne demeurerent gueres sans retourner à Paris bien équippez, le roy les receut honorablement, & sans longue demeure ils partirent de Paris, & coucha son ost cette nuit à Mont-lion, & le lendemain il se mist en la voye, & donna conduire son auant-garde au comte Regnier de Montpellier qui vouloit grand mal à Regnaut. Quand ils furent en chemin le Roy

appella Regnier Guyond'Aufort le Côte Garnier, Geoffroy Longou, Oger le Dannois, Richard de Normandie & le duc Naimes de bauiere, & leur dist, Seigneurs, ie vous prie que vous gardiez de Regnaut; car le cœur me dit que nous ferons icy longuement. Naimes respondit, nous le ferons, ils firent sonner trompettes & assemblerent tout l'ost, puis cheuaucherent tant qu'ils arriuerent à Molin, que l'on disoit Aspes.

Quand ils furent là arriuez, ils virent le Chasteau de Montfort, & ainsi que l'ost fut arriué à Aspes par fortune les trois freres de regnaut venoiét chasser au bois d'Ardaine, richard le plus ieune portoit vn riche cornet que regnaut fort aimoit, & pouuoient bien estre vingt cheualiers. Ainsi comme ils s'en retournoient à Montfort, richard regarda deuers la riuiere de Meuse & vit l'ost du Roy, il appella Guichard son frere luidisant. Beau frere qui peuuent estre ces gens que ie voy, i'ouy dire l'autre iour à vn messager que le roi nous deuoit venir assieger. Ainsi qu'ils disoiét guichard vit l'auantgarde que regnier conduisoit, adôc richard alla en celle part & demanda au Comte regnier, beau sire à qui sont ces gens, sire, ils sont au roy, qui viét assieger vn chasteau que les quatre fils Aymon ont fait faire, ie prie Dieu qu'il puisse auoir malle nuict, richard dist, ie suis soudoyer à renaut, ie ne vous sçay gré ne grace de ce que vous dites; car ie suis tenu de le deffendre de mon pouuoir, alors picqua son cheual des esperons, & frappa ledit Regnier parmy son escu si rudement qu'il l'abbatit mort, puis print le cheual de regnier & le bailla à vn de ses escuyers.

Les François commencerent à crier Mont-ioye S. Denis, & les freres de Regnaut Montfort. Il y eut vne cruelle bataille; car tous les gens de regnier qui faisoient l'auantgarde furent desconfits. Cependant vn escuyer raconta au roy comment son auantgarde auoit esté desconfite, & que richard frere de regnaut auoit occis regnier. O Dieu, dist le roi, ay-ie perdu regnier, c'est dômage, il appella Oger le dannois & luy dist, allez-vous & le duc Naimes secourir nostre auant garde que richard a desconfite auec trois cens cheualiers bien en point, mais tout ne valut rien; car richard & ses gens sont ia dedans Montfort à tout l'auoir qu'ils auoient gaigné. Quand regnaut vit ses freres à si grand gens venir, vint au deuant d'eux & les accolla, puis dit à son frere richard, où auez-vous pris l'auoir qu'amenez Sire ie vous diray merueille, dont serez estonné, sçachez que le roy vous vient assieger à tout son ost, mes freres & moi venions de chasser du bois d'Ardenne nous auons rencontré l'auantgarde de Charlemagne que le comte regnier conduisoit, nous auons combatu ensemble, mais la mercy à Dieu tous nos ennemis ont esté desconfits, vne partie en auons tué, & les autres se sont mis en fuite, nous auons icy amenez leur auoir qu'icy voyez, & est mort le comte Regnier & plusieurs autres grands seigneurs de leurs gens.

Lors dist regnaut, ie vous dois bien aimer quand vous auez fait tel portement sur nos ennemis. Il appella ses freres & leur dist. Seigneurs, or est venu le téps que chacun se doit monstrer vaillant, ie vous prie que chacun s'efforce de bien faire son deuoir faisons connoistre nostre prouësse au roy. Quand regnaut eut cela dit, ils respôdirent, seigneur n'ayez doutâce de nous, soyez seur que iamais ne vo⁹ faudrons, ayât ouy la bonne responce de ses gens, il cômanda faire fermer la porte & leuer le pont, puis vont voir de loing Oger auec trois cens cheualiers qui suiuoient richard, lequel il vit entrer au chasteau, il s'en retourna arriere conter au roi ce qu'il auoit fait.

Quand il entendit parler Oger il fut fort courroucé, & iura Dieu que iamais ne retourneroit en France que regnaut ne fust pris, & s'il le pouuoit prendre, que pour tout l'or du monde il n'échapperoit qu'il ne fust pendu, & son frere richard traisner à la queuë d'vn cheual. Sire, dist Oger, bien le deuez faire; car souuent vous ont trauaillé & donné peine. Sire, dist Fouques de Morillon, n'ayez doute, en bref vous en vengerons, faites crier que le chasteau soit inuesti. Vous dites bien, dist le roy, si fit sonner ses trompettes & commanda que le chasteau de Montfort fust enuironné de gens, & que chacun fit tendre son pauillon. Le chasteau estoit édifié sur vne roche qui estoit forte à merueilles, & de l'autre costé passoit la riuiere de Meuse & d'autre part il y auoit vn grand bois fort plaisant, puis y auoit de l'autre costé de belles plaines & prairies, quand les gens du roy furent logez, il monta à cheual auec peu de compagnie pour voir la force du chasteau & quand il l'eut bien regardé à son aise, il commença à dire en luy-mesme: hé Dieu comment ce chasteau est fermé? & en fort lieu puis dist à ses gens pensez de bien guerroyer; car nous ne serons pas si tost à la fin de la guerre comme on pense, le roy fit mettre sur son pauillon vne riche escarboucle qui reluisoit comme vne torche ardãte & vne pomme d'or de grand prix, apres que les tentes furent acheuées de tendre, il y entra & fit appeller le duc Naimes & luy dist que nul ne fust si hardi de monter à cheual de huict iours, sinon que ce fust pour s'ébatre, car ie veux faire à sçauoir par tout nostre royaume qu'ils viennent à nostre secours & qu'ils ameinent des viures à grande abondance, auant que le chasteau soit par nous assailli alors dist le duc Naimes, sire vous pouuiez mieux faire si c'est vostre plaisir, prenez vn messager & l'enuoyez à regnaut, lequel luy dira qu'il vous rende richard son frere & que vous luy quitterez toute sa terre, & s'il le vous rend, faites-luy oster la teste, & si regnaut refuse ce faire, il se peut bien tenir seur que guerre ne luy faudra tant qu'il viue, le roy respondit vous dites bien, mais ie ne sçay ou trouuer vn messager à qui me puisse fier. Sire, dist le duc Naimes, s'il vous plaist Oger & moi ferõs le message, il me plaist bien, dist le roy & vous en sçai bon gré; car vous ne me faillistes iamais au besoin, alors s'appareillerent le duc Naimes & Oger, quand ils furent prests, ils prindrent en leurs mains branches vertes pour dire qu'ils estoient messagers, & s'en allerent sans aucune compagnie, quand Alard qui faisoit le guet, vit venir les cheualiers, il leur dist qui estes-vous, seigneurs nous sommes messagers du roy qui nous a icy enuoyez vers Regnaut. Incontinent Alard s'en alla vers son frere & luy dist qu'à la porte il y auoit deux messagers du roy qui vouloient parler à luy, on fit entrer les barons & les mena-on deuant Regnaut, lequel les receut courtoisemét, puis ils s'assirent tous trois sur vn banc, alors le Duc Naimes commença à parler & dist, le roi vous mande que luy enuoyez vostre frere richard pour en faire à son plaisir, & si ne le faites, il vous deffie & dit que iamais ne vous laissera iusques à tant qu'il vous aura tout pris, & que s'il vous peut tenir, il vous fera tous mourir de malle mort.

Quand Regnaut entendit ces paroles il rougit de mal talent & luy dist Naimes, par la foy que ie dois a *Dieu*, si ce n'estoit que ie vous aime ie vous ferois tous les membres detrencher; car bien l'auez desseruy, veu qu'estes mon parent, vous me deussiez deffendre vous-mesmes, & vous me conseillez mon des-honneur, dites au roy qu'il n'aura point mon frere richard & qu'il laisse ses menaces & fasse du pis qu'il pourra, car nous ne ferons pour ses menaces la montance d'vn denier, & auant qu'il nous prenne il ira autrement qu'il ne pense. Or vuidez de nostre palais; car de vous voir il m'ennuye, le duc Naimes & Oger ne firent autre demeure, mais partirent incontinent sans plus tarder, & retournerent vers le roy, auquel ils conterent tout ce que Regnaut leur mandoit.

Quand Charlemagne ouyt cette response il fut si courroucé qu'à peu qu'il n'enrageait, & commanda que le chasteau fust assailli, il n'y auoit que trois portes, à la maistresse fut mis Guy & Fouques de morillon, le comte de Neuers & Oger le dannois, à la seconde estoit le duc de Bourgongne & le comte Albundes à la tierce porte estoit le vieil Aymon qui estoit venu pour guerroyer ses enfans. Le chasteau fut assiegé par si grand nombre de gens que c'estoit merueille à voir, mais Regnaut fit vne chose dont il eut grand honneur, il dist à ses gens; seigneurs, ie vous prie que me montiez sur vos cheuaux iusques à ce qu'orrez sonner les trompettes; car ie voi les gens du Roy sont fort trauaillez, & à present ne nous seroit point honneur de sortir sur eux, mais quand ils seront vn peu reposez nous ferons vne saillie sur eux, parquoy ie vous prie tous en general que chacun y monstre sa prouesse.

Au chasteau de Montfort il y auoit vne fausse porte sur vne roche par laquelle Regnaut & ses freres sortoient à couuert quand bon leur sembloit. Regnaut connut bien qu'il estoit temps de sortir sur les ennemis, si appella samson le bourdelois, lequel estoit venu à son secours, & auoit amené auec lui cent Cheualiers, il leur dist, seigneurs, il est temps que nos ennemis sçachent qui nous sommes, si nous demeurons plus, le Roy pourra dire que nous sommes bien coüards. Apres que regnaut eut dit ces paroles, il vint vers son frere richard & luy dist, beau frere ia pour les menaces du roy ne vous faudray, tant que seray en vie; car ie vous aime autant comme moy-mesme, vous & moi sommes freres, & aussi ie croi que vous estes le meilleur cheualier de tout nostre lignage, alors le prit entre ses bras & le baisa par grand amour, puis dist à ses freres, faites les trompettes sonner pour nous appareiller à sortir, afin que puissions monstrer au roy quels nous sommes, si Dieu vouloit que nous peussions prendre le comte d'Estampes i'en serois fort ioyeux; car c'est l'homme de tous nos ennemis qui pis nous fait & qui plus nous dommage, à l'auanture ne nous échappera il pas, il est tousiours à l'auant-garde. Alors les quatre freres & tous ceux de leur compagnie s'armerent & sortirent tous par la fausse porte du chasteau, sans faire bruict allerent donner sur l'ost du roy par si grande fureur que c'estoit merueilles, & firent si grand destruction de gens, & mettoient tentes & pauillons par terre que c'estoit grande pitié à voir. Qu'eust veu alors Regnaut monté sur bayard & les armes qu'il faisoit, c'estoit merueilles à regarder, car celui qu'il rencontroit pouuoit bien dire que de malheure estoit nay à la verité dire. Regnaut ne frappoit nuls cheualiers, dont le coup vint droit, qu'il ne les fendit aussi legerement comme s'ils fussent desarmez. Quand les gens du roy virent leurs ennemis, ils coururent aux armes. Puis se ruerent sur les gens de Regnaut. Le vieil Aymon ouyt le cry, & monta hastiuement à cheual luy & ses gens, & se mist en la bataille contre ses enfans. Regnaut voyant son pere, il fut fort dolent, & dit à ses freres, voici grand pitié de nostre pere, par mon conseil nous luy laitrons la place; ie ne voudrois pour rien que nul de nous y mist la main, ils se contrerent d'autre part, mais leur pere vint à l'encontre & les commença à trop mal mener. Regnaut voyant que son pere les alloit ainsi mal mener, il luy dist. Hé pere, vous faites mal & peché vous nous deussiez ayder, & vous nous faites pis que les autres, maintenant ie voy que peu nous aimez, il vous desplaist que sommes si preux contre le Roy; car vous nous auez bien bannis: bien le sçauons & dites que nous n'auons rien de vostre heritage, nous auons fait faire ce petit chasteau pour nous retraire & vous mesme le venez destruire, ce n'est pas œuure de pere, mais diabolique, si ne nous voulez bien faire, au moins ne nous faites nul mal. Ie vous iure sur tous les saints que si vous venez plus auant que ie ne ferai plus le honteux, mais vous donneray de mon espée tel coup que vous n'aurez loisir de vous repentir de la folie que faites.

Quand Aymon ouyt la parolle de son fils, il fut fort fasché; car il connoissoit bien que regnaut luy disoit vray, mais il ne pouuoit autre chose faire, pour doutance du Roy, toutes-fois il se retira & laissa passer ses fils outre pour celle fois.

Durant le temps que Regnaut faisoit des reproches à son pere Aymon voyci venir le roy Charlemagne, Aubery, Oger, le comte Henry, Fouques de Morillon, quand Renaut les vit ainsi venir, il fit sonner les trompettes pour ses gens rallier puis quãd ils furent rassemblez d'vne part & d'autre, vn cheualier nommé Thierry fit courir son cheual à l'encontre des gens de Regnaut. Mais quand alard le vit, il picqua son cheual des esperons & courut à l'encontre dudit Thierry, lequel il frappa si rudement parmi son escu qu'il lui mist vn grand espieu qu'il portoit parmy le corps, tellement qu'il l'abbatit mort à terre. Quand le roi vit tomber mort son cheualier Thierry, il en fut si courroucé qu'à peu qu'il ne perdist le sens, dont il cõmença à crier à haute voix disant, seigneurs deliberez-vous de me vanger de ces gloutons qui nos gens meinent si mallement. Quand le vieil Aymon entendit ainsi parler le roy pour doutance d'estre blasmé, il picqua son cheual des esperons & frappa vn cheualier des gens de ses enfans si cruellement de son bran d'acier, qu'il lui abbatit la teste ius des espaules. Pere dist Regnaut, vous faites mal d'ainsi tuer mes gens, mais par la foy que ie dois à Dieu si n'en pensions estre blasmé, i'en prendrois cruelle vengeance sur vous. Puis dist Regnaut: Ha mere que seriez dolente si sçauiez les maux qu'auiourd'huy nous fait nostre pere. Quand Fouques de Morillon vit que les gens de Renaut se maintenoient si bien à l'encontre d'eux, il commença à crier, Sire Empereur, qu'est-cecy à dire. Ie croy que vous estes oublié, mandez plusieurs de vos gens & leur commandez qu'ils prennent les traistres qui se feignent contre vos ennemis, & sans delay les faites pendre & tous vifs escorcher.

Les François oyans ce que Fouques de Morillon disoit, ils picquerent leurs cheuaux & frapperent sur les gens de Regnaut si rudement, qu'ils les firent reculer, voulussent ou non. Alard voyant reculer leurs gens en fut dolent, & mist la main à son espée, & commença auec ses gens à faire grand effort d'armes, que les François en furent esbahis, car ils firent si grand abbat de cheualiers que nul ne s'osoit trouuer deuant eux mais nul n'estoit à comparer à Regnaut; car il ne frappoit coup à droit qu'il n'occist vn homme. En cette bataille nul parentage ne fut regardé; car ils se tuoient l'vn l'autre comme bestes. A tant vient parmy la bataille Yon de S. Omer qui cheuauchoit vn fort bon cheual, contre luy vint vn cheualier nommé Guyon, tellement qu'il l'abbatit à terre. Quãd renaut vit cela il en fut courroucé. Alors il print son enseigne & dist à ses gens, faites tant que i'aye ce cheual, s'il s'en va i'en feray fort dolent; car ie veux qu'il fasse compagnie à bayard : quand Guichard ouyt son frere ainsi parler, il ne fit autre demeure, mais picqua son cheual & frappa Yon si rudement qu'il l'abbatit mort par terre, puis print son cheual & le mena à regnaut, luy disant frere, voici le cheual que tant auez demandé, beau frere dist regnaut grand mercy de ce present: or nous auons deux cheuaux ou nous pouuons bien fier, montons dessus appertement, Guichard entendant son frere monta sur le cheual & donna le sien en garde à vn escuyer, quand regnaut retourna en la bataille & vit son pere, il fut si courroucé qu'à peu qu'il ne perdist le sens, & lui dist par reproche, par ma foy pere, bien vous faictes peu priser ne pouuez vous pas vous tenir de nous voir si souuent, vous nous monstrez que vous estes nostre pere, non pas bon mais mauuais, à Noël & à Pasques on doit aller voir & visiter son ennemy pour luy bien faire & se festoyer auec luy: mais vous ne le faictes pas; car vous nous venez voir à chaude guerre, & nous faites du pis que vous pouuez, mais ce n'est pas amour de pere mais de marastre Alors le duc Aymon dist à Regnaut, gardez vous bien; car si Charlemagne vous peut tenir, tout le monde ne vous garderoit qu'il ne vous fist pendre. Pere, dist regnaut, laissez cela, & nous venez aider si sera le roy desconfit, va glouton Dieu te maudie, dist le pere, ie suis trop vieil pour commettre trahison, pere dist regnaut, bien peu nous aimez ie le voy bien, gardez vous de moy, quand il eut dit ce, il picqua bayard des esperons & frappa vn nommé Gaymer, tellement qu'il l'abbatit mort. Aymon voyant son homme mort, tout iré picqua son cheual, & auec vn baston de fer qu'il tenoit en sa main, fit departir la bataille; car voyoit bien que ses gens auoient du pire, Charlemagne vint aux François & leur commanda qu'ils se retirassent arriere; car il estoit temps de partir la bataille, & ainsi qu'ils se vouloient departir, voicy venir Bernard le bourguignon, lequel frappa si rudement Simon le bearnois, que mort l'abbatit à terre.

Quand les quatre fils Aymon virent Simon mort, ils en furent fort dolents, ils picquerent leurs cheuaux & vindrent celle part en desrompant la presse pour eux véger de leurs ennemis, sçachez que quand regnaut y fut venu, il apparut tres bien; car il fit mourir bien trois cens cheualiers des meilleurs que le roy eust, dont il en fut fort dolent, cependant alard s'en allant parmi la presse vint iouster à l'encontre du comte d'Estampes, & pour l'escu ne laissa de luy mettre la lance parmi le corps, tant que le comte tomba tout mort, quand Regnaut vit le coup, il vint vers Alard & l'accolla, en luy disant, beau frere benitte soit la mere qui vous porta; car vous nous auez vengé du plus grand ennemy que nous eussions, puis il fit sonner sa trompette pour rallier ses gens, quand le Roy vit le grand dommage que les quatre fils du duc Aymon luy faisoient, il cria seigneurs, retirez-vous arriere & retournons en nos pauillons, ie vous iure sur les saincts que leur chasteau ne sera iamais pris s'il n'est affamés, car moult sages sont & vaillans cheualiers. Quand ses barons ouyrent son commandement ils lui dirent, sire nous ferons vostre commandement, & ainsi qu'ils se vouloient departir, regnaut vint poignant son cheual & frappa sur les gens du Roy si rudement, qu'il les departit, si bien qu'il leur conuint fuyr iusques en leurs tentes & se demeurant prisonniers, comme Antoine Gueremeau, le comte de Neuers, & Thierry l'Ardenois; car homme ne pouuoit durer à Regnaut ne à ses freres. Quand

Regnaut

Regnaut vit la desconfiture & les gens du Roy tourner en fuite, il fit sonner la trompette pour retraire ses gens, puis Regnaut & ses gens s'en retournerent ioyeusement au chasteau, mais luy & ses freres se mirent derriere pour ramener leurs gens seurement & au milieu mirent les prisonniers. Ainsi que regnaut & ses gens s'en retournerent, Aimon leur pere vint à l'encontre & leur commença fort a faire empeschemēt regnaut voyant son pere il frappa le cheual de son pere si rudement qu'il tōba mort, car sur son pere ne vouloit pas toucher. Quand Aimon se vit à terre il saillit prestemēt pied & mit la main à son espée & commença à se deffendre, mais sa deffence luy eut biē peu valu car ses enfans l'eussent pris prisonnier si n'eust esté Oger qui le secourut, puis Oger luy dit, que vous semble de vos fils : ils sont forts valeureux, quand Aimon fut remonté il poursuiuit ses enfans comme homme hors du sens, & dit à ses gens, cheuauchons apres ses gloutons, s'ils viuent longuement ils nous ferons dommage, Regnaut voyant son pere qui ainsi mal menoit ses gens, il tourna bayard & frappa en la presse à l'ayde de ses freres, qu'ils firent tourner en fuite les gens de leur pere : car nul ne pouuoit endurer les grands coups de Regnaut. Le Roy voyant la grand proüesse que Regnaut faisoit, il se signe de la grand merueille qu'il en eut il picqua son cheual & alla à regnaut & luy dit. Regnaut ie vous deffends que n'alliez plus auant. Quand il vit le roy il se retira arriere & dist à ses gens. Tournez arriere voicy le roy, ie ne voudrois pas que nul de nous mist la main à luy, quand les gens de regnaut ouyrent ces parolles, ils s'en retournerent en leur chasteau bien ioyeux de la bonne aduenture qui leur estoit aduenuë celuy iour. Apres estre trestous entrez ils firent leuer les ponts & s'allerent desarmer, puis s'assirent à table & auec eux estoit grand nombre de prisonniers, apres soupper Regnaut remercia son frere de ce qu'il auoit occis le Comte d'Estampes.

Charlemagne voyant que Regnaut estoit entré dans le chasteau, il s'en retourna en son tief & iura Dieu que iamais ne partiroit de là qu'il n'eust les quatre fils Aimon ou le chasteau pris, ils furent bien treize mois au siege de Montfort qu'il n'y eut semaine qu'il ne se combatissent, & si n'estoit pas si assiegé qu'il n'allait chasser au bois & riuieres quand bon luy sembloit, & maintes fois Regnaut parloit au François pour auoir paix, disant à Oger. Beau seigneur, ie vous prie que disiez à Charlemagne que par force ne nous prendra iamais, car nostre chasteau est bien garny de viure, mais sçache l'Empereur que chose qu'il peut auoir par debonnaireté ne le vueille auoir par force, il peut auoir le chasteau & nous aussi s'il luy plaist, par telle maniere que ie vous diray que ie mettray le chasteau de Montfort en sa main, pourueu que moy, mes freres, & tous nos gens sortirons bagues sauues & que la guerre finisse qui a si longuement duré. Oger lui dit, ie vous promets que ie le dirai au Roi, & s'il me veut croire ie vous asseure qu'il le fera. Ainsi que Regnaut & Oger parloient il arriua Fouques de Morillon qui cria à Regnaut. Vous estes fol, ie vous ay bien escouté, vous nous lairrez Montefort car ce n'est pas vostre heritage & les testes pareillement, Fouques dit Regnaut souuent m'auez reprouuez, ie sçai bien que tout le mal que me veut Charlemagne, est pource que i'ay occis Berthelot son neueu, tu sçais bien Fouques ce que ie fis ce fut à mon corps deffendant, s'il vous plaist direz au Roi qu'il nous prenne à mercy, & si ainsi faites vous serez en honneur. Par bieu dist Fouques tout cecy ne vous seruira de rien, car vous en mourrez vous & vos freres, Fouques dit

Regnaut vous menassez trop ; car il n'appartient pas à vous de menasser cheualiers qui valent mieux que vous, si auez rien sur le cœur faictes le sans parler.

Lors Charlemagne manda son arriere ban par toute la terre, quand ils furent tous venus il leur dist seigneurs ie me plains à vous des quatre fils Aimon qui ont mon pays destruit. Montefort est si fort que iamais ne pourroit estre pris sinon par famine, or dites-moy que ie dois faire car ie feray vostre conseil, les barons entendant la plainte du Roi il n'y eust si hardy qui osast dire mot, sinon le duc Naimes qui luy dist, sire si me voulez croire ie vous donneray bon conseil, retournons en France & quand le bon temps sera venu, nous pourrons retourner mettre le siege deuant ce chasteau, ie vous asseure que Regnaut n'est pas si enserré qu'il n'aille chasser toutes les fois qu'il luy plaist, homme qui peut entrer & sortir n'est pas assiegé, aussi Regnaut & ses freres sont tels cheualiers qu'ils ne sont pas si aisez à desconfire, c'est mon conseil qui sçaura mieux qu'il le dise. Apres cela Hernier de la Seine luy dit, sire ie vous donneray meilleur conseil si croire me voulez, donnez-moy le chasteau & tout l'auoir qui est dedans auec la seigneurie de cinq lieuës à l'entour, & ie vous rendray Regnaut & ses freres prisonniers auant vn mois accomply. Hernier dist le Roy vous auez bien dit, si vous pouuez faire ce que vous dictes ie vous octroye ce qu'auez demandé, sire dist Hernier grand mercy, ie vous promets de vous rendre Regnaut & ses freres auant que le mois soit passé.

Hernier de la seine faux & traistre desloyal ne fit autre demeure, mais dist au Roy, sire faites moy deliurer vn bon capitaine qui soit accompagné de mille bons cheualiers, & demain deuant le iour ie le feray embuscher au dessous de la montagne sans faire bruict, puis ie les mettray dans le chasteau, alors le Roy enuoya querir Guion de Bretagne & luy commanda qu'il print mille combattans & qu'il fist ce que Hernier luy diroit, Hernier ayant preparé tout son cas en sa tente où il se fit armer, apres estre armé il monta à cheual & s'en alla iusques à la porte du chasteau de Montefort & dist à ceux qui gardoient la porte, las pour Dieu beaux seigneurs, ayez mercy de moy s'il vous plaist faites-moy entrer ceans, ou autrement ie suis mort: car Charlemagne me fait poursuiure pour me faire prendre, à cause que ie luy ay dit beaucoup de bien de Regnaut, & si luy veut dire chose dont il sera bien ioyeux si me veut escouter, quand ceux qui estoient dessus la porte l'entendirent ainsi parler incontinent auallerent le pont & le firent entrer en luy faisant honneur, mais ce tres-desloyal traistre leur en rendist vn tres-mauuais guerdon, cependant le Roy fit apprester Guyon de Bretagne & mille cheualiers auec luy & les enuoya dessus la montagne sans faire aucun bruit, & les fit embuscher pres du chasteau en attendant que le iour vint, sçachez que ledit Guyon auoit auec luy des meilleurs cheualiers du champ du Roy.

Or est hernier le traistre dans le chasteau de Montefort, auquel il faisoit bonne chere, quand Regnaut vit qu'vn cheualier de Charles estoit venu il dist qu'on l'amenast deuant luy, & quand il le vit il luy dit, qui estes-vous beau sire qui estes icy venu il luy respondit, sire i'ay nom Hernier de la seine, ie me suis courroucé au Roi pour l'amour de vous, parquoy ie suis icy venu & vous prie que ie suis asseuré, car ie ne sçay où aller à present, bel amy dist Regnaut, puis qu'il vous plaist d'estre nostre amy vous soyez le tres-bien venu, dites-moy ie vous prie comment se porte le camp du Roy, sire dit Hernier [illegible] grande souffrance, ce qui est cause que nul des Barons n'y veut plus [illegible] le Roy est fort marri, & vous promets que si l'ost s'éloigne vous y pourrez gaigner. amy dist Regnaut vous m'auez bien reconforté s'il est ainsi comme vous dites.

Autre chose ne fut alors, quand l'heure fut venuë de soupper, Regnaut & ses freres se mirent à table & soupperent ioyeusement & en leur compagnie le traistre Hernier estoit, apres soupper tous les cheualiers s'en allerent coucher, car ils estoient las, pource qu'ils auoient esté tout le iour de batailler, sçachez que Hernier fut honnorablement hebergé cette nuict, car Regnaut l'auoit commandé, quand tous les cheualiers furent endormis, Hernier comme mauuais iudas ne dormit pas, mais il se leua & s'arma, quand il fut armé il alla au pont, & trencha les cordes qui soustenoient le pont, il le baissa puis monta sur les murailles & trouua celui qui faisoit le guet, il lui coupa la gorge & apres lui auoit osté les clefs il alla ouurir la porte. Lors Guyon de Bretagne voyant le chasteau ouuert il entra dedans lui & tous ses gens, lesquels tuoient tout ce qu'ils rencontroient, entendez la belle aduenture comme Dieu garantit Regnaut & ses freres de ceste mortelle trahison, les valets d'estables apres auoir souppé furent yures & s'en allerent coucher, quand ils furent endormis le cheual d'Alrad qui estoit fort orgueilleux commença à faire noise auec les autres. Richard & Alard entendant la noise des cheuaux se leuerent incontinent & voyant la porte de la salle ouuerte, puis virent reluire les armes à cause de la clarté de la Lune, ils allerent au lict où estoit couché le traistre Hernier, lequel ils ne trouuerent pas dont ils furent fort esbahis. Alors Regnaut s'éueilla lequel demanda qui estes-vous qui allez à ceste heure, laissez dormir ces cheualiers qui ont tout le iour trauaillé, c'est mal fait d'aller à ceste heure, alors Alard s'escria à Regnaut, beau frere nous sommes trahis, car Hernier a mis les gens de Charlemagne ceans, lesquels tuent vos gens. Quand Regnaut l'eut ouy il ne fit autre demeure, mais il se leua & promptement s'arma, & cria à ses gens fort haut. Or auant mes amis portons nous vaillamment, maintenant nous en auons besoin autant que iamais, Regnaut n'auoit que trente cheualiers auec luy en la forteresse du donjon, car tous les autres estoient en la basse cour qui ressembloit à vne petite ville peuplée, où Guyon les occioit luy & ses gens, pendant quoy Regnaut & ses freres s'armerent.

Alors vint Hernier le traistre droit à la maistresse ruë, & auec luy bien cent cheualiers, Regnaut commença à crier à ses freres venez auant, car si Dieu ne nous ayde, nous sommes perdus alors se mirent à la maistresse porte & se deffendirent vaillamment, si que nul n'osoit auancer qu'il ne print mort, la bassecour commença à s'esmouuoir, & le cry commençoit fort grand, quand les gens de Charlemagne virent que ceux du donjon se deffendoient fort bien ils mirent le feu en la basse cour & commencerent à rompre les maisons, tant qu'en peu d'heure ils eussent buslé le meilleur & fut le feu si grand qu'il se print au donion, Regnaut se voyant ainsi surpris dit à ses freres, que ferons nous icy si nous y demeurons plus gueres, nous sommes tous morts ou prins, & si n'estoit le feu qui nous guerroye i'aurois esperance de chasser ces gens de ceans, mais puis que le feu y est nous n'y deuons pas demeurer, puis il dist à ses freres, venez apres moy, ils sortirent par la fausse porte, quand ils furent dehors ils furent plus esbahis que deuant, car ils ne sçauoient de quel costé aller : ainsi qu'ils virent le chasteau ardoit ils entrerent dedans vne fosse sous terre pour doutance du feu, là commencerent si fort à se deffendre que nul n'y pouuoit entrer, Hernier le traistre l'apperceut lequel auec ses gens vint assaillir asprement Regnaut & ses freres, sçachez qu'en la fosse furent faits grands faits d'armes: car ceux de dedans se deffendirent si bien que nul n'y peut entrer, cependant que les quatre fils Aimon estoient dedans la fosse ils ouyrent le cry que leurs gens faisoient, alors Regnaut dit à ses freres, allons secourir nos gens, car s'ils mouroient ainsi ce nous seroit blasme, ils respondirent allons y quand il vous plaira.

Quand ils furent sortis de la fosse, dure fut la meslée, car Regnaut frappoit si merueilleusement de son espée que tout ce qu'il attaignoit il mettoit en pieces, il auoit ietté son escu dessus son dos tenant son espée à deux mains, & faisoit si grande desconfiture des gens de Charlemagne que la terre estoit toute couuerte de sang, quand Regnaut vit ses ennemis ainsi esbahis, il dit à ses freres, c'est à nous grand coüardise d'ainsi nous musser, alors dirent tous ensemble, pensons de bien faire car traistres sont legers à deffaire & ne pourront durer contre nous, ils vindrent à la porte du chasteau & malgré ses ennemis il la ferma & leua le pont leuis, puis reuint en la meslée où il trouua ses freres qui faisoient grand abattement de cheualiers, & se portoient si vaillamment que c'estoit merueilles à voir, car s'ils ne donnoient nul coup qu'ils n'abbatissent vn homme.

Comme Regnaut apres qu'il eut desconfit les gens de Charlemagne fit pendre & estrangler les douze qui estoient restez en vie, & fit tirer Hernier à quatre cheuaux, puis brusler ses membres & ietter les cendres au vent.

Chapitre 4.

OR fut fut Hernier le traistre en la meslée du donjon, dôt Regnaut auoit fermé la porte & leué le pont, c'est pourquoy il ne craignoit plus l'ost du Roy, si se mit parmy la meslée si asprement qu'auec l'aide de ses freres il ne demeura en vie que Hernier le traistre & douze autres, quand Regnaut vit qu'ils estoient tous desconfits, ils prindrent Hernier le traistre & luy firent lier chaque membre à la queuë d'vn cheual & dessus chacun on fit monter vn page & leur fit on picquer lesdits cheuaux des esperons, ainsi fut le traistre desmembré, apres qu'il fut mort Regnaut fit faire vn grand feu & fit ietter les douze dedans, puis fit ietter les cendres au vent

Tost apres vindrent les nouuelles à Charlemagne que Regnaut auoit occis tous les gens de Hernier, & l'auoit fait tirer à quatre cheuaux & plusieurs de ses gens pendre, donc Charlemagne dist en soy-mesme, ha bon Dieu, côme ie suis mal mené par ces quatre cheualiers, or fis ie grand mal quand ie leur donnay l'ordre de cheualerie, on dit souuent que plusieurs font les verges dont ils sont battus, ie suis bien desconforté, leur oncle tua mon fils Logier, puis Regnaut mon neueu Berthelot, lequel i'aymois ficherement, & maintenant derechef ont pendu mes gens, & fait mourir à grand martire, bien me peux tenir pour meschant quand ie suis le plus puissant Roy du monde, & ie ne puis me venger de quatre simple cheualiers, iamais d'icy ne par-

tiray iusques à ce que i'en sois vengé où ils me desconfiront du tout, sire dist Fouques de Morillon, vous auez bon droit, Regnaut est fol qu'il ne vous doute point, car s'il vous eust douté il n'eust pas fait pendre vos gens en despit de vous. Adonc dist le Duc Naimes. Sire Empereur, si vous m'eussiez creu vous n'eussiez pas perdu vos gens, vous voulustes croire Hernier, dont il est aduenu comme voyez. L'Empereur oyant ce que Naimes lui disoit il cogneut qu'il disoit vray, parquoi il ne sceut que respondre: mais baissa sa teste comme honteux, cependant Regnaut & ses freres monterent sur les murs & regarderent entour le chasteau, ils virent que sa basse cour brusloit où estoit leur garnison & victuailles, alors Regnaut dist à ses freres, seigneurs, la chose va bien, puis que nous sommes tous eschappez d'vne si perilleuse aduenture, guere ne s'en faut que nous n'ayons esté occis par fausse trahison, mais le pis que i'ay trouué, est que nous auons perdu nostre garnison & victuaille si bien que n'auons plus dequoy viure, & me semble que si nous demeurons plus ceans que nous ferons folie, frere dist Alard, vous parlez sagement & le ferons ainsi que dit auez, car tant que nous aurons vie au corps ne vous faudrons.

Quand les quatre freres se furent accordez, ils trousserent tous leurs harnois & attendirent iusques à la nuict, ils monterent à cheual: & quand ils furent appareillez, Regnaut leur dist, seigneurs, combien de gens sommes nous, nous sommes dist Alard bien cinq cens: c'est assez dist Regnaut, mais sçauez-vous que nous ferons, tenons nous tousiours ensemble sans faire nul effroy & nous en allons parmy les Allemagnes sans faire bruit, & si les gens de Charlemagne nous assaillent, pensons de bien ferir sur eux tant que nous en ayons honneur, quand il fut temps de monter à cheual, Regnaut monta sur Bayard & les autres pareillement sur leurs cheuaux & puis firent ouurir la porte & s'en allerent tous à loisir sans faire bruit, & quand ils furent tous sortis, regnaut regarda le chasteau qui brusloit dont luy en print grand pitié, & luy dist hé Dieu bon chasteau que c'est dommage de ce que vous estes ainsi gasté, il y a sept ans que fustes fait premierement Hélas, nous y auons eu tant de richesses & d'honneur & maintenant il faut vous laisser malgré nous. Ainsi qu'il disoit ces parolles les larmes luy venoient aux yeux.

Quand Alard vit Regnaut si angoisseux, il luy dist par ma foy frere vous auez tort de cecy dire, tous les cheualiers qui sont en vie ne vous vallent pas, & pource ie vous prie que vous vueillez reconforter, ie vous iure sur tous les saincts qu'auant qu'il soit deux ans passez, vous aurez vn tel chasteau qui vaudra plus que quatre comme est celuy là. Or nous mettons à la voye car nous n'auons plus que demeurer icy, frere dist Regnaut, tousiours ay trouué en vous bon conseil. Or nous mettons en la voye, & prenez l'auantgarde entre vous & Guichard, & Richard & moy seront derriere, sire dist Alard tout sera fait ainsi que vous dites. Alors Alard & Guichard son frere se mirent deuant auec cent cheualiers & mirent le chariage au milieu, Regnaut & Richard venoient apres auec le residu de leurs gens, mais ils ne sceurent si bien faire que les gens de Charlemagne ne les apperceussent. Quand Charlemagne sceut que Regnaut venoit il fut courroucé, si fist crier que chacun s'armast, adonc l'on commença à s'esmouuoir. Quand Alard & Guichard qui alloient deuant virent qu'ils ne pouuoient passer sans meslée, ils picquerent leurs cheuaux contre Charlemagne si rudement qu'ils en furent tous courroucez. Et quand Regnaut vit que l'ost estoit esmeu, il print vingt des plus vaillans Cheualiers & leur dist. Prenez ces sommiers & vous mettez deuant par dehors l'ost sans vous arrester, & i'iray ayder à mes freres, Sire dirent-ils, vostre commandement feront, puis Regnaut picqua bayard & entra en la presse & commença à faire si grand merueilles d'armes que tous les gens de Charlemagne estoient fort esbahis, sçachez que les gens de Regnaut passerent outre ceux de l'ost, & si vous dis de vray que Regnaut & ses freres firent si grande occision des gens de Charlemagne qu'il en fut courroncé maints iours apres. Quand Regnaut fut passé outre il trouua ses sommiers & les cheualiers qui les conduisoient dont il fut bien aise, il dist à ses freres tus tost mettez-vous en la voye, lesquels firent son commandement, & Regnaut auec son frere Guichard demeura derriere, quand Charlemagne sceut que Regnaut s'en alloit il en fut ioyeux, parce qu'il auoit laissé le chasteau, mais incontinent il le fit poursuiure, si fut l'ost incontinent armé puis se mirent à les suiure, Regnaut print tous ses gens & les mist deuant luy & dist à Alard donnez-vous garde de ces gens entre vous & Guichard, & si les gens du Roy nous attaquent deffendons nous, sire dist Alard il sera fait comme auez dit, & à tant vindrent Charlemagne, Oger le Danois, le Duc Naimes de Bauieres, & Fouques de Morillon & d'autres assez, Charlemagne qui venoit bien monté apperceuant les quatre freres il leur cria, ainsi m'ayde Dieu, gloutons vous estes morts, aujourd'huy est le iour que ie vous feray tous pendre. Sire, dist regnaut, il n'yra pas ainsi que nous dites s'il plaist à Dieu, car si Dieu me donne santé & à Bayard aussi, nous nous deffendrons vaillamment, lors il vint de furie contre Charlemagne pour le frapper car sans nulle faute il le cuidoit occire. A celle heure Charlemagne estoit en grand danger de mourir si Regnaut l'eut attaint, mais Damp Hugues se mit entre Charlemagne & regnaut qui venoit la lance baissée prest à mal faire & de cette venuë regnaut frappa Hugues parmy l'escu si rudement qu'il luy perça le cœur de sa lance deuant le roi, qui ayant veu le coup cria à ses gens. Or apres Seigneurs prenez ces gloutons s'ils nous eschappent iamais n'auray ioye. Et regnaut reuint à ses gens & leur dit Seigneurs n'ayez doutance tant que ie seray en vie : mais soyez tous asseurez & cheuauchez hardiment & sans desroy. Sçachez que treize lieuës dura la chasse que oncques ne fut lieuë qu'il n'y eut cheualiers renuersez & occis regnaut & ses gens se porterent si vaillamment qu'ils ne perdirent rien, mais tant cheaucherent qu'ils vindrent à la riuiere. Le roy appella tous ses Barons & leur dist. Seigneurs laissons la chasse desormais ce seroit folie de les plus suiure, tous nos cheuaux sont recrus laissez-les aller à cent mille diables, car si regnaut n'estoit d'art diabolique, si ne sçauroit-il pas faire qu'il fait. Pensons de nous loger aupres de cette riuiere. Sire, dirent les barons ainsi qu'auez commandé sera faict lors les sommiers furent deschargez & les pauillons tendus, puis le roy se fit desarmer, & cependant on appresta le manger prestement, car de tout le iour n'auoient mangé.

Quand regnaut fut esloigné l'est de Charlemagne, ils trouuerent vne fontaine belle & claire, où il y auoit de belle herbe bien druë. Regnaut voyant le lieu plaisant il dist à ses freres, voicy vn beau lieu pour heberger nos cheuaux. Sire dist Alard vous dites vrai, & alors il fit descharger les sommiers. Sçachez que les cheuaux estoient bien aise, mais iceux pauures cheualiers estoient bien mal logez, car ils n'auoient que manger.

Or peut bien dire à Charlemagne qu'il ne peut greuer les quatre fils Aimon. Il estoit logé sur la riue où il estoit demeuré quand il ne voulut plus suiure Regnaut. Le iour vint clair. Charlemagne dit au duc Naimes Que vous semble Naimes comment nous deuons faire. Sire, dist Naimes, si croire me voulez, nous retournerons en france, car d'aller plus auant ce seroit folie, pource que ce bois est trop espais & la riuiere perilleuse. Ainsi que le Roy & le duc Naimes parloient ensemble il arriua plusieurs cheualiers. Charlemagne les voyant il appella Bidelon, Regnier & Oger & leur dit Seigneurs ie veux que retourniez a Paris auec moy, quand ils l'ouyrent bien furent ioyeux & dirent au Roy, sire c'est le meilleur conseil que nous puissiez faire. Adonc Charlemagne fit crier que chacun se mist en voye pour retourner. Sire dirent les Barons nous ferons vostre commandement, puis ils prirent tous leur chemin. Le roy s'en alla à Paris, & les Barons chacun en son pays, apres que Charlemagne fut arriué à Paris, il fit venir ses Barons deuant luy & leur dit, seigneurs, ie suis le plus dolent Roy du monde quand ie n'ay pouuoir de me venger des quatre fils Aimon, ie croy qu'ils retourneront en leur pays ou en leur chasteau, s'ils y retournent ie veux que nous y retournions mettre le siege. Sire dist le duc Naimes cela ne feront-ils mie, ils sont en Ardenne & vous sçauez que la forest est si grande qu'ils n'en pourront sortir que de si misere ne meurent, ce peut bien estre dit Charlemagne que mal voye puissent-ils auoir, adonc se retourna deuers Oger, & luy dit, prenez Gerard Forques l'allemant, & Doon de Mont-didier, puis donnez congé aux autres. Sire dist Oger, il sera fait. Alors les Barons firent comme le Roy l'auoit commandé, & demeurent rongé à tous les cheualiers ieunes & vieux, chacun retourna en son pays non par le droict chemin mais à trauers les montagnes. Ainsi que le Duc Aymon s'en alloit en son pays, il arriua à vne fontaine où ses enfans se tenoient, quand le vieil Aimon les vit il fut fort esbahy & dist à ses gens, seigneurs conseillez-moi que ie dois faire comme mes enfans, si ie les assaille & ils soient tous morts ou pris iamais n'auray ioye, & si ie les laisse aller ie seray pariure, il n'y eut nul qui luy respondit vne seule parole, si leur dist, puis que ne me donnez nul conseil i'en feray à ma volonté, ia Dieu ne plaise qu'il me soit reproché que i'aye esté traistre, sire dist émoffroy si vous assaillez vos enfans vous ne ferez nulle mesprison car vous le iurastes au Roy gardez de vous pariurer. Bel amy vous dites bien ie ferai tant que ie ne serai blasmé, lors appella deux de ses cheualiers, & leur dist allez deuers Regnaut & ses freres & les deffiez de par moi, sire dirent les cheualiers, c'est vne chose dure à faire, mais puis que le voulez nous le ferons. Lors allerent deuers Regnaut qui fut fort esbahy quand il vit qu'ils estoient à son pere, si fut fort dolent & dist à ses freres, seigneurs armez-vous car qui est armé n'est leger à desconfire, & d'autre part ie cognois la dureté de mon pere qui point ne se feindra de nous combattre. Frere dist Richard, vous dites verité. Cependant arriuerent les deux cheualiers: le vaillant Regnaut alla deuant eux, & dit Seigneurs qui estes vous & qui icy vous meine. Lors parla vn des cheualiers qui luy dist, sire nous sommes à monseigneur vostre pere, qui vous mande par nous deffiance, seigneurs dist regnaut ie le sçauois bien, retournez & dites à nostre pere que ce soit son bon plaisir de nous donner treues, il ne feroit pas selon Dieu de nous combattre & seroit trahison car nous sommes ses enfans naturels, sire dist le cheualier de folie parlez, pensez de vous deffendre car il vous assaillera, les cheualiers s'en retournerent & dirent à Aimon qu'ils auoient fait leur message. Quand le vieil Aimon les eut ouys il ne fit autre demeure mais picqua son cheual & courut sur ses enfans, Regnaut voyant venir son pere, vint au deuant de luy & luy dist, he pere que faites vous, nous n'auons point de plus cruel ennemy que vous, ce n'est pas fait de pere, au moins si ne voulez nous ayder ne nous nuisez point.

Larrons dist Aimon voulez-vous deuenir bestes brutes de demeurer ainsi au bois, vous ne vallez plein vn poing de paille, pensez à vous deffendre, car si vous estes pris vous serez mis à tourment, pere dist Regnaut vous auez tort, ie me deffendray donc puis que ne peut autrement faire, car si ie me laissois faire mon ame en auroit tourment, quand Aimon ouyt ce il baissa sa lance & frappa sur ses enfans comme s'ils eussent esté estrangers Quand Regnaut vit cela il cria à ses enfans, seigneurs pensez de bien faire car besoin en est, puis picqua Bayard & se mist en la presse & fist si grand effort d'armes que les gens de son pere en furent bien esbahis, la bataille commença si terrible que c'estoit pitié à regarder. Là eussiez veu de merueilleux coups donner tant d'vn costé que d'autre, mais à la fin Regnaut eut du pire car son pere auoit bien plus de gens que luy.

Regnaut donc voyant que de cinq cens hommes qu'il auoit il n'en estoit demeuré que cinquante, tant sains que naurez, & le Duc Aimon auoit bien perdu la moitié de ses gens, Regnaut & ses gens fuirent contremont la montagne & Aimon tousiours les chassoit car bien les pensoit prendre, quand Regnaut le vit sur la montagne, il dist à ses freres, ne nous partons pas d'icy voicy vn bon lieu & profitable pour nous deffendre

fendre en ce lieu il y eut maints cheualiers morts & naurez, & là fut occis le bon cheual d'Alard lequel se voiant à terre prestement se releua, il mit la main à l'espée, & vaillamment se deffendoit. Quand Richard vit son frere à terre, il se tourna vers luy pour le secourir, & Aymon & ses gens s'efforçoient de le prendre. La bataille commença plus cruelle que deuant. Sçachez qu'Alard eust esté pris si n'eust esté le vaillant Regnaut, lequel quand il fut arriué il picqua Bayard, puis se mist en la presse, tellement qu'il ietta Aimon son pere par terre, pere vous auez plegé mon frere Alard, car aussi bien estes vous à pied comme luy, lors fut Aimon si iré qu'il cuida perdre le sens, & Regnaut mit la main à l'espée, & departit la presse en telle maniere qu'il fit sortir son frere Alard de la presse, puis le fit monter derriere. Quand Bayard se sentit chargé de deux cheualiers, il s'enerua si fort qu'il estoit aduis à Regnaut qu'il fust plus ioyeux que deuant. Regnaut fit quatre ioustes aiant son frere Alard derriere luy, & le fit sortir de la presse malgré ses ennemis & se porta vaillámment celle iournée. Or sont les quatre fils Aimon comme lassez, sinon Regnaut qui onc ne fut lassé : car ainsi qu'il alloit il se tournoit à chacun pas, & reculoit ses ennemis à grands coups qu'il leur donnoit & ainsi ses gens s'en alloient deuant tout a loisir. Quand il vit que ses gens estoient bien esloignez il picqua bayard des esperons, & s'en vint vers ses gens aiant tousiours son frere Alard derriere lui aussi legerement comme si bayard fut sans selle, car le cheual estoit tel que iamais n'estoit las.

Aussi comme Regnaut s'en retournoit voici venir Emeffroi qui estoit vn des vaillans cheualiers de charlemagne, & estoit monté sur vn cheual que charlemagne luy auoit donné, quand il fut prest de Regnaut il dist ainsi ennemi de Dieu gloutons vous estes morts ou pris & seurement vous rendrai à Charlemagne. Cependant il frappa Regnaut en son escu, dont Regnaut en fut courroucé & comme desesperé le frappa tellement que pour haubert ne escu demeura qu'il ne l'abbatit mort à terre ; puis Regnaut print le cheual par le frain, & dist à Alard son frere. Tenez beau frere montez sur ce cheual, ie vous le donne. Alard voiant le beau present que son frere luy auoit fait il en fut aussi ioyeux que s'il lui eust donné Paris. Adonc il descendit de dessus bayard & monta sur le moreau de Emeffroi, il heurta des esperons & vint iouster à vn des cheualiers de son pere nommé Auffroi si rudement qu'il l'abatit mort à terre, au remontement d'Alard la bataille commença plus fort que deuant : car à ceste heure il fut occis des meilleurs cheualiers d'Aimon qui s'escria, Seigneurs s'il nous eschappe iamais ie n'auray ioye, car ils ont occis Emeffroy le bon cheualier que Charlemagne m'auoit donné. Quand les gens d'Aimon l'ouyrent ainsi parler ils coururent sur Alard tant qu'ils lui firent laisser la poste par force, & si n'eust esté vne petite riuiere, Regnaut & ses freres eussent eu beaucoup d'affaires : mais Regnaut & ses freres firent si grande occision que c'estoit pitié à regarder, il en mourut bien vingt-cinq à passer la riuiere, & si Regnaut eust eu cinquante cheualiers à ce passage il eust desconfit son pere & tous ses gens : mais par faute de gens il conuint à Regnaut de quitter la place, & ne peust sauuer auec luy que quatorze cheualiers, dont Regnaut fut fort dolent, car de cinq cens cheualiers ne luy en estoit demeuré que quatorze, & croyez que leur pere les eussent fort dommagez si n'eust esté la riuiere.

Or a maintenant Regnaut tant peu de gens qu'il ne sçait plus que faire, dont continuellement les larmes luy venoient aux yeux, & aussi ploroit le bon Aymon son pere à celle heure comme nous dit l'histoire.

Quand il eut assez ploré il dist: Helas mes enfans preux & vaillans que ie suis dolens car ie suis cause de vostre dommage, vous irez maintenant comme tous exilez car vous n'auez dequoy viure & ne vous peux ayder. Apres auoir fait toutes ses lamentations, il fit prendre tous les morts & les fit enterrer, & les naurez emmena au mieux qu'il peust; puis fit prendre Emeffroy & le fit mettre en vne litiere & s'en alla à Dordonne, ou il ne coucha qu'vne nuict, le lendemain au matin fit porter sa litiere à deux mulets & alla à Paris deuant le Roy, luy disant: Sire en m'en retournant en mon pays par vostre commandement ainsi que ie m'en allois ie trouuay mes enfans auec cinq cens cheualiers dedans le bois d'Ardenne & les deffia & les pensois prendre pour les vous rendre prisonniers, mais ie n'ay peu, car ils sont fort à douter, & ce ce que les ait assailly ie l'ay cherement acheté, car ils m'ont fait si grand dommage que nul ne pourroit estimer.

Ie leur occis tous leurs gens fors que quatorze qui sont eschappez auec eux: mais auant que les eussent desconfits, ils occirent vostre cheualier Emeffroy, nous les eussions prins si n'eust esté vne riuiere qu'ils passerent. Quand le Roy entendit ces paroles il fut si courroucé que a peu qu'il ne perdit le sens. Il dist à Aymon par courroux: par bieu Aimon vous vous excusez mauuaisement: car iamais corbeau ne mang[illegible]a ses faons, à vn autre le ferez entendre non pas à moy. Quand Aimon ouyt ainsi parler le Roy par reproche, il lui dist: Sire Empereur, sçachez que ce que ie vous dis est vray, faites apporter les sainctes Euangiles deuant vous & ie iureray qu'il est ainsi que ie l'ay conté, s'il vous plaist me croire, & s'il ne vous plaist le laisserez. Aimon dit le Roy, ie connois bien vostre cœur, car s'il alloit à vostre volonté vos fils seroient seigneurs de France. Sire dit Aimon si vous estes courroucé d'autre chose ie n'en puis mais, si vous auez cheualier qui vueille maintenir ce que vous dites ie luy prouueray par mon corps qu'il ment faucement. Vous estes tel que n'aymastes iamais loyaux cheualiers, mais plustost flateurs & mensongers, dont maints maux en sont aduenus: lors descendit du Palais & monta à cheual, puis s'en retourna en son païs sans prendre congé du Roy, & peu s'en faillit qui ne luy renoist son seruice. Tant cheuaucha qu'il arriua à Dordonne ou il trouua la Duchesse qui luy vint au deuant, & luy demãda comme il auoit fait. Le Duc Aimon respondit que mauuaisement auoit fait, car ie trouuay, dit il, nos enfans au bois d'ardenne, si les assaillis cruellement pour les cuider prendre, ce que faire ne peus: mais eux au contraire m'ont fait grand dommage, car ils occirent tant de mes gens que ie n'en sçaurois dire nombre, & si vous dirai dauantage que sans la grande prouesse de Regnaut i'auois prins Alard: mais il vint vers nous par telle force qu'il ietta Alard hors de la presse, lequel il fit monter derriere luy sur Bayard; puis fit telle desconfiture de mes gens que nul ne s'osoit trouuer deuant luy, car a chacun pas il se retournoit ayant tousiours Alard derriere luy, & à ses tours qu'il faisoit, il occit Emeffroy vn cheualier du Roy, & quand il l'eut occis il print son cheual & le donna à Alard qu'il fit monter dessus & ainsi s'en allerẽt malgré nous. Ie retourneray à Paris deuers le Roy & luy conteray comment tout en est allé, ie ne pensois estre blasmé: mais il me blasma grandement, dont ie l'en feray dolent auant qu'il soit six mois. Vous auez mal fait, dit la Dame, d'auoir fait tant de maux à mes enfans, vous les deuiez deffendre & vous leur faites pis qu'aucuns, ne sont-ils pas vos enfans naturels extraicts de vostre propre corps. Par bieu vous vous deuriez mieux comporter auec eux que ne faites : car oncques si riche porteure ne fut faite par le corps d'vne Dame, benifte soit l'heure qu'ils furent engendrez & nourris. O pleust à Dieu qu'ils vous eussent detenu prisonniers, afin que par vous leur eust esté rendu tout ce qu'ils ont perdu. Graces ie rends à nostre Seigneur de ce que le Roy est courroucé contre vous, car de mal faire ne peut venir bien, vous assaillistes vos enfans qu'ast contre Dieu & contre droicture, & pource si mal vous est aduenu loué soit Dieu. Le Duc Aymon luy dit: Dame vous auez droict, i'ay tort ie vous promets que ie ne feray iamais chose dequoy ie sois tant repentant que de ceste cy : mais ie vous promets ma chere Dame, que d'oresnauant ie me garderay de leur plus mal faire.

Comme apres qu'Aymon eut desconfit ses enfans, ils se retirerent en la forest d'Ardenne tant qu'ils deuindrent comme sauuages, & à la fin allerent visiter leur mere, laquelle leur bailla argent pour guerroyer contre Charlemagne.

Chapitre 5.

APres que Regnaut & ses freres eurent long temps esté en la forest d'Ardenne, ils commencerent a guetter le chemin & tous ceux qui portoient viures estoient destroussez, ils n'osoient aller en villes ne chasteaux pour acheter viures, parquoy il auoient beaucoup de malaises, car bien souuent ils n'auoient que manger. Sçachez qu'à cause du malaise qu'ils enduroient, & aussi la grande froidure qu'ils souffroient à cause des neiges qui la estoient, que leurs gens moururent, & ne demeura en vie que Regnaut & ses freres, ils n'auoient que quatre cheuaux, Bayard & trois autres, & qui pis estoit ils n'auoient auoine ne bled pour leur donner à manger & ne viuoient que de racines ; parquoy leurs cheuaux estoient si maigres que à peine pouuoient-ils aller, fors Bayard qui se portoit bien car il viuoit mieux desdites racines que les autres n'eussent fait d'auoine. Les quatre vaillans fils Aymon menerent ceste vie long temps, ils deuindrent si empirez que ceux qui autrefois les auoient veus ne les eussent peu cognoistre, car leurs harnois estoient enrouillez, leurs selles & brides pourries, ils estoient deuenus tous noirs & velus, à cause du grand malaises qu'ils enduroient. Regnaut estoit tant craint que la auprés ou ils habitoient, il n'estoit homme qui s'osast tenir sinon és forteresses. Quand Regnaut se vit ainsi à mallaise il dit à ses freres, ie m e merueille fort que nous ne prenons aucun bon conseil de nostre affaire, nous sommes deuenus tres-mauuais, & paresse nous accompagne, car si nous fussions tels que deuions estre, nous n'eussions pas eu le mal qu'auons enduré: maintenant ie cognois que ne valons gueres d'auoir ainsi laissé reposer nos ennemis: mais ie considere que nous n'auons cheuaux ne harnois qui vaillent, ie n'auons or ne argent pour en acheter, & sommes en tel poinct que nous ressemblons mieux bestes que gens, si vous prie que vueillez conseiller que nous deuons faire.

Quand Alard ouit ainsi parler Regnaut, il dist, frere ainsi m'aide Dieu, il y a grand piece que de ce me suis apperceu & prins garde: mais i'auois grand doutance de le dire, à cause que ie doutois que vous en fussiez mal contens; puis qu'auez ouuert les parolles, si croire me voulez ie vous donnerai bon conseil. Nous auons souffert icy grand pauureté par long temps, & ne pouuons aller en nul pays que ne soions prins, car comme vous sçauez tous les barons de France & mesmement nostre pere & tous nos parens nous hayssent mortellement. Si croire me voulez nous irons tout droit à Dordonne vers nostre mere i'espere qu'elle ne nous faudra mie. La seiournerons vn peu, & y prendrons vn petit repos, & quand nous serons reposez, nous prendrons aucune compagnie, & irons seruir quelque grand Seigneur, là ou nous acquerrons aucune cheuance. Frere, dist Regnaut, vous dictes bien & sagement, ie vous promets qu'ainsi sera fait. Quand les autres freres ouyrent le conseil qu'Alard auoit donné, ils commencerent à dire: Frere, nous cognoissons que donnez bon conseil à Regnaut, lors dit Regnaut puis que ce conseil vous semble bon, nous le ferons. Tant attendirent les quatre freres que la nuict fut venuë, puis monterent à cheual & se mirent en la voye & tant cheuaucherent de nuict & de iour, qu'ils vindrent aupres de la cité de Dordonne, & quand ils furent pres, il leur souuint de la grande richesse dont ils estoient iettez & bannis, & cogneurent la grand pauureté que si long-temps auoient enduré lors Regnaut dist à ses freres. Nous auons mal fait que nous n'auons demandé seureté à nostre pere, car vous sçauez bien qu'il est si cruel que s'il nous peut prendre il nous rendra prisonniers au Roy. Frere dist Richard, vous auez bien dict: mais le cœur ne me dict pas que nostre pere le fist ainsi comme vous dictes, si ainsi le faisoit, i'ayme mieux mourir dans Dordonne, qu'au bois de faim & de soif, cheuauchons seurement, ie vous dis pour vray que nul ne nous cognoistra, & d'autre part si nous pouuons auoir le pied dedans Dordonne, nous n'auons garde d'auoir mal car nous y sommes mout aymez, & nostre mere ne souffriroit pour rien qu'on nous fist nul desplaisir.

Frere dist Regnaut, vous auez bien dict & sagement, & m'auez mout reconforté. Or cheuauchons maintenant en la bonne heure, quand ils passoient parmy les ruës les gens qui les regardoient s'esmerueilloient bien fort: car ils ne cognoissoient point qu'elles gens s'estoient; & puis disoient l'vn à l'autre, regardez qu'elles gens, ie croy qu'ils ne sont pas de nostre loy. Et quand ils furent au palais ils descendirent à pied, & donnerent tenir leurs cheuaux à trois valets, que la trouuerent. Et lors les quatre freres monterent au Palais sans rencontrer homme ne femme, car Aymon leur pere estoit allé au gibier sur la riuiere & la Duchesse estoit en sa chambre, la ou continuellement se tenoit bien triste & dolente, à cause qu'elle n'auoit aucunes nouuelles de ses enfans. Quand les quatre freres furent entrez dedans la salle, ils ne trouuerent hommes à qui parler, dont ils en furent esmerueillez, si s'assirent l'vn ça, la, & demeurent en tel estat vne grande piece que homme n'entra leans. A tant voicy venir la Duchesse leur mere qui issoit de sa chambre, & elle regarda parmy la salle & vit ses fils si contrefaits qu'elle ne le cogneut point, mais s'esmerueilla mout quelles gens ils pouuoient estre. Et quand Alard vit venir sa mere, il dist à Regnaut & à ses frereres voyez la nostre mere, allons à l'encontre d'elle s'il vous plaist & luy contons nostre pauureté & affaire. Frere dit Regnaut, attendons qu'elle ait parlé à nous pour voir s'elle nous cognoistra ou non. Elle leur dist Dieu vous sauue Seigneurs qui estes vous, de quelle nation estes vous chrestiens ou payens, ou gens qui font penitence, voulez vous point l'aumosne & draps pour vous reuestir: ie cognois que vous en auez besoin, & si vous en voulez ie vous en donneray volontiers pour l'amour de Dieu, afin qu'il ait mercy de mes enfans, & les garde de peril & d'encombrier, car il y a bien sept ans que ne les vis, elle dist à haute voix que ses fils l'entendirent. Helas beau sire Dieu, quand viendra le iour que verray mes enfans: Ha beau sire Dieu que ie les desire à voir. Fut il oncques Dame qui fit si noble portée comme i'ay fait, ne qui tant fut desolée.

Quand Regnaut vit sa mere desolée, il en eut mout grand pitié, & commença à larmoyer & se voulut descouurir: mais la Duchesse le regarda & luy troubla le sens & fremit, & commença tout à trembler, & peu s'en falut qu'elle ne cheut pasmée à terre: nonobstant elle demeura vne grande piece sans parler, quand elle fut reuenuë elle regarda Regnaut derechef & le cogneut à vne playe qu'il auoit au visage, laquelle luy fut faite au porter, quand il estoit petit enfant. Lors elle luy dist, Regnaut mon fils, le nompareil des cheualliers du monde comment ie vous voy empiré & changé, ou est allée vostre grand beauté. Pourquoy mon fils vous allez vous celant enuers moy qui vous ayme plus que moy mesme. Cependant qu'elle disoit ces paroles elle regarda autour de soy & recogneut ses enfans, & quand elle les eut recogneus, elle alla vers eux les bras estendus comme forcenée, & les commença à baiser en pleurant de grand pitié, puis la bonne Duchesse print ses enfans, & les fit seoir aupres d'elle & leur dist: beaux enfans cõme ie vous voy pauures & deffigurez, qu'est-ce à dire que vous n'auez auec vous Cheualiers n'autre compagnie, Dame dist Regnaut, nous n'auons nuls cheualiers auec nous, car nostre pere nous les a tous occis, & nous mesmes eust ils occis, si n'eust esté nostre Seigneur qui nous a gardé par sa pitié & misericorde: dauantage nous monstra nostre pere. Quand la Duchesse entendit ces paroles, elle en fut dolente. Lors appella vn de ses seruiteurs & luy dist: Faites mener incontinent ces cheuaux en la ville & regardez qu'ils soient bien pensez, Dame dit son Escuyer il sera fait. Cependant vn Escuyer vint qui dist à la Duchesse Dame quand il vous plaira mettez vous à table, car tout est prest. La Dame print Regnaut & ses freres, & les emmena auec elle pour disner, & les fit seoir tous quatre. Ainsi qu'ils mangeoient, le Duc Aimon leur pere reuint de chasser, & auoit prins quatre cerfs & deux sangliers, il entra en la salla, & trouua ses enfans qui mangeoient & la Duchesse leur mere qui les seruoit: & quand il les vit, il ne les cogneut pas, mais dist à la Duchesse: Dame qui sont ces gens qui sont si cõtrefaits: La Dame commença à plorer, & luy dist, Sire ce sont mes enfans & les vostres que tant auez trauaillez & chassez cõme bestes sauuages qu'ils ont tant demeuré en Ardenne qu'ils sont deuenus tels comme les voyez. Ils sont venus vers moy, car ils sçauent bien que vous ne les aymez pas. Ie vous prie que ce soir les hebergez, & demain au matin ils partiront.

Lors quand Aimon ouit ces parolles il en fut fasché, & se tourna deuers ses enfans en disant: Gloutons Dieu vous maudie, vous ne vallez rien que ne pouuez auoir monnoye ne gens, ou quelques prisonniers qui vous donnast grand auoir. Pere dist Regnaut par la foy que ie vous dois, si vostre pays est en paix les autres n'y sont pas, car vous pourriez aller à quatre vingt lieuës d'icy, que n'y trouueriez homme riche ne pauure qui ne se tienne maintenant aux forteresses, vous auez grand tort de nous faire pis que pouuez. Dernierement nous tollistes Montefort nostre bon chasteau: puis nous assaillistes en la forest d'Ardenne, ou de cinq cens cheualiers ne m'en laissastes que quatorze: mais puis que nous voulez si grand mal, faites nous trencher les testes & serez amy à Charlemagne & hay de Dieu. Le Duc Aymon oyant Regnaut ainsi parler cogneut qu'il disoit vray, si se print à souspirer, puis leur dist. Or tost vuidez de mon pays, pere dist Regnaut, vous parlez comme mauuais homme, car nous auons tant occis de brigans, que ie n'en sçaurois racompter le nombre: mais pour Dieu vous requerons que nous donniez du vostre puis nous en irons loing de vous, il luy respondit qu'il n'en feroit rien. Adonc Regnaut luy dist, maintenant i'apperçoy vostre mauuais vouloir, moy & mes freres auons tant fait que nous sommes en vostre maison, dont deuriez estre ioyeux, mais ie voy bien que nous en voulez ietter à force. Ie vous iure par la foy que ie dois à ma mere, que s'il conuient que me departe de vous en telle maniere que vous le payerez cher: comment nous voulez-vous ainsi ietter du pays, certainement i'ayme mieux mourir icy auec vous que de mourir de faim; puis qu'il ne peut estre autrement. Adonc il commença à muer couleur & regarda son espée, qu'il tira bien la moitié dehors. Quand Alard vit muer couleur à son frere il cogneut bien qu'il estoit courroucé si le courut embrasser, luy disant. Helas beau frere pour l'honneur de Dieu ne vous courroucez si fort contre nostre pere: car il est nostre maistre, parquoy à droict ou à tort il peut dire tout ce qu'il luy plaist, & deuons faire son commandement, s'il est cruel enuers nous, deuons estre humble enuers luy, gardez que ne mettiez la main contre luy car ce seroit contre le commandement de Dieu. Frere dit Regnaut peu s'en faut que ie n'enrage tout vif, de voir deuant moy celuy qui nous deuroit aimer & deffendre contre tous. & nous donner bon conseil, & si fait au rebours, il a fait paix auec le Roy Charlemagne pour nous destruire, iamais ie ne vis si cruel pere contre ses enfans, car il nous dechasse aussi villainement comme si nous estions mescreans ou estrangers. Ie ne pourrois en nulle maniere racompter ne dire le mal qu'il nous a fait, ne la grande pauureté qu'il nous a faite. Or ne luy eussay ie pas fait ainsi auant me fusse fait tous les membres trencher si ie peux sortir de ceans ie vous premets que ie le courrouceray & gasteray en telle maniere sa terre qu'elle luy fera peu de profit, & qu'il en sera parlé à tout iamais.

Et quand Aymon ouit ainsi parler Regnaut, le cœur luy attendrit, il commença à pleurer disant. Vray Dieu que ie suis dolent que ie ne peux iouyr du bien que Dieu m'a donné, il ne seroit homme si heureux que moy, si mes enfans auoient paix auec l'Empereur Charlemagne, car iamais le Roy Priam n'eust meilleurs enfans ne si vaillasis. Hé mauuais cœur tu ne deurois regarder au serment contre tes enfans, mais leurs deusses aider contre tous, mauuais cœur tu me fais hair de ce que ie dois aimer. Apres auoir prononcé ces paroles, il dist à Regnaut : Trop estes preux & sage, iamais Hector ne vous valut, pour ce ie dois bien faire à vostre volonté. Quand Aymon eut acheué son parler il dist à la Duchesse, Dame ie m'en vay, car ie ne veux estre pariure enuers Charlemagne, vous auez de l'or & de l'argét, cheuaux, harnois, palefrois & sommiers, or en donnez à mes enfans tant comme ils en voudront. Pere dit Regnaut or vous devons gré sçauoir de ce que dit auez nous partirõs demain, ie vous promets pere, qu'encores ne fussions pas icy venus si ne fust pour l'amour de nostre mere. Regnaut, dist Aymon vous estes d'vn grand sçauoir. Beau fils, vous deuez considerer le serment que le Roy m'a fait faire contre vous, bien me desplceut quand ie vous trouuay en la forest d'ardenne, mais il m'estoit force de le faire pour mon honneur garder & pour auoir paix à Charlemagne, vostre mere ne vous a pas forfaitez parquoy elle vous peut donner de nos biens à sa guise, adonc il s'en retourna au bois.

La bonne Duchesse fut fort ioyeuse de ce que le Duc Aimon luy auoit donné congé de faire à sa volonté, & appella ses enfans, leur disant enfans, puis que vostre pere est hors de ceans vous serez bien pensez, elle fit apprester des bains & les fit tous baigner, puis leur fit apporter draps & linges pour les reschauffer, & chacun vn manteau d'escarlate fourré d'hermines. Quand elle les eut bien appareillez elle les mena en vne chambre ou le thresor de son mary estoit, elle le monstra à ses enfans : mais Regnaut voyant si riche thresor commença à rire & luy dist : mere grand mercy du don que nous faites, il nous estoit bien mestier, adonc il print du thresor à sa volonté, puis enuoya de toutes parts messagers pour auoir soudoyers, plusieurs gens retint & plusieurs enuoya, ceux qu'il retint il les paya pour an, Regnaut & ses freres coucherent celle nuict au chasteau, & le lendemain au matin se partirent & emmenerent auec eux cinq cens hommes bien montez. Au prendre congé la Duchesse dist à ses enfans, ie veux que vous alliez vers l'Espagne, car il y a fort plantureux pays. Ainsi qu'ils vouloient partir, leur cousin Maugis arriua qui venoit de France, apres estre descendu il courut embrasser Regnaut & ses autres cousins, & leur dist Regnaut ou auez vous esté tant que n'auons eu nouuelles de vous. Cousin dit Maugis, ie viens de Paris, ou i'ay prins à Charlemagne trois sommiers chargez d'or, ie vous en donne la moitié car mieux employer ie ne sçaurois. Adonc ils monterent à cheual & sortirent de Dordonne, ils rencontrerent leur pere lequel ils saluerent & il leur dist : Enfans or estes vous bien garnis, ie vous prie que faciez tant qu'on parle de vous en France, & à vous autres mes enfans obeyssez à Regnaut, car tant qu'il viura vous n'aurez garde de mal auoir : Alard luy dist, pere nous ferons vostre commãdement, nous vous prions que nous ayez pour recommandez. Adonc Regnaut print congé de son pere & de sa mere : mais la bonne Dame se pasma quand elle vit partir ses enfans. Adonc le Duc Aimon la reconforta luy disant : Dame ne vous desconfortez tant, car i'ay esperãce que les verrons en grande prosperité & honneur. A bref parler le Duc Aimon reconfortant la Duchesse, qu'elle laissa son deuil & remonta au palais auec le Duc Aimon.

Comme Regnaut & ses freres & leur cousin Maugis arriuerent au Royaume de Gascongne, lesquels en passant firent plusieurs maux en France, en fin le Roy Yon de Gascongne les retint à son seruice.

Chapitre 6.

L'Histoire racompte, apres que Regnaut, Alard Guichard, Richard & Maugis leur cousin furent sortis de dordõne ils estoient enuiron sept cens bien équippez, ils passerent par Brie, Gastinois, Orleans, & passerẽt la riuiere de Loire, & gasterent par où ils passerent iusques à Poictiers, là ils ouirent dire que le Roy Yõ de Gascongne estoit assailly des Sarrazins, Maugis dist à Regnaut, Cousin, le Roy de Gascongne est vn Prince de grand renom, allons deuers lui & le seruons, tel seruice lui pourrons nous faire que nul ne nous pourra nuire. Cousin dit Regnaut, allons donc puis qu'il vous semble bon Ils prindrent leur chemin vers la Gascongne, & tant cheuaucherent qu'ils arriuerent à Bordeaux vne belle cité, ou ils trouuerent le Roy Yon & grand compagnie de cheualiers. Eux estans arriuez Regnaut dist à ses gens, allons nous y loger, cousin dit Maugis, allons y, puis irons parler au Roy Yon, s'il nous veut retenir à son seruice à la bõne heure, & s'il ne le fait nous irons seruir Bourgons le sarrazin lequel a ia conquesté vn grand pays, comme Tholose, Montpelier, S. Gilles, Tarascon & Arles, cousin dit Regnaut, vous parlez tres sagement : nous ferons ainsi qu'auez dit. Adonc Regnaut, ses freres & Maugis se desarmerent, & s'habillerent honorablement, ayans auec eux grand nombre de cheualiers, puis allerent à la cour du Roy Yon. Ainsi que Regnaut alloit parmy Bourdeaux chacun couroit apres lui pour le voir à cause qu'il estoit si grand, quand ils furent à la porte du palais Regnaut descendit au pied du palais & trouua le Roy en son conseil. Le Seneschal voiant Regnaut si bel homme & si bien accompagné il alla à l'encontre & luy dist, Monseigneur vous soiez le tres-bien venu, & regnaut luy respondit Dieu vous doint bonne aduenture, dictes moy s'il vous plaist, où est le Roy Monseigneur, il tient son conseil; car bourgons le sarrazin est entré en son païs lequel a fait brusler villes & chasteaux

ſteaux, Abbayes, & maintenant eſt dedans Tholoſe à grand puiſſance Regnaut luy diſt, celuy Bourgons eſt-il ſi puiſſant qu'on dit, ainſi qu'ils parloient enſemble le Roy arriua, quand Regnaut le vit il print ſes freres & Maugis & alla à l'encontre du Roy & le ſalüa honorablement diſant, Sire, moy & mes freres qu'icy voyez ſommes cheualiers & venons d'eſtrange guerre, nous auons pluſieurs bons ſoudoyers qui vous ſeruiront s'il vous plaiſt, par tel conuenant que ne voulons rien du voſtre, mais ſi noſtre ſeruice vous plaiſt, vous me promettez comme Roy que nous ayderez enuers tous & contre tous. Bel amy dit le Roy Yon vous ſoyez le tres-bien venu puis que vous eſtes venu pour me ſeruir ie vous en remercie de bon cœur, mais auparauant ie veux ſçauoir quelles gens vous eſtes; car tels pourriez eſtre que ie ſerois voſtre ennemy. Sire diſt Regnaut puis qu'il vous plaiſt ſçauoir qui nous ſommes, ie vous diray, ſçachez que ie ſuis Regnaut fils du Duc Aymon de Dordonne & ces trois cheualiers ſont mes freres, & voicy noſtre couſin Maugis vn des meilleurs cheualiers du monde: Charlemagne nous a deiettez de France & nous a desheritez il nous a faict deſaduoüer à noſtre pere, parquoy allons chercher ſeigneur qui ſoit bon & loyal qui nous aydera à deffendre contre luy & nous le ſeruirons loyaument, apres que le Roy Yon eut entendu ce que Regnaut luy diſt il en fut ioyeux, car il cogneut que c'eſtoient les quatre meilleurs cheualiers du monde & que ſi iamais il deuoit finir la guerre ce ſeroit par leur moyen, puis regarda deuers le Ciel & remercia noſtre Seigneur de la venuë de ces vaillans cheualiers puis leur diſt, ſeigneurs ie vous retiens car vous n'eſtes pas Cheualiers qu'on doiue refuſer, ie vous promets loyaument & en ferment de Roy, que ie vous deffendray de tout mon pouuoir contre tous hommes vous eſtes desheritez & moy auſſi, parquoy il eſt bien raiſon que nous ſoyons enſemble, & l'vn ayde à l'autre de tout ſon pouuoir. Sire diſt le vaillant Regnaut mille mercis vous rendons, & ie vous promets que nous mourrons eſtant à voſtre ſeruice ou voſtre terre vous ſera renduë. Le Roy appella ſon Seneſchal & luy commanda que Regnaut & ſa compagnie fuſſent bien logez, incontinent le Seneſchal fit le commandement du Roy ſon Maiſtre.

Comme Regnaut ſes fréres & Maugis deſconfirent Bourgons le Sarrazin, qui auoit gaſté tout le Royaume de Gaſcongne & chaſſé le Roy Yon à Bordeaux.

Chapitre 7.

EN ceſte partie dit le compte, depuis que Bourgons eut prins Tholoſe, il dit à ſes gens, ſeigneurs vous ſçauez que quand le fer eſt chaut il le faut battre, ie dis cecy pour vous donner à connoiſtre ce que nous deuons faire, parquoy il me ſemble que nous deuons cheuaucher deuers Bourdeaux cependant que les bleds ſont eſpais, car nos ennemis auront aſſez à manger. Le lendemain bourgons partit de Tholoſe auec vingt mille combatans & ſe vint camper deuant Bordeaux, puis enuoya enuiron quatre cens ſarrazins bien equippez pour gaſter tout le plat pays iuſques aupres de la Cité, quand la guette l'entendit venir il eſcria armez vous car voicy venir les ſarrazins qui viennent dont ceux de la Cité furent fort eſmerueillez,

Quand regnaut vit qu'il estoit temps de s'armer, il dist à ses freres : allez-vous tous appareiller & faire que nos gens se mettent en armes, ce qu'ils firent, quand tous furent armez regnaut monta sur bayard & s'en alla deuant le roi Yon, auquel il dit sire ne soyez de rien esbahy, soiez asseuré que Dieu vous aidera auiourd'hui moi & mes freres & tous nos gens nous nous en allons deuant, faites viste apprester tous vos gens, car le cœur me dict qu'auiourd'huy seront desconfits ces mauuais sarrazins, moyennant l'aide de Dieu, ami dist le roi, ie ferai ce qu'auez dit, lors regnaut sortit hors de Bourdeaux tout le premier monté sur Bayard & alla courir sur les Paiens, il entra plus auant que les autres & frappa vn Paien parmi l'escu tellement qu'il tomba mort à terre, il commença à destrancher ces sarrazins aussi legerement comme s'ils fussent desarmez. A bref parler depuis que les gens de regnaut furent assemblez les payens ne peurent durer, car lui & ses gens les tuoient comme bestes si bien qu'ils furent contraints de prendre la fuite vers l'embusche : quand Bourgons veit venir ainsi ses gens desconfits il sortit de son embusche & fit sonner ses trompettes & se mist en voie, regnaut voiant si grand nombre de gens il fut esbahy & dit à ses freres seigneurs ne vous estonnez de rien car nous auons auiourd'hui eu l'honneur ie vous prie que chacun fasse bien.

Ainsi comme regnaut parloit, Bourgons vint le glaiue baissé & frappa vn des gens de regnaut de telle sorte qu'il lui passa le fer parmi le corps & tomba mort à terre. Alard voyant le coup en fut dolent si picqua son cheual des esperons & frappa vn payen si rudement qu'il l'abbatit mort à ses pieds & commença la meslée fort terrible, le Roi Yon qui venoit au secours apperceut les grandes prouësses de regnaut & de ses freres, il se signa de grande merueille qu'il eut, & dist à ses gens, allons secourir ces vaillans cheualiers, si picqua son cheual & se mist en la bataille si asprement qu'il rompit la plus grande presse & estoit tousiours adioint à regnaut lequel luy dist, sire soyez tout asseuré que les payens sont desconfits : les batailles furent assemblées d'vne part & d'autre, mais quand le roi Bourgons vit le grand dommage que regnaut lui faisoit il dist à ses gens, nous sommes desconfits par la prouësse de cinq cheualiers, fuyons, fuyons car il est temps, adonc lui & ses gens se mirent en fuite. Regnaut voyant que Bourgons fuioit, il picqua bayard & courut apres disant à soy mesme que bourgons demeureroit ou il perdroit la vie, en peu d'heure regnaut fut esloigné de ses freres & de la compagnie du Roy Yon, tant qu'ils ne sçauoient ce qu'il estoit deuenu, alors Alard commença à dire ha vrai Dieu où est allé nostre frere, aussi-tost le roi Yon arriua qui leur dist, seigneurs vous sçauez qu'il n'est pas raison de trop chasser nos ennemis, car souuent il en vient grand danger, retirons nous ie vous prie, [illegible] dist Alard qu'est-ce que vous dites nous auons perdu regnaut nostre frere & ne sçauons s'il est mort ou prins, le roi en fut fort courroucé & fit chercher regnaut parmi les morts, lequel on ne trouua point, quand Alard, ses freres & leur cousin Maugis virent qu'on ne le trouuoit point, ils commencerent à faire grand deüil que c'estoit pitié: helas! dit Alard, que ferons-nous nous departismes de nostre terre pauures & exilez dont peu me chaloit, car i'allois auec le meilleur cheualier du monde, & pensois bien par sa proüesse recouurer hõneur & aussi faisoient tous mes freres, or l'auons nous perdu par nostre faute. Le roi Yon voyant le grand dueil que les freres & Maugis faisoient de regnaut, il leur dist, pourquoy menez vous si grand dueil, veu qu'il n'est pas mort: car s'il est prins vous l'aurez s'il me deuoit couster tout ce que i'ay, d'autre part nous auons tant de leurs prisonniers que pour rien ne lui feroient nul mal. Sire dist Alard allons apres & sçachons qu'il est deuenu, ami dit le roi ie le ferai volontiers, adonc tous se mirent en la voie & coururent apres tant qu'ils peurent. Or veux-ie parler de regnaut qui alloit apres Bourgons si fort comme si la foudre le portast, il fut si esloigné en peu d'heure, qu'il attaignit Bourgons auquel il cria tant qu'il peut. Vraiement Bourgons ton cheual est recreu, parquoi tourne deuers moi, car si tu mourois en fuyant, tu serois à grand honte.

Quand Bourgons ouit ainsi parler regnaut, il retourna incontinent derriere luy, & quand il le vit il cogneut bien que c'estoit levaillant cheualier qui auoit desconfit tous ses gens, il lui dit. Sire cheualier retournez arriere & ne gastez vostre cheual, si vous le perdez à peine en aurez iamais vn tel. Il disoit cela pour esbahir le vaillant regnaut, car il n'osoit iouster contre luy, mais regnaut n'estoit pas homme pour s'espouuanter des paroles il luy dist, Bourgons ces paroles ne vous faut dire mais deffendre vous conuient. Bourgons cogneut qu'il ne se pouuoit deliurer de regnaut sinon par iouste, il picqua son cheual & courut sur regnaut tant qu'il peut, & le frappa si durement que la lance se rompit en pieces: mais regnaut frappa ledit Bourgons si asprement qu'il l'abbatit lui & son cheual à terre, & luy fit vne grãde playe à la poictrine, bourgons estant à terre se releua incontinent & mit la main à l'espée, regnaut le voyant à terre luy dit, il ne me sera pas reproché que vous combattiez à pied & moi à cheual, adonc il descendit de dessus baiard & mit la main à l'espée puis coururent l'vn sur l'autre, la bataille commença fort terrible & quand le cheual du paien se sentit allegé de son maistre il se mit en fuite, mais baiard luy courut apres, lequel l'empoigna par le crin & le ramena à son maistre en la place où ses deux cheualiers se combattoient, regnaut frappa bourgons parmi son escu lequel il trencha iusques à la chair & rompit bien cens mailles de son aubert, tant qu'il luy fit vne grande playe au costé, Bourgons voiant la grande force de regnaut fut fort effrayé & eut peur de perdre la vie, il se retira vn peu arriere & dit à regnaut. Ha gentil cheualier ie te prie pour l'amour que tu as en ton Dieu que tu me donne trefues, & ie te ferai Seigneur de tout ce que i'ay en ce monde. Non feray dit regnaut, car i'ay promis au roy Yon que ie luy aideray contre tous hommes & semblable promesse m'a fait, mais si tu te veux faire bon Chrestien ie te donneray trefues tres-volontiers bourgons luy dict, ie me veux rendre à vous, car à meilleur cheualier ne me pourrois rendre moyennant que me sauuerez la vie. Bourgons, dit regnaut si vous rendez à moi, nul mal n'aurez & vous guarentirai comme ma propre personne. Le me prometrez vous, dit Bourgons. Qui respondit Regnaut par ma cheualerie, tenez mon espée, ie me remets du tout en vostre main, & Regnaut l'asseura de ne luy faire mal. Adonc tous deux remonterent à cheual & se mirent en chemin pour retourner a Bourdeaux. Ainsi qu'ils retournoient ils rencontrerent le Roy Yon qui venoit auec ces gens, quand Regnaut vit le Roy il le remercia humblement & luy presenta Bourgons qu'il luy auoit conquesté, en disant sire ie vous requiers que Bourgons n'aye nul mal car ie l'ay asseuré, amy dist le Roy Yon, non n'aura-il, ains tout honneur pour l'amour de vous quand ces trois freres & Maugis virent qu'il auoit prins Bourgons ils furent bien aises & le coururent embrasser & baiser, luy disant, frere en grand soucy nous auez mis, car nous pensions que fussiez prins, mais puis que le Roy est pris la guerre est finie, apres s'estre bien festoyez ils allerent à Bourdeaux, le Roy print Regnaut & ses freres & Maugis par la main & monta au palais, où il trouua ses gens qui menoient grãde feste si leur dist seigneurs faites honneur à ses cheualiers plus qu'à moy, car ie suis demeuré Roy de Gascongne par leur grande prouesse, s'ils ne fussent venus i'estois desconfit, loüé soit nostre Seigneur de ce qu'ils sont venus par deça, car ils m'õt acquité ma terre & mis en mon pays en paix, le Roy fit donner la plus grande partie du butin à Regnaut & à ses freres, mais Regnaut donna tous a ses gens.

Quand le Roy vit la grande liberalité de Regnaut il l'ayma plus que deuant, adonc il luy dit qu'il le vouloit faire seigneur de toute sa terre, le Roy Yon auoit vne sœur qui estoit mout belle damoiselle, quand elle ouyt dire tant de bien dudit Regnaut elle appella vn cheualier qui auoit nom Gauthier, & luy dist. Dites moy par vostre foy qui a eu l'hõneur de la bataille, Dame dist Gautier sçachez que Regnaut est le meilleur cheualier du monde, car il a prins Bourgons le sarrazin par force, ce qui a finy la guerre, Quand la pucelle entendit cela elle en fut bien ioyeuse & en remercia nostre Seigneur, Bourgons se voyant prisonnier manda au Roy qu'il vint parler à luy, & luy dit, Sire ie suis vostre prisonnier, & la plus grande partie de mes gens, s'il vous plaist vous prendrez de moy quelque rançon, & pour la deliurance de nous tous ie vous donneray six sommiers chargez d'or. Le Roy respondit ie le feray volontiers si Regnaut me le conseille & non autrement, adonc le Roy Yon fist mander Regnaut & ses freres, & tous les barons, & quand ils furent tous venus il tint conseil ce qu'il deuoit faire de Bourgons, & si pour finance il le deuoit deliurer, Regnaut & freres conseillerent qu'il mist Bourgons à rançon ce qu'il fit, mais premierement fut renduë Tholose au Roy Yon & luy fut liuré six sommiers chargez de fin or comme il auoit promis & incontinent les donna à Regnaut & à ses freres: mais Regnaut fit comme prudent cheualier car il n'en voulut prendre vn seul denier.

Vn iour que Regnaut & ses freres alloient chasser en vne forest qui estoit au delà, où ils prindrent quatre bestes sauuages, ainsi qu'ils s'en retournoient il aduint qu'ils se trouuerent aupres de la riuiere de Gironde. Alard regardant ça & là veit outre la riuiere vne fort haute montagne & au dessus auoit vn tertre beau & fort, il dist à Regnaut, frere voila vn beau lieu & bien assis ie croy qu'il y a eu autres fois vn Chasteau fermé si nous pouuons tant faire que nous fissions vn chasteau, charlemagne ne nous pourroit auoir, si vous me voulez croire vous le demanderez au Roy Yon, & s'il vous le donne faisons y vne forteresse, cousin dit Maugis, Alard vous donne bon conseil, ie vous prie que le fassiez ainsi, cousin dit Regnaut, ie le feray, puis que me conseillez. Ils se mirent dessus Gironde & passerent outre & ne cesserent de cheuaucher tant qu'ils furent venus deuant le Roy ils luy presenterent les bestes sauuages, qu'ils auoient prises, lesquelles le Roy receut courtoisement le lendemain apres que le Roy eut ouy la messe Regnant le retira à part & luy dist, Sire nous auons demeuré long-temps à vostre seruice, certes dist le Roy vous dites vray, dont ie suis tenu de vous en guerdonner, regardez s'il y a en mon pays Cité, ville ou chasteau ny autre chose que vueillez auoir car maintenant l'aurez, sire dist Regnaut, grand mercy, mais entendez-moy s'il vous plaist, moy & mes freres venions hier de chasser ie regarday outre la riuiere Gironde & la veis vne haute montagne s'il vous plaisoit i'y voudrois faire vn chasteau à ma plaisance, quand le Roy l'ouyt il fut fort ioyeux & dist à Regnaut, ie le vous octroye de bonne volonté, & vous donneray dix mille marcs d'argent à despendre tous les mois. Sire dist Regnaut grand mercy, lors le Roy luy dist. Noble cheualier, ie vous promets ie vous feray riche si ie vis longuement. Sire dist Regnaut, Dieu vous le rende. Le lendemain au matin le Roy fit venir Regnaut, puis print vingt cheualiers seulement & se mirent sur la riuiere de Gironde, ils passerent outre & allerent vers la roche où ils monterent dessus, quand ils veirent le lieu tant beau & si plaisant ils s'en esbahirent, mais Regnaut en fut fort ioyeux pour la grande force qui estoit & dist en soy mesme que s'il pouuoit tant faire qu'il eut vn chasteau fermé à sa deuise, qu'il ne redouteroit Charlemagne, pourueu qu'il eust à manger car au plus haut de la roche sortoit vne fontaine plantureuse, quand le Roy & les cheualiers virent le lieu si beau, il y eut vn cheualier qui tira le Roy à part & luy dit, sire que voulez vous faire, voulez vous auoir seigneurs sur vous s'il fait faire vne forterelle ie vous dis qu'il vous doutera bien peu, ne vous ne les barõs de Gascongne. Considerez que Regnaut & ses freres sont tels Cheualiers cõme vous sçauez & qu'ils sont gens estrangers qui tost vous pourroient faire vn grand dommage, donnez luy autre chose si me voulez croire, car trop grand mal vous en pourroit aduenir. Quand le Roy Yon ouit parler le cheualier il fut tout esbahy car il sçauoit bien que le cheualier disoit verité, & peu s'en faillit que l'œuure du chasteau ne demeura imparfaite, il pensa vn peu, puis dit qu'il auoit promis à Regnaut. Il l'appella & luy dit, mon amy ou voulez vous que le chasteau sois fait, ie veux qu'il soit icy assis s'il vous plaist, ie le vous octroye, & vous hastez de le faire fermer puis vous ne me douterez moy ne mes gens, mais ie croy que ne me voudriez guerroyer. Sire dit Regnaut ie vous certifie comme loyal cheualier, i'aymerois mieux mourir vilainemẽt entre les turcs que ie pensasse trahison sur vous ne sur autruy, ie suis esté tenu iusques icy pour loyal cheualier, Dieu me doint grace que ie ne face d'icy en auant chose pour estre tenu desloyal. Sire pensez-vous pource que ie suis ennemy de Charlemagne qui est mon souuerain Seigneur, que i'ay commis trahison contre luy: sçachez que quand i'occis son neueu Berthelot que ie le fis à mon corps deffendant, car il m'auoit nauré sans me deffier & sans raison, mais ie vous iure sur ma foy que si nul homme vous forfait en rien, que ie vous vengeray à mon pouuoir & si auez quelque suspition sur moy ne me le celez pas, amy dit le Roy ie me suis fié à vous, parquoy ie vous l'ay octroyé, & veux que soyez seigneur de moy & de ma terre, quand Regnaut ouit la courtoisie du Roy il le remercia grandement & manda par le pays & fit venir tous les maistres massons & charpentiers du pays, apres auoir fait tout son appareil il fist faire le chasteau en telle maniere qu'vne salle y fit faire premier & apres plusieurs chambres, & puis la grand tour. Quand le donjon fut bien fermé Regnaut fit apres encore & murer le chasteau de hauts murs, & y fit poser de grosses tours à l'enuiron tant qu'il ne craignoit assaut de nulle part. Et aussi y fit faire les branches & Barbacanes si tres deffensables qu'il ne pouuoit estre mieux, quand le chasteau fut accompli Regnaut & ses freres en furent fort ioyeux, car il leur estoit aduis qu'ils estoient asseurez quand le Roi sçeut que le chasteau estoit accomply il l'alla voir. Regnaut sçachant que le Roi venoit il alla au deuant de luy, & le fit monter en la grand tour où on pouuoit tout voir. Le Roi regarda ceste œuure qui estoit fort plaisante, & la belle fontaine qui estoit au milieu, puis appella Regnaut & luy dist. Ami, comment aura nom ce chasteau, il me semble qu'il deuroit auoir noble nom, pour la grand beauté dont il est garni. Sire, dist Regnaut, il n'a encores point de nom, mais s'il vous plaist vous luy en donnerez, car ie veux qu'on le nomme comme il vous plaira certes dit le roi, ie veux s'il vous plaist qu'on l'appelle Montauban, puis le roi fit publier par tout son pays que toute personne qui voudroit venir habiter audit chasteau de Montauban qu'il seroit franc de toutes debtes l'espace de dix ans. Or quand les gens du pays sçeurent la franchise du chasteau, vous eussiez veu venir Cheualiers, Gentils-hommes, bourgeois, ieunes & vieux, marchands laboureurs, tellement que le chasteau fut si plein de toute maniere de gens, qu'en tout le pays n'y auoit chasteau qui fut si bien peuplé ne si fort. Et sçachez que le Roi Yon aimoit regnant de bon amour pour la grand vaillance qu'estoit en luy. Les Barons voyant cela en furent courroucez & luy dirent. Sire, regardez que vous faictes, Montauban est mout fort & regnaut est tel cheualier qu'il n'y a au monde point de meilleur, s'il se courrouce à vous il pourra faire grand dommage, seigneurs dit le roi, vous dites vrai, mais regnaut a si gentil cœur qu'il ne penseroit iamais trahison, sire dist vn vieil cheualier qui deuant le roi estoit, si me voulez croire ie vous dirai comment vous serez tousiours maistre de Regnaut & seigneur tout le temps de vostre vie. Amy dist le Roy, dites le moi ie vous en prie, donnez lui vostre sœur pour femme si sera bien mariée, car regnaut est noble homme de tous costez, & ainsi serez asseuré que iamais ne se courroucera à vous, ami, vous me donnez bon conseil, & le ferai ainsi que m'auez conseillé, & apres ces paroles dites. Le Roi Yon s'en retourna à Bourdeaux ioyeusement deuisant au cheualier de la matiere de quoy ils auoient parlé, le premier iour de May Regnaut s'en alla de Montauban à Bourdeaux pour voir le roi Yon & mena Alard son frere auec lui : & quand le roi le sçeut il vint à l'encontre de regnaut & le receut à grand ioye. Le Roy Yon demanda les eschets pour iouer contre regnaut & ainsi qu'il iouoient voici venir le vieil cheualier qui estoit chargé du roi de faire le mariage de regnaut & de la sœur du roi, il se nommoit le vieil Godefroi de Moulins, & quand il fut venu deuant le roi, il dit. Oyez seigneurs ce que ie veux dire, ie dormois la nuict passée & me sembloit que regnaut le fils au Duc Aymon estoit monté sur vn puits, & tout le peuple de cestuy royaume s'enclinoit deuant lui, & le roi donna vn espreuier mué & m'estoit aduis que deuers Gironde venoit vn grand sanglier qui menoit si grād bruit que nul ne pouuoit durer deuant luy, si que trois hommes l'assaillirent, mais il passa outre & regnaut vint contre lui qui le greua fort, adonc ie m'esueillay, alors le vieil cheualier se teut, puis vint vn clerc nommé Bernard, lequel dist, Seigneurs, s'il vous plaist m'escouter ie vous diray la signification de ce songe, le puits où Regnaut estoit monté est le chasteau qu'il a fait faire, le peuple qui s'enclinoit deuant lui sont les habitans d'icelui, le don du Roi c'est sa sœur qui luy donne à femme, le sanglier signifie aucun grand Prince Chrestien ou Payen qui viendra assaillir le Roy & Regnaut le deffendra par force d'armes, voicy l'exposition du songe de Godefroy & moy indigne conseillerois que le mariage se fist de Regnaut & de la sœur du Roy. Le Roy luy dist tu as sagement parlé, quand le clerc eut dit la signification du songe du bon Godefroy, le Roi Yon dist que ce mariage luy aggreoit bien, Regnaut entendant le Roy lui dist sire grand merci de ce beau don, mais vous aurez vn peu de patiēce iusques i'aye parlé à mes freres & à mon cousin Maugis, frere dist Alard vous faictes mal de refuser le don que le Roi vous fait, si me voulez croire vous accomplirez son vouloir entierement, car à nos freres plaira bien frere dist Regnaut ie le ferai puis que me le conseillez, adonc s'en retourna deuers le Roy & luy dist, sire, ie suis tout prest à faire vostre vouloir, Regnaut estant là le Roi le print par la main & luy fit fiancer sa sœur.

Comme le Roy Yon apres auoir receu beaucoup de seruice de Regnaut luy promit en mariage dame Clere sa sœur, de laquelle il eut de beaux enfans, lesquels depuis furent menez à Charlemagne qui les receut fort honorablement.

Chapitre 8.

ALors d'vne part & d'autre le mariage fut accordé, le Roy Yon alla en la chambre de sa sœur & trouua qu'elle faisoit vne pannoncelle de lance, le Roy la salüa & la pucelle fit la reuerence, Belle sœur dit le roi ie vous ay mariée, quand la pucelle l'entendit elle changea de couleur & ne dit mot d'vne grande piece, puis elle dist à son frere, sire à qui m'auez vous donnée, ma sœur dit le Roi ie vous ay donné au meilleur cheualier du monde, c'est Regnaut le fils d'Aymon, quand la pucelle ouït que c'estoit Regnaut à qui le Roi l'auoit donnée elle en fut fort ioyeuse car elle l'aimoit grandement, elle dist à son frere, tout ce qu'il vous plaira. Le Roi la print par la main & la mena au Palais, puis dit à Regnaut deuant tous, vaillant cheualier, ie vous donne ma sœur que voici. Sire dist Regnaut, cent mille mercis de ce beau don que me donnez, il n'appartient pas à paure cheualier comme ie suis. Adonc Regnaut print la pucelle & la fiança, puis allerent à l'Eglise, ou l'Euesque de Bourdeaux les espousa honorablement.

Quand ils furent espousez Regnaut le manda à ses freres qui estoient à Montauban

Quand ils furent arriuez la ioye fut grande, la feste dura huict iours & furent donnez plusieurs riches dons, puis le Roy Yon s'en retourna à Bordeaux fort ioyeux du mariage de Regnaut, car il sçauoit bien que Regnaut le deffendroit enuers tous ses ennemis.

Comme Charlemagne sçachant que Regnaut & ses freres estoient au fort de Montauban somma le Roy Yon de luy rendre ses ennemis, c'est à sçauoir Regnaut & ses freres, sur peine d'estre assiegé en cas de refus, dont le Roy Yon respondet qu'il n'en feroit rien.

Chapitre 9.

LE Roi Charlemagne estant à Paris il luy print deuotion d'aller à sainct Iacques en Galice, il partit de Paris & mena auec luy Oger le Dannois, Naimes de Bauiere & plusieurs autres seigneurs, ils cheuaucherent plusieurs iournées tant qu'ils arriuerent à Saint Iacques, quand ils furent arriuez le Roi entra en l'Eglise & offrit dessus l'Autel dix marcs d'or fin. Apres auoir fait la deuotion il se mist en chemin & retourna passer à Bourdeaux, & y allant il regarda à costé sur Gironde & vit le chasteau de Montauban lors il dit, seigneur Dieu voila vn beau chasteau fort bien assis, ie cognois que le Roy Yon la fait faire nouuellement, or ne peut estre puis qu'il l'a assis en tel lieu qu'il ne soit deliberé de mener Guerre à quelqu'vn, si demanda à vn homme du pays à qui est ce chasteau, sire il se nomme Montauban & la fait faire Regnaut le fils d'Aymon, quand Charlemagne l'ouit parler il fut fort courroucé & commença à penser, puis compta à ses barons comme il auoit trouué ses ennemis en ce pays, ce sont les quatre fils Aymon. Or sus Oger & vous Duc Naimes montez à cheual, cherchez tant le Roy Yon que vous le trouuiez, & lui dites de par moi qu'il me rende les quatre fils Aymon qui sont mes ennemis, puis qu'il me baille cheualiers pour les conduire iusques en mon pays, car i'ay deliberé puis que ie les ay icy trouuez de les faire pendre, s'il ne le veut faire deffiez-le de par moy, & luy dites que d'icy à trois mois ie seray dedans la Gascongne auec mon ost, où ie ne laisseray ville ne chasteau que ne destruise, & s'y vous assiegera en vostre Cité de Bourdeaux, s'il vous peut prendre il vous punira sans nulle mercy, parquoy sire s'il vous plaist nous donnerez responce. Oger, dist le Roy Yon, il est bien vray que i'ay retenu les quatre fils Aymon en mon pays lesquels sont vaillans cheualiers, bien me l'ont monstré, car ils m'ont secouru à mon besoin, i'estois des-herité sans eux, dont pour le grand bien

que

qu'ils m'ont fait i'ay donné ma seur germaine à regnaut pour femme, parquoy ie serois cruel & meschant si ie les rendois aux mains de leurs ennemis mortels, puis qu'ils m'ont si bien & loyaumēt serui, i'aime mieux estre desherité ou mourir que les rendre ne souffrir qu'ils ayent nul mal ny des honneur, car mesmement Charlemagne m'en blasmeroit, & pource Oger s'il vous plaist direz à l'Empereur de ma part que i'abandonneray plustost tout mon pays que de les luy rendre, voila la teneur de ma responce, apres que le Roy Yon eut ainsi parlé, Regnaut parla & luy dist. Oger, ie m'esmerueille fort de Charlemagne qui ne nous veut laisser en paix il nous a chassés de France pauure & esgarez, ie luy voulois faire raison au dire de ses Barons il ne luy pleut pas, mais nous ietta de Montefort vilainement, tellement que ne sçauions ou aller il ne luy suffit pas veu qu'il nous veut chasser hors du pas de Gascongne, dont il fait grand peché, car encore suis-ie prest de faire à sa volonté selon la raison, s'il le refuse par son orgueil, ie veux bien qu'il sçache que moy & mes freres ne sommes si legers à prendre, & vous promets qu'auant qu'il nous ait prins ie le courrouceray plus de dix fois. Oger ie veux bien que Charlemagne sçache que le roy Yon nous a fait vn chasteau qui a nom Montauban, lequel est tres-fort & si a de vaillans cheualiers qui ne me faudront au besoin & que Charlemagne croye que ie luy feray du pis que ie pourray, regnaut dit Oger, vous parlez folement, nous pensez-vous esbahir par vos paroles, non ferez pas, vous sçauez que Charlemagne vous fit cheualier, vous luy tuastes son neueu Berthelot, pource ne pensez pas trouuer paix auec luy, pensez-vous estre asseuré pource qu'auez vn fort chasteau, sçachez que le roy Yon ne s'en rira pas, car auant deux mois nous serons au milieu de sa terre & destruirons tout son pays. Oger dist Regnaut ie vous iure par ma foi que quand Charlemagne sera retourné en Gascongne il voudroit auant peu de temps estre autre part, car quand il verra les dures ioustes que moy & mes freres feront à ses gens, luy & vous en serez tous esbahis, & tel parle bien haut que maintenant quand il sera au fait il parlera bien bas. Or faictes à vostre vouloir dist Oger, ie vous ay dit mon message, ie m'en retourne vers l'Empereur auquel ie conteray ce que vous m'auez raconté.

Comme Roland neueu de Charlemagne arriua à Paris auec trente Escuyers bien armez, & du bon recueil que luy fit l'Empereur.

Chapitre 10.

ET qand Charlemagne l'entendit il trembla tout de mal talent & dist, or nous verrons comme le Roy Yon & Regnaut deffendront si bien Gascongne contre moy. Lors se mist en chemin & passa Garonne, & tant cheuaucha qu'il s'en reuint à Paris, & le lendemain le Roy appella ses barons, quand ils furent arriuez le Roi tint son conseil & leur dist seigneurs ie vous ay mandez pour vous dire la grand honte que le roy de Gascongne m'a fait, car il tient les quatre fils Aymon en despit de moy, vous sçauez quels dommages ils m'ont fait, car ils tuerent mon neueu Berthelot. Ie les bannis hors de France puis firent faire le chasteau de Montfort en ma terre, ie les en chassay, maintenant ils sont en Gascongne auec le Roi, lequel dit qu'il les deffendra

contre moy, & si a donné sa sœur femme à regnaut parquoy ie vous prie que me vueillez ayder à venger.

Pour ces paroles nul ne lui respondit, car il leur ennuioit trop de la guerre qu'ils auoient menée contre Regnaut & ses freres. Charlemagne voyant qu'ils ne respondoient rien, il appella le Duc Naimes, Oger le Dannois & le comte Guidelon & leur dit, seigneurs quel conseil me donnez-vous. Sire dit le duc Naimes, si croire me voulez vous reculerez vostre ost iusques au printemps vos gens ennuyez de la guerre, lors qu'ils seront vn peu reposez vous recommencerez quand il vous plaira & chacun viendra de bon cœur.

Quand le Roy entendit ce conseil il fut courroucé, & ainsi qu'il vouloit respondre au duc Naimes, il arriua vn Damoiselle de tres grande beauté, lequel amenoit bien trente fort beaux escuyers, ledit damoisel se presenta deuant le roi & le salua courtoisement, amy dist le roi vous soyez le tres-bien venu, qui estes vous. Sire dist le damoisel, i'ay non Roland & suis fils de vostre sœur & du duc Millon. Le roi en fut fort ioyeux & le print par la main & la baisa plusieurs fois luy disant, ie vous veux faire demain au matin cheualier & serez pour combattre contre Regnaut le fils Aymon, sire dist Roland ie feray vostre commandement & vous promets que Regnaut ne sera rien espargné, il occit mon cousin Berthelot, dont i'en suis fort courroucé, mais en bref temps ie vengeray sa mort.

Le lendemain matin Charlemagne fit son neueu cheualier à grand ioye & honneur, ainsi que la feste se faisoit il arriua vn messager qui dit à Charlemagne, sire vos hommes de Colongne vous saluent tres-humblement & vous font à sçauoir que les sarrazins les ont assaillis & fort greuez, car ils ont tout le pays bruslé, parquoy vous supplient que les vueillez ayder & secourir ou autrement ils sont destruits, le Roy entendant le messager, baissa la teste & commença de penser. Roland voyant son oncle ainsi penser il luy dit, sire, dequoy estes-vous si pensif, donnez-moy de vos hommes & i'yray faire leuer le siege que les sarrazins ont mis deuant Colongne, le Roy dist, beau neueu benist soit l'heure que fustes né, car en vous sera mon repos, ie veux que vous y alliez il luy donna vingt mille hommes d'armes bien montez, puis luy dist, beau neueu ie vous baille mes hommes en garde conduisez-les si bien que vous ayez honneur & allez en la garde de Dieu, sire dist Roland ne vous esbahissez, puis print congé de son oncle & tant cheuaucha qu'il arriua à Colongne enuiron la nuict, & s'embuscherent prest de l'ost, ils rencontrerent quantité de sarrazins qui emmenoient grand nombre de prisonniers & grande quantité de bœufs & moutons.

Les François voyans leurs ennemis, ils commencerent à dire mettons nous par dedans eux, à ceste heure ils feront de contts, adonc ils coururent sur les Sarrazins tellement qu'en peu d'heure ils furent desconfits, & recouurerent tous les prisonniers. Les Sarrazins ouyrent le bruict des François, incontinent s'emeurent & monterent à cheual & coururent sur eux, quand les François les apperceurent ils retournerent en leurs embusches. Quand roland apperceut qu'il estoit temps de frapper, il sortit de son embusche auec ses gens & frapperent sur les Sarrazins si rudement qu'ils en firent grande occision. La bataille commença fort cruelle que c'estoit pitié à voir, car il y auoit tant de gens morts qu'à peine pouuoit-on passer par dessus, Roland frappa vn Roy Sarrazin tant qu'il le ietta par terre & le print prisonnier, puis le fit monter dessus son cheualet & l'emmena. Quand les sarrazins virent leur seigneur prisonnier & les grands faits d'armes que Roland & les François faisoient, ils se mirent en fuite, adonc roland les voyant fuir cria, Seigneur allons apres, car s'ils nous eschappe nous en serons grandement blasmez, parquoy frappons dessus, ils seront bien tost desconfits puis que nous tenons leur Seigneur prisonnier. Alors les François luy respondirent franc cheualier ne vous esbahissez de rien ils ne nous pemét eschapper, qu'ils ne soient tous morts ou prins, Seigneurs dit le Roy Sarrazin nommé Escorfaut, ce sont tous mes hommes, ie vous prie ne les tuez point, ils sont assez desconfits, puis que m'auez prins, mais donnez-leur tresues & m'emmenez au Roy Charlemagne s'il vous plaist, & pouuez tant faire qu'il me pardonne ie tiendrai d'oresnauant ma terre de luy & sera tout mon lignage obeyssant à sa volonté. Par mon chef dit roland, vous parlez courtoisement, & par ma foy dit Naimes, c'est verité nous ferons volontiers sa requeste, ils donnerent tresues aux sarrazins & s'en retournerent deuers Charlemagne & menerent Escorfaut auec eux. Quand Charlemagne sceut que son neueu estoit reuenu & qu'il auoit desconfit les sarrazins, & prins leur Roy, il en fut fort ioyeux, si monta à cheual & alla au deuant de roland, lequel quand il vid son oncle il descendit de dessus son cheual & se ietta à ses pieds, mais il le fit leuer & le baisa doucement luy disant.

Sire tenez Escorfaut que nous auons prins, il nous a dit qu'il se fera chrestien, s'il vous plaist luy pardonner & que luy & son lignage tiendront leurs terres de vous, neueu dit Charlemagne, il n'est point loyal. Parquoy me veux garder de luy, alors commanda qu'on mit Escorfaut en prison & qu'il fut bien gardé, aussi qu'il eust toutes ses volôtez de boire & de manger. Quand il fut emprisonné Charlemagne appella le Duc Naimes, auquel il dit, que vous semble de mon neueu roland, que fit-il quand la bataille fut assemblée, Sire dist le Duc Naimes, de Roland conuient parler, car depuis que Dieu fut né tel cheualier ne fut veu, il a tout seul vaincu & desconfit les Sarrazins par sa prouesse s'il auoit vn cheual puissant selon luy pour luy batailler, iamais n'auriez ennemy qu'il ne fist venir à nostre mercy par force d'armes tant est vaillant Charlemagne iura par son chef qu'il estoit fort ioyeux, mais dites-moy où pourroit-on trouuer vn bon cheual comme vous dites. Sire dist le Duc Naimes, si me voulez croire ie vous donneray bon conseil, faites crier à son de trompe que voulez voir courir tous les cheuaux de vostre ost & celuy qui sera le mieux courant de tous gaignera vostre couronne d'or & cinq cens marcs d'argent & cent pieces de draps de soye, ainsi pourrez cognoistre le meilleur cheual de vostre Royaume & quand vous l'aurez veu si l'acheterez à vostre neueu Roland, puis donnerez congé à tous vos

Barons iusques à la sainct Iean prochainement venant, Duc Naimes dit Charlemagne vous m'auez donné bon conseil, ie feray comme l'auez deuisé, adonc le roy fit crier tout ainsi comme le Duc Naimes l'auoit deuisé, adõc le roy fit faire lices pour la course des cheuaux, puis il fit mettre au bout des lices le prix de la course. Cependant vn valet s'en alloit en Gascongne, ainsi qu'il passoit par Montauban il compta à regnaut tout ce qu'on vouloit faire à Paris, & comment roland estoit retourné à la cour, & qu'il auoit desconfit Escoufaut, & comme Charlemagne vouloit auoir le meilleur cheual de tout son royaume pour donner à roland, & compta ledit valet à regnaut le prix que le roy auoit mis & comme la course des cheuaux se deuoit faire à sainct Iean. Regnaut oyant ces paroles commença à rire & dist à Maugis, Charlemagne verra le meilleur tout du monde & si ne sçaura que i'aye sa couronne, i'y veux aller monté sur bayard pour l'esprouuer, cousin dist Maugis, non ferez pas encore mais si vous y voulez aller souffrez que ie vous fasse compagnie, si ferez plus asseuré & menons auec nous cheualiers bien armez, volontiers dit regnaut puis que le voulez.

Quand il fut temps de partir pour aller à Paris, regnaut appella Alard, Guichard & richard leur dit, il est temps d'aller à Paris, prenons cheualiers esleus & nous mettons en la voye, quand ils furent appareillez regnaut vint à sa femme, & luy dist, dame ie vous prie que fassiez bien garder mon chasteau ie reuiendray en bref temps, sire dist elle commandez à vos cheualiers qu'ils ne se partẽt de ceans, car ie promets que si le Roy mon frere y venoit que point ny entreroit, or allez à Dieu qui soit garde de vous, adonc regnaut print congé de sa femme & se mit en voye luy & ses gens, quand ils furent à Orleans & eurent passé Loire, on leur demanda d'où ils estoient, & Maugis qui parloit pour tous respondit: seigneurs, nous sommes Bernois qui allons à Paris pour essayer nos cheuaux pour gaigner le prix que le Roy a mis.

Adonc ils passerent outre & tant allerent qu'ils arriuerent à Melun, ils n'entrerent pas dans la ville, mais se logerent dans le bourg. La veille S. Iean Regnaut appella Maugis & luy dit cousin que ferons nous demain il se fera la course des cheuaux, parquoy ie dis qu'il est conuenable que nous allions coucher à Paris cousin dit Maugis, vous dites bien. Or me laissez faire vn petit s'il vous plaist. Lors print Maugis vne herbe, & la pilla sur vne pierre du pommeau de l'espée, & puis la destrempa d'eau, & frotta bayard, tellement qu'incontinent il deuint tout blanc, en telle façon que ceux qui l'auoient autres fois veu ne le connoissoient plus, puis oignit regnaut d'vn oignement qu'il portoit & il deuint en l'aage de quinze ans.

Quand il eut ainsi attourné regnaut & son cheual, il le print & le mena deuant ses freres ausquels il dit, seigneurs que vous semble, ne les ay-ie pas bien transfigurez, pourrõt-ils venir sans estre cognus, regardez bayard cõme il estoit deuenu blanc, il est fort enuieilly, il perdra le prix par faute de courir, alors ils furent tous esbahis, puis regnaut & maugis monterent à cheual & regnaut dit à ses freres, n'ayez doute de moi car ie ne sçay ia cogneu s'il plaist à Dieu, ils partirent, Alard dit à Maugis, cousin ie vous prie pour l'honneur de Dieu que regnaut nostre frere vous soit pour recommandé, car si n'estoit pour l'esperance de vous, nous ne souffrirons qu'il alle à Paris or laisseray-ie vn peu à parler d'eux & vous diray de Charlemagne qui estoit à Paris auec ses gens. Charlemagne voyant que ses Barons estoient venus, il appella le Duc Naimes, Oger le Dannois, Fouques de Morillon & leur dit, Seigneurs prenez cent cheualiers bien armez & vous en allés vers le chemin d'Orleans & gardez que nul ne puisse passer que ne sçachiez qu'il est, car i'ay grand doute de regnaut qu'il ne vienne, vous sçauez comment il est outrecuidé, s'il luy montoit en la teste il seroit tost venu par deça. Sire dirent les barons nous ferons vostre commandement & si regnaut est si fol de venir par deça il n'aura garde de nous eschapper qu'il ne soit mort ou pris, ils s'en allerent vers le chemin d'Orleans, & s'arresterent sur iceluy à deux lieuës de Paris, là demeurerent long-temps que personne ne passa. Quand le duc Naimes vit qu'ils estoient là pour neant, il dit à Oger, ma foy le Roy nous fait sembler aux fols de nous faire icy tenir pour neant. Sire dist Oger, vous dites verité, Dieu me confonde si i'y demeure plus. Ainsi qu'ils vouloient retourner, le Duc Naimes regarda le long du chemin & vit venir regnaut & maugis. Alors dict voicy venir deux hommes à cheual. Quand fouques le vit il cria à haute voix, ma foy voicy venir Regnaut: or ne peut-il eschapper qu'il ne soit pendu, vous dites vrai dit Naimes, car le cheual qui vient deuant ressemble bayard le cheual de regnaut s'il estoit de la couleur. Adonc fouques mit la main à l'espée & courut au deuant de regnaut, quand il fut prest d'eux il vit que ce n'estoit pas regnaut, il fut fort esbahy & se retira arriere. Regnaut & maugis passerent, le Duc Naimes voyant qu'ils passoient alla contre eux, il appella maugis & luy dist. Qui estes vous, & où allez-vous: Sire dist maugis, ie suis de Peronne, & ay non Ioluare, amy dit Naimes, ne sçaurois-tu rien dire de regnaut le fils Aymon, ouy dit Maugis, par ma foy il a cheuauché auec nous deux iours, Naimes voyant que Regnaut ne disoit mot, il dit qui est celuy auec vous qui se taist si quoy, ie croy qu'il a mauuaise pensée. Sire dit Maugis, c'est mon fils qui ne sçait parler françois, adonc le duc Naimes dit à Regnaut, dy vassal, sçais tu point de nouuelle de regnaut, il luy dit, *y my scaint point franches en Bretaut par cheual à Paris couronne roy non draphomiz gaigner mi.*

Adonc Naimes se print à rire quand il ouyt ainsi parler, il luy dit cent mille diables t'ont bien appris à parler si bon François, ie ne sçay que tu dis, tu ressemble mieux fol qu'euesque: tousiours regnaut & maugis cheminoient & firent tant qu'ils arriuerent à Paris assez à temps pour faire leur entreprise, ainsi qu'ils entroient à paris rencontrerent vn mauuais ribaut qui cogneut regnaut le fils Aymon, quand les gens ouyrent le cry ils coururent celle part, dont le mauuais ribaut voyant venir tant de gens fut plus hardy que deuant, passa deuant les autres & print Bayard par la bride: mais quand bayard vit cela, il leua le pied de deuant & frappa ce ribaut à la poictrine si rudement qu'il luy creua le cœur, quand les gens virent le coup tous se retirerent arriere, parquoy ils passerent outre & ne furent point connus. Ils allerent iusques au vieil marché & ne trouuerent point de logis, dont furent contraints de loger chez vn cordonnier. Quand ils furent descendus de leurs cheuaux maugis print vn fil de soye & le cira, puis en lia bayard l'hoste le regarda & luy dit pourquoy auez-vous ainsi lié ce cheual il ne pourra pas manger, or me dites qui est le cheualier qui cheuauche ce cheual, s'il estoit plus ancien ie dirois que c'est Regnaut fils d'Aimon. Sire dist Maugis i'ay ainsi lié le cheual pource qu'il est rioteux & le valet qui le cheuauche est mon fils. Ainsi que maugis parloit à son hoste il nomma Regnaut. Ha dist l'hoste, vous en auez assez dit, c'est Regnaut sans doute qui occist Berthelot neueu du Roy, il en sera aduerty auant que ie dorme. Regnaut tout courroucé luy dit, hoste vous auez mespris, car ie ne vis oncques Regnaut & ne sçay qu'il est, taisez-vous dist l'hoste ie vous cognois bien, adonc il voulut sortir de son hostel, mais le poursuiuit & luy donna tel coup d'espée sur la teste qu'il le fendit iusques aux dēts. Maugis voyant ce meschef dist à Regnaut, ha cousin qu'est-ce qu'auez fait, si Dieu ne pense à nous nous sommes perdus, ie n'en puis mais dist Regnaut, Maugis alla à l'estable & mist la selle à Bayard & fit monter Regnaut dessus puis se partit du logis, quand la femme & les enfans virent ce que Regnaut auoit fait ils commencerent à crier mais Maugis & Regnaut s'en allerent & on ne sceut qu'ils deuindrent car ils se mirēt en la presse auec les autres, Bayard alla clochant iusques à la porte de saint Martin, où ils demeurerent toute la nuict, le lendemain ils entendirent messe auec les autres Barons, puis allerent en la prairie de Seine, Maugis & Regnaut suiuirent le Roy, & bayard alloit tousiours clochant, le Roy commanda que sa couronne fut mise au bout des lices & les cinq marcs d'argent & les draps de soye, incontinent le Duc Naimes & Oger firent ce que le roy auoit commandé. Quand tout fut appareillé les Cheualiers monterent à cheual car chacun pensoit gaigner le prix, le roi dist au duc Naymes, à Oger & à Guidelon de Bourgongne & à Richard de Normandie qu'ils prissent cent cheualiers bien armez pour garder la feste que nulle noise n'y fust faite, alors les cheualiers qui deuoient courir commencerent à regarder regnaut qui estoit monté sur bayard qui alloit clochant & commencerent à rire & se mocquer de luy, ils disoient l'vn à l'autre, celuy gaignera le prix & la couronne, & disoient garde du pied qu'il ne te frappe.

Vn cheualier dist à Regnaut vous auez bien fait doux cheualier d'auoir amené vostre bon cheual, si Dieu l'a destiné vous gaignerez le prix, Regnaut entendant toutes les parolles qu'on disoit de luy il en estoit si fasché, que si n'eust esté de peur de perdre le prix il eust commencé la meslée, mais il se tint sans mot dire ne mener broit. Quand le Roy entendit les paroles que les cheualiers disoient à Regnaut il en fut fort courroucé il dist si haut que chacun l'entendit, ie vous commande sur peine de perdre ma grace que nul ne dise reproche ne vilenie à nul cheualier, mais il ne challoit gueres à Regnaut de ce qu'on disoit de luy.

Quand le duc Naimes & Oger virent qu'il estoit temps de courir ils firent sonner la trompette, lors chacun se mist à courir, quand Maugis vid qu'il estoit temps de partir il descendit & deslia le pied de Bayard, mais auant qu'il fut deslié les autres estoient desia bien loing, quand Regnaut vit qu'il estoit temps de partir il dist à Bayard nous sommes trop derriere vous pourrez trop demeurer, car si vous n'estes le premier vous aurez blasme, quand Bayard l'ouyt ainsi parler, il fronça les narines & estendit le col puis print son cours si roidement qu'il sembloit que la terre fendist sous ses pieds & en peu d'heure il les eut tous passez, quand ceux qui gardoient les lices le virent ainsi courir ils en furent tous esbahis, se disant l'vn l'autre, regardez ce blanc cheual comme il va roidement n'agueres il clochoit si fort, c'est le meilleur de tous, l'Empereur charlemagne appella richard de Normandie & luy dist, vistes vous iamais tant de beaux cheuaux ensemble pour courir, & Richard luy respondit, non sire, mais le blanc les a tous passez, hé Dieu qu'il ressemble bien à Bayard s'il estoit du poil & celuy qui le cheuauche est preux & leger, sçachez que Regnaut fit tant, que Bayard passa tous les autres cheuaux, quand il fut au bout des lices il print la couronne & la mist en son bras, l'argent & les draps il les laissa, quand il eut pris la couronne il retourna vers le roy tousiours le petit pas, quand le roy le vit venir, il luy dit en riant, amy ie vous prie arrestez-vous si voulez ma couronne vous l'aurez & vous donneray tant de vostre cheual qu'en vostre vie ne serez pauure. Par bieu dit Regnaut ces paroles ne vous seruent de rien, bien vous ay gabbé, ie m'en vais faire marchandise ailleurs & vous tient pour enfant, ie suis Regnaut qui emporte vostre couronne, cherchez vn autre cheual pour Roland car Bayard vous n'aurez pas, ne vostre couronne aussi. Adonc il picqua Bayard & s'en alla si roidement qu'il sembloit que la foudre le portast. Quand Charlemagne eut entendu ce que Regnaut luy auoit dit il en fut si fort courroucé que de lõg-temps ne peut dire mot. Apres auoir recouuert le parler il cria à haute voix, or apres seigneurs apres, car c'est mon ennemy Regnaut le fils Aymon, & quand les cheualiers entendirent ainsi crier le Roy ils picquerent leurs cheuaux pour aller apres Regnaut, mais leur allée ne valut rien car regnaut les auoit ia bien esloignez, Regnaut passa la seine au nouer car Bayard estoit accoustumé à la passer, quand il fut passé il descendit à pied cependant le Roy arriua de l'autre costé & commença d'appeller regnaut luy disant, ha fils de preud'homme rends moy ma couronne, & ie te donneray autant qu'elle vaut & te donneray tresue pour deux ans, par bieu dist regnaut pour vos paroles ie n'en feray rien, iamais n'aurez vostre couronne ie la vendray & payeray mes cheualiers, & l'escarboucle feray mettre au dessus de mõ palais afin que ceux qui iront à sainct Iacques la puisse mieux voir, Charlemagne entendant Regnaut ne sceut que dire, regnaut se mit par vn sentier qu'il auoit autrefois passé. Maugis partit de Paris & voyant Regnaut luy cria tant comme il peut, cousin pensez de cheuaucher car de demeurer icy ce ne nous vaudroit rien, cousin dist regnaut vous dites bien, ils se mirent en voye droit à Melun, quand Alard les vit venir, il dit à ses gens, seigneurs, nous pouuons bien descamper, car ie voy venir mon frere Regnaut & Maugis, helas dit richard ie le voy venir à grand haste, or montons à cheual & s'ils ont besoin d'aide nous les secourerons, ainsi qu'ils sortoient de l'embusche Regnaut & Maugis arriuerent qui leur dirent, seigneurs pensez d'exploiter la longue demeure nous pourroit porter dommage, i'emporte la couronne du Roy laquelle Bayard m'a fait gaigner par sa proüesse. Alors ils se mirent en chemin & cheuaucherent tant qu'ils arriuerent à Montauban où ils furent bien receus par dame Clere & tous ceux du chasteau car ils estoiẽt ioyeux de reuoir leur seigneur, Regnaut leur comta comme il auoit conquis la couronne du Roy dont ils furent bien resiouys.

Comme Charlemagne assiegea Montauban, dont pour le commencement Regnaut gaigna la premiere bataille.

Chapitre [illegible]

EN ceste partie dict le Comte, apres que Regnaut eut gaigné la couronne, Charlemagne appella ses Barõs & leur dist, seigneurs, ie vous prie que me conseillez,

comment ie me pourray venger de Regnaut, vous sçauez commét il m'a courroucé, ie vous promets que si ie n'ay ma couronne, i'en seray mal content, le cœur me dit qu'il la fera deffaire & l'escarboucle fera mettre sur son palais. Sire dist Roland, si vous voulez venger de Regnaut allons sur luy & gasterons sa terre, & si pouuons prendre le roy Yon de Gascongne faites en telle iustice qu'il en soit memoire à iamais, neueu, dit le Roy, vous parlez sagement, ainsi sera fait comme l'auez dit, car iamais n'auray ioye que ie n'en sois vengé, sire dist le Duc Naimes, laissez vostre courroux vous sçauez comme regnaut est vostre ennemy & ne vous prise rien, mais si me voulez croire Regnaut & ses freres seront mis à destruction, faites mander tous vos barons & que chacun soit prest à la chandeleur prochaine & que chacun face prouision de viure pour sept ans, adonc demeurerons au siege de Montauban iusques à ce qu'il soit pris & puis vous vengerez à vostre volonté. Quand Charlemagne entendit le conseil que le Duc Naimes luy donnoit il luy dist, Naimes, ce n'est pas le premier bon conseil que m'auez donné il sera fait ainsi que l'auez dit Charlemagne fit faire des lettres qu'il enuoya par tout son empire, contenant que tout homme qui auoit coustume de porter armes & aller à la guerre, qu'il vint vers luy à la chandeleur prochaine bien garny de victuailles pour sept ans, quand les barons sceurent sa volonté chacun se mit en point au mieux qu'il peut, & vindrent à Paris, où ils se presenterent au roy & à Roland son neueu, il y arriua si grand nombre de gens qu'ils ne peurent loger dedans Paris mais logerent dehors la ville. Le Roy fit assembler tous les barons & leur dist, seigneurs vous sçauez que i'ay conquis quatre Roys, lesquels me font tous obeyssance excepté le Roy de Gascongne qui a retiré mes ennemis mortels, ce sont les quatre fils Aymon, vous sçauez que le grand des-honneur qu'ils m'ont fait dont à vous me complains, si vous prie & commande que veniez auec moy en Gascongne pour m'ayder à venger la honte qu'ils m'ont faicte, car vous y estes tenus par serment.

Lors dist le comte de Nantueil, sire nous n'irons pas à ceste fois car nous ne pouuons, vous sçauez qu'il n'y a pas long-temps que vinsmes d'Allemagne, nous sommes encores lassez, aussi en ceste compagnie y a plusieurs barons qui n'ont point encores esté en leur pays ne veus leurs femmes & enfans qui volontiers les verroient faictes reculer vostre ost iusques à la Pentecoste prochaine, & donnez congé à vos Barons qu'ils qu'ils retourneroient en leurs maisons vn peu se reposer quand il sera temps de venir, & que vostre plaisir sera de les mander, s'ils viendront en toute diligence pour aller auec vous en Gascongne, là où vostre bon plaisir sera de les mener. Quand le roy ouyt ces parolles il fut courroucé & dit. Si ie deuois estre desherité i'iray en Gascongne, & menray auec moy tous les ieunes hômes d'armes de mon ost, lesquels ie mettrai honnestement, & leur dônerai tout ce dequoy ils auroient mestier, puis qu'ainsi demeurez recreus. Sire dit Naimes vous dites sagement, car ces ieunes enfans seront bien ioyeux d'eux essayer. Ainsi veux ie faire, dit Charlemagne, par eux sera le Roy Yon destruit & quand i'auray prins regnaut & ses freres, ie donneray toute la Gascongne aux ieunes cheualiers. Pêdant ces paroles vne espie qui estoit à regnaut ouit tout ce que le roy auoit dit, incontinent il se mit en chemin, & tant fit qu'il arriua à Montauban, & trouua regnaut & ses freres & Maugis. Quand Regnaut le vit il luy demanda quelles nouuelles apportez vous de la cour de Charlemagne. Mon seigneur dict l'espie, sçachez qu'il est grandement courroucé contre le roy Yon, contre vous & vos freres & Maugis il a mandé tous ses suiets, mais nul ne vouloit venir.

Adonc iura qu'il ne meneroit homme par deça en compagnie fors que ieunes cheualiers ausquels il donnera toute la Gascongne & mettra tout à feu & à sang. Lors dit Regnaut à ses freres ne vous descouragez, ie verray comme Rolland & oliuier se comporteront contre moy & mes gens. Et lors s'en vint en la salle & trouua Maugis auec ses cheualiers, & leur dit, Seigneurs ie vous apporte nouuelles que Charlemagne nous vient assiéger, & ameine auec luy toute la puissance de France pensons de bien les receuoir, ils auront des affaires plus qu'ils ne pensent. Frere dit Alard, n'ayez doutance ils seront bien receus, car tant comme nous viurons & vous verrons monté sur bayard, nous ne craindrons Charlemagne ne son pouuoir. Or cependant charlemagne fut aduisé & pensa au conseil que le compte de Nantueil luy auoit donné, & dit à ses Barons, en leurs faisant exprés commandement qu'ils se trouuassent tous par deuers luy à Pasques & là il tiendroit son conseil general. Quand le temps fut de venir à la cour chacun s'apareilla au mieux qu'il peut. Premierement vint Richard de Normandie, & amena auec luy plusieurs nobles cheualiers & se presenta deuant charlemagne. Puis apres vint Salomon de Bretagne, & mena auec luy compagnie.

Apres vint Disier d'Espagne amenant auec luy dix mille cheualiers bien en point. Apres vint godefroy le comte d'Aignon qui auoit fort belle compagnie, & de viure à foison. Apres vint Bertrant d'Allemagne, & mena auec luy fort belle compagnie, car il auoit ceux d'Irlande & ceux d'Afrique, & bien mille bons archers apres vint l'Archeuesque Turpin, & amena auec luy fort belle compagnie, & bien rusez au fait d'armes dont fut fort ioyeux de sa venuë, car l'Archeuesque estoit mout preud'homme, & le roy se fioit fort en luy. Tous ces grands seigneurs du Roy tenoient terres, vindrent à Paris, & se presenterent, il les receut à grand ioye. Quand l'ost fut assemblé il faisoit si cher viure à Paris que c'estoit vne pitié, car la somme de bled valoit quarante sols, & si le roy eust guere demeuré, il y eust si grand clarté que le menu peuple fust mort de faim, mais le roy commença à faire monstre de tout son camp, pour sçauoir combien il y a de gens. Quand elles furent faites ils trouuerent qu'il auoit trente mille cheualiers, sans les cheualiers anciens qui estoient bien cent mille. Le Roy fit venir roland & luy dit, Beau Neueu ie vous recommande mon ost, & vous prie que le vueillez conduire par bonne raison. Sire dit Roland i'en feray mon pouuoir. Lors luy fit bailler l'oriflan, & se partir de paris, tant par petites iournée qu'ils vindrent à blois, alors charlemagne fit crier que tous ceux de son pays portassent viures apres l'ost. Ils passerent Gironde puis mirent toutes les batailles en ordonnance. Apres que les batailles furent ordonnée à l'entour de Montauban, Roland dit à Charlemagne. Sire il me semble que deuons donner l'assaut à Montauban: & le Roi luy respondit. Ie ne veux pas que mes gens ayent dommage, il faut sçauoir si le chasteau se voudra rendre, s'il se vouloit rendre ie ne voudroye que bataille y fust faite. Alors fit monter vn de ses cheualiers sur vn mulet tout desarmé, lequel s'en alla en la porte du chasteau. Quand ceux qui gardoient la porte virent que c'estoit vn messager, ils luy ouurirent la porte ainsi qu'il fut entré il trouua le seneschal, auquel il dit. Ie suis cheualier de Charlemagne qui vient faire vn message à Regnaut, adonc le Seneschal le print par la main & le mena deuant Regnaut. Quand le cheualier vit Regnaut il le salüa honorablement, puis luy dit l'Empereur charlemagne vous mande que si vous voulez vous rendre à mercy & luy donner vostre frere Richard pour en faire à sa volonté qu'il aura mercy de vous, & si ne le voulez faire il fera assaillir vostre chasteau & si prendre vous peut, il vous fera mourir de cruelle mort. Quand Regnaut l'ouyt, il se prit à soufrire & dit. Amy, dites à charlemagne que ie ne suis pas homme pour commettre trahison, si ie le faisois luy-mesme m'en blasmeroit, mais s'il luy plaist moy & mes freres sont à son commandement & nous rendrons de bon cœur à luy comme à nostre souuerain seigneur sauf nos vies sauues, & luy rendrons le chasteau à sa volonté, & si le roy nous refuse, ie me fie tant à nostre seigneur que nous ne priserons luy ne ses gens. Le messager s'en retourna lequel conta à charlemagne tout ce que Regnaut luy auoit dit. Adonc il se mit à penser car il cognoissoit que regnaut ne disoit que tout bien, alors manda le Duc Naimes & Oger le Danois ausquels il dit. Seigneurs, Regnaut me mande qu'il ne fera rien à ma volonté, parquoy ie veux maintenant que le chasteau soit assailly. Sire dit Naimes il me semble comme i'ay ouy dire, que Regnaut vous fait vne belle offre, & si croire me voulez vous le prendrez à mercy, vous sçauez que ce sont gens dont vous pouuez auoir grand seruice, si Regnaut est vne fois en paix vous serez crains & bien aimé: mais que vostre volonté ny accorde, nous ny sçaurions que faire d'assaillir le chasteau ie ne le conseille pas, vous voyez qu'il est mout fort, & Regnaut a leans belle compagnie de gens, luy ses freres & Maugis, sont tels comme sçauez, si faites assaillir le chasteau, ils sortiront par forces posternes, & vous feront si grand dommage que vous en serez dolent & courroucé, mais si me croyez, assiegerez le chasteau de si pres que nul n'en pourra sortir qu'il ne soit prins, & ainsi aurez le chasteau.

Comme apres que Charlemagne eust assiegé Montauban, Roland alla se camper au droict de la parole au lieu nommé Balençon.

Chapitre 12.

Bien cogneut charlemagne que le Duc Naimes disoit verité, il lui dit: ie veux qu'il soit fait ainsi que auez dit. Alors fit crier par tout son ost que chacun se logeast au

plus pres du chasteau qu'il pourroit, & commanda qu'on mit son pauillon au plus pres de la porte, adonc en peu de temps il eust plus de dix mille pauillons autour Montauban. Quand l'ost fut logé, Roland print dix mille cheualiers tous de prime barbe & alla se camper au droit de l'autre porte au lieu nommé Balençon, où il y auoit vne riuiere grande & profonde, & là fit tendre son pauillon, tant fut remply d'orgueil qu'il fit mettre vn dragõ au dessus de son pauillon, il fit faire le logis de ses compagnons aupres du sien, & estoient en tel lieu qu'ils pouuoient voir tout le pays, ils gardoient les deux riuieres qui enuironnoient Montauban, Dordonne & Gironde, Roland voyant le lieu si fort s'esmerueilla disant Seigneurs ie m'esbahy de ce chasteau & ne m'esmerueille pas si les quatre fils Aymon font guerre à mon oncle charlemagne, puis qu'ils sont si bien retraict, car ie vous promets que iamais Montauban ne sera prins par nous. Vous dites mal, dit Oliuier, car nous primes bien par force Losanne & abatismes de Cõstantinople la grand tour & le donjon dont ie dis que Montauban aurons nous bien. Et si regnaut & ses freres ne se viennent rendre ils seront en danger de mort, ie vous promets dit Roland qu'il n'en feront ia rien: mais ie vous iure que Regnaut nous fera telle peur que le plus hardy voudroit estre à paris. Il est courageux & ses freres pareillement, ils ont de vaillans cheualiers, parquoy ie suis d'opinion tant qu'ils auront à viure iamais ne seroit prins quand le pauillon de roland fut tendu il regarda la riuiere, & vit qu'elle estoit toute pleine d'oiseaux. Lors dit à l'Archeuesque Turpin & aux autres Barons, Voyez comment nous sommes logez en bon lieu, allons en ces riuieres chasser auec nos faucons. Sire dit l'Archeuesque Turpin allez de par Dieu. Lors roland monta à cheual & print auec luy trente Barons & non plus, ils prindrent leurs faucons & s'en vindrent la plus part montez sur mulets tous desarmez, sinon leurs espées, & s'en vindrent esbattre en contre la riuiere, & prindrent beaucoup d'oiseaux de riuiere. L'Archeuesque Turpin & Oger ny allerent point, mais demeurerent pour garder l'ost & estoient deuant leurs tentes, où ils faisoient conter à vn vieil cheualier, comment Troye la grande auoit esté prinse & destruicte. Cependant auoit vn espie en l'ost du roy qui estoit à Regnaut, laquelle il l'auoit enuoyée pour sçauoir tout le faict de Roland. Incontinent ladite espie se partit de l'ost & s'en alla vers Regnaut, & luy compta comment Regnaut & oliuier estoient allez chasser aux oyseaux sur la riuiere, & auec luy trente bons cheualiers. Et quand l'espie eust racompté ces parolles à Regnaut il fut aise, alors appella ses freres & Maugis, & leur dit comment regnaut & oliuier & trente Barons de Charlemagne estoient allez chasser és riuieres au plain de Balençon. Que deuons-nous faire dit Regnaut, cousin dit Maugis, les faut occire si nous voulons. Ne vous souuient-il point qu'vn messager vous dist il y a bien vn mois que Charlemagne auoit laissé tous les anciens cheualiers de son Royaume,& en auoit pris des ieunes, & auoit toute la Gascongne departie aux ieunes cheualiers de France. Et par celuy boubant Roland & Oliuier sont montez en si grand orgueil qu'ils cuidoient qu'en tout le monde n'a homme qui les osast assaillir ne regarder par mal talent: mais si me voulez croire ie vous diray telle chose dont les ferez grandement courroucez & dolens. Incontinent Regnaut & ses freres & Maugis se firent armer, quâd ils furent tous armez Regnaut monta sur bayard, puis le picqua & fit vn saut bien trente pieds de long. Hé bon cheual bayard dit Regnaut comment vous faites aimer,& comment vous me ferez mestier, allons prendre des meilleurs cheualiers de Charlemagne & faisons par telle maniere qu'il ne nous y faille point retournerpar deux fois ie vous en prie. Et quand Regnaut vit que ses gens estoient bien appareillez il sortit par la fauce porte, ils estoient bien en nombre quatre mille hommes fort bien armez & vn forestier qui les conduisoit par le plus espais de la forest, Regnaut dist au forestier meine moy en l'ost de Roland, ce qu'il fit, & le mena droit à Balençon, quâd Regnaut vit les pauillons il les monstra à ses gens, leur disant. Seigneurs regardez le beau gain que nous auons icy trouué si nous les osons assaillir. Sire, dirent-ils, allons hardiment car nous irons assaillir le diable quand seriez auec nous. L'Archeuesque Turpin estoit demeuré pour garder l'ost il leua la teste & vit des corbeaux qui voloient par dessus Montauban, lesquels menoient grand noise, il eut peur & pensoit que ce fussent leurs ennemis. Il regarda parmy le bois & vit ses ennemis il fut si effrayé qu'il deuint tout esperdu, lors appella Oger le Dannois auquel il dist, pour Dieu allez vous armer, car voicy nos ennemis. Or sont maintenant Roland & Oliuier tenus pour garçons d'estre aller chasser aux oiseaux, & ont laissé leur ost en si grand danger. Quand Oger l'ouit ainsi parler, il alla en son pauillon & se fit incontinent armer, puis fit sonner trompettes pour l'ost esmouuoir, ils se mirent en belle ordonnance cependant Oger fut armé lequel monta sur son cheual broifart, & trouua qu'vne part de l'ost estoit ia armé. Adonc Oger leur dist Seigneurs pensons de nous bien deffendre, car nous sommes assaillis. Regnaut fut tout esbahi quand il ouit ainsi fremir l'ost. Il dist à ses gens, Seigneurs nous sommes descouuerts, non pourtât allons les assaillir, ils respondirent qu'ils estoient tout prest, adonc Regnaut dist à Maugis, cousin prenez mille cheualiers & demeurez dedans ce bois si voyez qu'ayons mestier d'aide, venez nous secourir. Maugis fit son commandement & Regnaut picqua bayard & passa Balençon, le premier qu'il rencontra fut Aimery le Comte de Nicol, qu'il frappa tellement que il l'abbatit mort. Alors dit Regnaut folie fistes de venir en Gascongne, puis mit la main à l'espée & commença à faire si grand abbatement de cheualiers que nul n'osoit se trouuer deuant luy il se prit à crier où est Rolâd & Oliuier que si fort m'ont menassé, & disent que sommes traistres, ie leur veux prouuer le contraire. Quand l'Archeuesque Turpin ouit Regnaut il picqua son cheual & alla contre luy, ils se donnerent de si grands coups qu'ils firent voller leur lances en pieces: mais ne l'vn ne l'autre ne tomba point. Regnaut ayant brisé sa lance luy donna si grand coup d'espée sur le heaume qu'il le fit tout chanceler; puis luy dist Pere estes vous celuy Turpin, que si fort vous prisez, mieux vous vaudroit estre à l'Eglise. L'Archeuesque Turpin oyant le reproche que Regnaut luy faisoit il cuida enrager, il courut sur Regnaut,

Adonc l'ost fut esmeu d'vne part & d'autre, à bref parler il y eut tant de lances bri-sées, tant de cheualiers abbatus que c'estoit grand pitié à voir, adonc Oger arriua mõ-té sur broifart, il frappa Richard le frere de Regnaut si durement que son cheual tom-ba à terre, si que la coiffe de son heaume tomba en la sablonniere. Quand Richard se vit par terre il se releua mout prestement comme preux & vaillant cheualier, incon-tinent il mit la main à l'espée & Oger passa outre pour suiure la pointe, adonc il com-mença à crier l'enseigne sainct Denis, quand Regnaut vit son frere Richard par terre, il en fut courroucé, il picqua bayard & courut contre Oger, & Oger contre luy, ils se donnerent de grands coups sur leurs escus: Regnaut frappa Oger par si grand force que les sangles ne sçeurent empescher qu'il ne tombast par terre: adonc Regnaut le voyant par terre print broifart par le crain & dist à Oger, mauuaisement auez faict d'auoir abbatu mon frere deuant moy, vous sçauez qu'estes de mon lignage & cousin de bien prés, vous nous deuriez aider & deffendre contre tous hommes & vous faites pis que les autres, dont ie dis que ce n'est pas œuure de cousin, mais d'ennemi, non pourtant tenez vostre cheual par tel conuenant que me ferez le plaisir en autre lieu, cousin dit Oger, vous parlez en homme de bien, ie vous promets le faire.

Quand Oger fut remonté il mit la main à son espée, & puis se mit à frapper si du-rement qu'il faisoit tout fuir deuant luy. Maugis voyant que toutes les batailles estoient assemblées. Il sortit de son embusche & vint à Balençon, il passa le gué & se mit en la plus forte presse, tellement que nul n'osoit se trouuer deuant luy. Les Fran-çois estoient fort lassez. Ils se mirent en fuitte & les Gascons les chasserent bien vne grande lieuë; puis retournerent en l'ost & prindrent ce qu'ils y trouuerent. Maugis alla au pauillon de Roland & print le dragon qui dessus le pommel estoit. Ils passe-rent le gué de Balençon & s'en retournerent à Montauban à mout grand ioye, quand ils furent desarmez Regnaut fit apporter le butin deuant luy, lequel il distribua à ses gens. Adonc Maugis monta sur la tour de Montauban, mit le dragon de Roland dessus tant que ceux de l'ost de Charlemagne d'vne part & d'autre le pouuoient bien veoir. Quand le Roy vit le dragon sur la tour de Montauban, il pensoit que Roland eust prins le chasteau.

Comme Regnaut & ses freres furent vendus au Roy Charlemagne par le Roy Yon de Gascongne.

Chapitre 8.

OR parlons de Roland & Oliuier qui venoient de chasser auec leurs compa-gnons, lesquels venoient fort ioyeux, car ils auoient prins grand quantité d'oiseaux: ainsi comme ils retournoient Damp Rambaut le franc cheualier leur al-la au deuant qui leur dist: vous auez prins assez d'oiseaux Roland & vous Oliuier, pensez d'estre bon marchand pour bien vendre vostre proye, car ie vous promets que ne vendrez iamais tant vostre chasse comme elle vous couste, si auez prins oi-seaux, Regnaut & ses freres ont prins cheualiers & cheuaux: car vous pouuez voir vostre dragon dessus la tour de Montauban, Bon gré en deuez sçauoir aux quatre

fils Aimõ tous ceux qui le voyent pensent qu'auez prins Montauban, Quãd Rolãd l'ouit parler il cuida sortir hors du sens, il descendit & s'assit sur vne pierre & se mist à penser, puis il appella l'Archeuesque Turpin, Oger, & Richard de Normandie, & leur dist: Seigneurs quel cõseil me dõnez vous ie ne m'oseray trouuer deuãt mon oncle, car i'ay grand doute de mauuais raport. Sire dit l'Archeuesque Turpin ne vous esmayez de rien, car cecy n'est qu'vsage de guerre souuent à plusieurs conuient meschoir, ie vous promets qu'auant qu'il soit trois iours vous en aurez des gens de Regnaut comme il a des vostres. Sire dit Roland vous me donnez bon conseil, & à vostre prudence m'attendray. Ils le firent remonter à cheual puis tous ensemble allerent vers Charlemagne, mais apres eux alloient plus de cent Gentils hommes à pied à cause qu'ils auoient perdu leurs cheuaux. Quand ils furent en l'ost ils allerent au pauillon du Duc Naimes, Roland y demeura deux iours sans en sortir de honte qu'il auoit. Durant que Roland estoit en la tente du Duc Naimes, l'Archeuesque Turpin alla au tref de Charlemagne il salua le Roy, puis luy dist: Sire plaise vous me pardonner si ie dis chose qui vous desplaise. Ouy dit le Roy, Sire sçachez que les quatre fils Aimon nous ont desconfits, ils ont emmené tout ce qu'auions en nos tentes, cheuaux, harnois, & ont emporté nos pauillons & le dragon de Roland, sans les prisonniers qu'ils ont emmenez & tuez. L'Empereur Charlemagne en fut fort courroucé, lors iura sainct Denis qu'il s'en vengeroit. Adonc il manda tous ses Princes & Barons qu'ils vinssent en son tref qu'il vouloit parler auec eux. Quand les Princes sçeurent son commandement ils allerent à grand haste deuers luy. Alors le Roy leur dist Seigneurs, ie vous ay mandez pour vous conter ce qui nous est aduenu de nouueau, sçachez que les quatre fils Aimon ont desconfit tous nos cheualiers que Roland mon neueu mena à Balançon, dont ie suis triste & dolent, car ie voudrois auoir perdu grand chose qu'il ne fust point aduenu : mais de ce qu'on ne peut faire autrement, on s'en doit passer le mieux q'on peut, parquoy ie vous supplie & requiert à tous mes amis, & sur le serment que m'auez fait, que me conseillez comme ie pourray auoir le chasteau de Montauban. Apres que le Roy eut acheué son parler, il n'y eut si hardy qui osast parler, fors le Duc Naimes qui dist: Sire vous demandez conseil d'assieger Montauban.

Nul homme de raison ne le vous deuoit conseiller, car il y a du danger grandement mais si vous me croyez mandez au roy qu'il ne retire point vos ennemis en son pays, mais qu'il les vous rende en vos mains pour en faire à vostre plaisir, & s'il ne le veut faire, vous luy exilerez sa terre, & de luy n'aurez nul mercy. Naimes dit le roy, or me donnez-vous vn bon conseil & veut qu'il soit fait ainsi qu'auez dit, lors le roi fit venir vn heraut, & luy dit. Or allez à Thoulouse, & dites au roy Yon de ma part que ie suis entré en Gascongne accompagné des douze Pairs de France auec cent mille combattans: & luy dites que s'il ne me rends mes ennemis les quatre fils aymon, que ie luy exileray toute sa terre, & ne lui donnerai chasteau ne cité que tout ne soit ietté par terre si ie le puis prendre ie lui osteray sa couronne de dessus son chef, & ainsi il sera appellé roy abbatu. Sire, dit le heraut, vostre commandement sera fait sans varier d'vn seul mot; alors se partit de l'ost, & print son chemin vers Tholose, où il trouua le roi Yon en son palais auec belle compagnie. Si tost que le heraut le vit il le salüa de par l'Empereur, puis dit de mot à mot la chose qui le menoit sãs pouuoir varier. Le roy Yon oyant ainsi parler le heraut, enclina sa teste vers terre & commença à penser fort longuement, quand il eut pensé, il dit au messager: bel ami il vous conuient ici seiourner l'espace de huict iours & puis ie vous respondrai ma volonté. Sire dist le messager i'attendrai volontiers puis qu'il vous plaist. Lors le roy Yon entra dedans sa chambre, & huict comtes auec luy, donc il commanda que l'huis fut bien fermé puis dit, Seigneurs ie vous prie sur la foy, que me deuez que me donniez bon conseil à l'honneur de moi, non pas a ma volonté mais par raison. Sçachez que charlemagne est entré en ma terre auec cent mille cõbattans & me mande que si ie ne luy rend les quatre fils aimon qu'il ne me laissera ne cité ne ville qu'il ne mette tout par terre, & a iuré que si ie suis pris, qu'il m'ostera ma couronne de dessus mon chef pour me clamer Roy abbatu. Oncques mon pere ne tint rien de luy & aussi ne feray-ie mieux veux mourir à grand honneur que viure en grand honte.

Quand le Roi Yon eut ainsi parlé, il se leua vn cheualier nommé Godefroy qui estoit nepueu au Roi Yon, & lui dit: Sire ie m'esmerueille de vous que demandez conseil pour estre traistre, & de trahir tels cheualiers comme les quatre fils Aimon sont Regnaut est vostre homme charnel amy & vous lui auez donné vostre sœur à femme, vous sçaués le bien qu'il vous fait, & à vostre pays, vous luy aués promis & iuré que vous luy aiderez enuers tous & contre tous, mon oncle si vous aués talent de luy faillir & de non luy tenir ce que lui aués promis faite l'en aller luy & ses freres & s'en iront en autre pays à leur aduenture, peut-estre qu'ils seruiront quelque grand Seigneur qui leur fera de plus grand biens que vous ne leur voulés faire, ie vous prie que vous vueillés faire chose qui vous tourne à blasme ne à des-honneur, ne qui soit reproché enuers vos amis. Apres parla le vieil comte d'Aniou, & dit, sire vous voulés que nous vous donnions conseil si vous voulés faire ce que nous vous conseillerons il sera bien pour vous. Or dites hardiment, dit le roy, car feray ce que me conseillerés. Sire, dit le Comte, bien ay ouy dire & est vrai que le Duc Beuues d'aigremont occis Lohier, dont il apoincta à charlemagne, & en venant au mandement du roy il fut occis au val de Soissons par les gens de Genelon, adonc Regnaut & ses freres estoient bien ieunes, quand ils furent grands charlemagne leur en voulut faire amende, car la chose leur touchoit, mais ils eurent le cœur si felon que amende ne voulurent prendre, depuis regnaut occis Berthelot le nepueu du Roy. Sire ie ne sçay pourquoy ie vous celasse rien, bien sçauez que Charlemagne est si puissant que iamais n'entreprint guerre qu'il n'en soit venus au dessus, parquoy ie conseille que lui rendiez regnaut & ses freres puis serez deliuré d'vn grand danger. Apres parla le conseiller nous serons trestous traistres car vous aués donné à regnaut vostre sœur à femme. Quand il vint par deça, il y vint comme preux & vaillans, aussi il vous aduertit, auant qu'il ostast ses esperons qu'il auoit guerre contre Charlemagne, non pour tant vous fistes de luy vostre plaisir, car pour vous il conquist maintes batailles, & fit tant qu'il vous deliure de vos ennemis, parquoy vous n'estes point digne d'estre reclamé Roy, ne porter couronne sur vostre chef, si pour doutance de mort vous trahissés tels cheualiers comme sont les quatre fils Aymon, & n'aués encor perdu Chasteau, ne ville, si le faites autrement vous serez tenu pour traistre. Apres parla le vieil comte Anthoine & dit. Sire, ne croyez pas ce conseil, car si le croyez à la fin serez trahy, ie sçay assez mieux l'attente de regnaut que nul qui soit icy. Vous deués sçauoir que regnaut fust fils d'vn seigneur qui n'auoit qu'vne ville, & fust regnaut si orgueilleux que iamais ne voulut obeyr à son seigneur le Roy de France, mais par son outrecuidance occist Berthelot, dont Charlemagne le chassa hors du Royaume de France, & maintenant est venu en Gascongne, & vous Sire, Roy, luy auez donné grand heritage en vostre pays, & pource qu'il a eu vostre sœur à femme, il est deuenu si orgueilleux que nul ne peut durer deuant luy, dont ie iure par mō chef que s'il peut, il vous tollira la vie pour auoir vostre Royaume, parquoy ie vous conseille que le rendiez au Roy Charlemagne luy ses freres & Maugis & vous ferez comme Roy sage & vous appaiserez son ire. Adonc parla le Duc Guinard de Bayonne qui dist. Sire ie vous dis que le cōte Anthoine ment faussement car regnaut est fils au duc aimon de Dordonne. Charlemagne fit occire leur oncle le Duc beuues d'aigremont à grand tort Regnaut print vengeance sur Berthelot par grand raison, ce fut à son corps deffendant, parquoy ie dis que nul roy n'est digne de porter couronne s'il commet trahison pour doutance d'vn autre seigneur. Apres parla le comte Hector l'ancien qui dit. Sire vous demandez conseil à vn qui ne sçait pas conseiller luy-mesme, vous sçauez que regnaut est vaillāt cheualier, mais par son orgueil il a fait guerre au Roy Charlemagne, il est venu en Gascongne, & vous luy auez donné vostre sœur en mariage, dont fistes grand folie & puis luy feimistes le chasteau de Montauban au plus fort lieu de vostre Royaume, or est venu Charlemagne qui l'a assiegé ie conseille que rendiez Regnaut le plustost que pourrez, car mieux vaut perdre quatre cheualiers que tout vostre royaume, ostez lui vostre sœur & la donnez à vn autre. Où trouueriez-vous vn tel ennemy que Charlemagne. Certes on n'en sçauroit trouuer vn tel, parquoy trouuez quelque occasion par laquelle les puissiez rendre au Roy Charlemagne, car cela pouuez bien faire sans blasme & si voulés faire comme ie vous conseilleray. Ami dit le Roy Yon, ie suis prest de faire ce que me conseillerés, bien cognois clairement que me donnés vn meilleur conseil que tous les autres & dont m'en pourra venir plus de bien. Quand le Roy Yon apperçeut que les Barons de son conseil s'accordoient qu'il deust rendre Regnaut & les freres au Roy Charlemagne, ils commencerent à pleurer tendrement & entre ses dents si bas que nul ne le pouuoit ouyr. Par bieu Regnaut ie suis bien

changé

changé pour vous & pour vos freres, or le departira vostre amour, car vous en perdrez le corps, & luy en perdra l'amour de Dieu & mon honneur, car de trahir vn cheualier comme vous estes à grand peine pourray-ie trouuer mercy vers luy mais de tout ce ne m'en chaut. Ie vous promets que celuy iour pour le vaillant regnaut nostre seigneur monstra vn fort beau miracle, car la chambre où le conseil fut tenu de ceste fausse & maudite trahison, qui estoit toute blanche mua couleur, & deuint toute noire comme charbon. Seigneurs dit le Roy Yon, ie voy bien qu'il me faut rendre au roy Charlemagne les quatre fils aymon, car la plus grande part de mes amis s'i accordent, & ie le ferai ainsi puis qu'il vous plaist, mais ie sçay bien que mon ame n'en aura iamais pardon, & seray toute ma vie reputé traistre comme iudas. Adonc les Barons laisserent le conseil, & issirent hors de la chambre, & prindrent congé du roy, & retournerent chacun en son hostel. Et quand le roy Yon fut issu dehors de la chambre il s'assit sur vn banc & se print fort à penser en soy-mesme, & ainsi qu'il pensoit les larmes luy cheoient des yeux de la grande pitié qu'il auoit de Regnaut & de ses freres qui si loyaux & vaillans cheualiers estoient. Et quand il eut assez pensé & pleuré il appella son Chapelain & luy dit. Venez auant messire Pierre, faictes vne lettre par moy au Roy, lesquelles contiennent que ie luy mande salut & bon amour & que s'il me veut laisser ma terre en terre ie luy promets qu'auant qu'il soit dix iours passez ie luy liureray les quatre fils aymon, & lui promets qu'il les trouuera és plains de vaucouleurs, vestus de manteaux d'escarlatte fourrez d'hermines, montés dessus Mulets, portant en leurs mains fleurs de roses pour enseigne afin qu'on les puisse mieux connoistre & les feray accompagner de huict comptes de mon royaume, & que s'ils luy eschappent qu'il ne m'en blaime mie. Lors dist le chappelain. Sire bien sera fait vostre commandement. Et adonc s'en alla en sa chambre & escriuit les lettres de mot à mot, ainsi que le Roy Yon les luy auoit diuisées. Et quand elles furent escrites & scellez le Roy appella son Seneschal & luy dit. Or sus montez à cheual & vous en allez au siege de Charlemagne qui est deuant Montauban, & le saluës de par moi, & luy baillés les lettres & luy dites s'il me veut acquiter ma terre ie feray ce que sera de raison, autrement non. Sire dit le Seneschal, ie feray vostre commandement. Et donc s'en alla le Seneschal en son hostel, & s'appresta mout honnestement, & monta à cheual il issit de Tholose, & emmena le heraut du Roy charlemagne auec luy, & quand ils furent au siege de Montauban ils trouuerent Charlemagne en son pauillon à l'entrée, le seneschal entra dedans & le salua de par le Roi Yon & luy presenta les lettres luy disant. Sire empereur le Roy Yon vous mande que si voulez asseurer son royaume il fera tout le contenu de la lettre ou autremét non. Et quand Charlemagne ouit ces paroles il en fut mout ioyeux, si print les lettres & les desferma & les leut tout au long de mot à mot il y trouua ce que desiroit plus en ce monde, c'estoit la trahison comme elle estoit ordonnée. L'empereur ayant leu la lettre fut fort ioyeux, & se print à sousrire. Sire dit le Seneschal, ie vous prie si vous voyez rien en la lettre qui vous desplaise, que ne m'en blasmiez, alors dit charlemagne au Seneschal, vostre seigneur le Roy Yon parle courtoisement, s'il me faict ce qu'il me mande il sera bien mon ami, & lui ferai grand honneur. Ie le deffendray enuers tous & contre tous. Sire, de ce que dites vous me donnerés hostages s'il vous plaist. Lors respondit le Roy volontiers les vous donneray, c'est le fils de la vierge Marie, & aussi sainct De nis de France à qui ie suis homme. Sire assez en auez dit, respondit le Seneschal du Roy Yon, & autre ne demande plus. Lors Charlemagne appella son chambellan & dit, faites vne lettre au Roy Yon ainsi comme ie vous ay dit & escriuez que ie luy mande salut & bon amour, que s'il ne fait ce qu'il me mande, que ie luy accroistreray son fief de quatorze bons chasteaux & luy donneray pleige nostre Seigneur & S. Denis de France, & que ie luy enuoye quatre manteaux d'escarlatte fourrez d'hermines pour vestir les cheualiers quand ils iront au val de Vaucouleurs, & la seront-ils tous pendus si Dieu plaist, & ne vueil que nul autre ait mal, fors seulement les quatre fils aymon. Sire dit le Chambellan, bien sera fait vostre commandement. Et lors fit les lettres ainsi que Charlemagne auoit dit, quand il les eut fait le Roy les scella, puis fit venir deuant luy le messager & luy dist. Tenez ces lettres & les baillez au roy Yon & le saluëz de ma part, lors luy fist donner dix marcs d'or & luy bailla l'anneil de son doigt. Adonc quand le messager du roy Yon s'en fut retourné, charlemagne fit venir Fouques de Morillon, & Oger le Dannois & leur dit, Seigneurs ie vous ay mandez, car ie vous veux dire mon secret, mais ie le vous dis sur vostre foy que nul ne sçaura iamais que nous trois, iusques à ce que le fait sera accomply, sire dirent-ils vostre bonne mercy, mais nous n'en voulons rien sçauoir si ne prenez nostre serment. Seigneurs dit le roy, ie le prens, vous irez és plaines de Vaucouleurs auec trois cens cheualiers bien armez quand vous serez là arriuez vous trouuerez les quatre fils Aimon. Ie vous commande que les amenez morts ou vifs. Sire dist Oger le Dannois, nous ne les vismes oncques si armez, comment les connoistrons nous. Oger dist le Roy, vous les pouuez tous bien connoistre, car chacun d'eux aura vn manteau d'escarlatte fourré d'hermines, & porteront roses en leurs mains. Sire dist Oger, ce sont bonnes enseignes, nous ferons vostre commandement. Ils se partirent de l'ost du Roy le plus couuertement qu'ils peurent, & s'en allerent és pleines de Vaucouleurs, s'embuscherent en vn bois de sapin iusques à tant que les quatre fils Aimon vindrent à Vaucouleurs. Hé Dieu que ne sçay Regnaut & ces freres cette nouuelle trahison, car ils ne fussent pas venus comme poltrons montez sur mulets, mais ils fussent venus sur bons cheuaux & bien armez comme vaillans & preux cheualiers tels qu'ils estoient. Quand Oger & Fouques furent embuschez, Fouques appella ses gens & leur dit : Beaux Seigneurs, ie dois bien hair Regnaut car il occit mon oncle à grand tort. Or suis-ie venu à point, car ie me vengeray de luy & vous diray comment. Sçachez que le Roy Yon les a trahis & les doit rendre à Charlemagne, & doiuent icy venir tout nuds & desarmez fors que de leurs espées, & pourtant quand ils viendront ie vous prie tous que vous pensiez de bien faire, & lors ie connoistray qui m'aymera. Faites que nul n'en eschappe & vous serez mes amis. Or vous dirons du Roy Yon qui estoit à Thoulouse, & quand il eut receu les lettres de Charlemagne, il appella son secretaire Goudard, & luy dist, voyez ces lettres. Et le clerc froissa incontinent le seel & regarda le contenu de la lettre, & trouua comme Regnaut & ses freres deuoient estre trahis & mis à mort. Quand le clerc eu leu la lettre il commença à plorer tendrement, quand le Roy Yon vit le clerc plorer il luy dist. Gardez bien sur vostre vie que vous ne me celiez rien & que me dictes tout ce que la lettre contient. Et lors commença à compter comment Charlemagne luy mandoit que s'il faisoit ce qu'il luy auoit mandé qu'il luy accroistra son fief de quatorze bons chasteaux ; & vous en donne pour plege nostre seigneur & S. Denis de France : & vous enuoye quatre manteaux d'escarlatte fourrez d'hermines : que ferez vestir aux quatre fils Aimon : & parce ils seront cognus : car Charlemagne ne veut que personne aye mal qu'eux quatre, & vous mande que ses gens sont en grand embusche : qui attendent les quatre fils Aymon : lesquels vous deuez liurer en leurs mains. Quand le Roy Yon entendit le contenu de la lettre : incontinent il monta à cheual & print sa compagnie de cent hommes bien en point : puis print son chemin vers Montauban le plustost qu'il peut : & quand il fut entré il fit loger ses gens au bourg : puis apres monta au Palais comme il auoit accoustumé de faire quand il venoit. Adonc sa sœur femme de Regnaut sceut la venuë de son frere, elle alla au deuant, & la print par la main le voulant baiser comme de coustume : mais le Roy Yon de mauuaise trahison tourna sa bouche : luy disant qu'il auoit mal aux dents : ne voulut gueres parler à elle : mais dist qu'on luy apprestast vn lict car il se vouloit reposer. Quand il fut couché il commença à penser & dire en luy-mesme. He beau sire Dieu comme i'ay besongné meschamment enuers les meilleurs cheualiers du monde que i'ay trahy si faussement : or seront-ils donc pendus demain sans faute ie prie Dieu qu'il aye mercy d'eux. Ie peux bien dire que ie suis semblable à Iudas : veu la mortelle trahison que i'ay commise. Ainsi que le Roy pensoit à la trahison qu'il auoit cõmise : Regnaut & ses freres venoient chasser & auoient pris quatre grands sangliers : quand Regnaut fut deuant Montauban il ouit le bruit des cheuaux : il demanda à vn valet ce sont les gens du Roy Yon : mais il semble estre malaisé de sa personne. Lors dist Regnaut : & pourquoy c'est mon seigneur tant trauaillé ie fusse allé volontiers vers luy. Il appella vn sien neueu auquel il dist. Aporte moy mon cor bondier ; car ie veux faire feste pour la venuë de mon droict seigneur. Incontinent on luy apporta. Regnaut le print & dist à ses freres, prenez chacun le vostre & faisons feste pour la venuë du Roy Yon, ce qu'ils firent : & commencerent à sonner tous ensemble fort hautement ; tant que le chasteau en redondissoit, car ils menoient si grand ioye pour l'amour du Roy Yon que c'estoit merueille. Quand le roi Yon entendit si hautemẽt sonner, il se leua du lict, se mist à sa fenestre : puis dist en luy-mesme. Ha quel mal i'ay fait contre ses vaillans cheualiers : puis s'en retourna coucher. Lors regnaut & ses freres monterẽt au palais, où ils trouuerent le roi Yon, quand il les vit venir il se leua & leur tendit la main ; & dist à Regnaut ; ne vous esmerueillez si ie ne vous accole, car ie suis chargé de mal. Adonc regnaut luy dist. Sire, si vous estes en bon lieu pour vous penser ; & vous seruirons moi & mes freres à nostre pouuoir. Grand mercy dist le Roy. Il appella son seneschal & luy dist. Apportez moi les manteaux d'escarlatte que i'ay fait faire pour mes chers amis, alors le seneschal fit le commandement du roi, incontinent qu'il les eut apportez il les fit vestir aux quatre cheualiers & les pria qu'ils les portassent pour l'amour de lui. Sire dist Alard ; cecy est vn ioyeux present ; nous les porterons pour l'amour de vous. Helas s'ils eussent sceu la trahison ils ne les eussent pas portez. Helas quels dommages ils eurent de ce qu'ils furent ainsi vestus ; car c'estoit les enseignes dont ils furẽt en dãger de mort, si dieu ne leur eust aydé. Quãd les quatre freres eurent leurs mãteaux vẽstus ; le roy les regarda & se print à pleurer. Et la estoit son Seneschal ; qui sçauoit biẽ toute ladite trahison : mais il n'osoit dire mot pour doutance du Roy, quand il fut heure de manger Regnaut pria le roy qu'il mangeast, car bien le faisoit seruir, apres auoir mangé, le Roy print regnaut par la main & luy dit mon beau frere & amy, ie vous veux dire vn mien secret conseil. Sçachés que i'ay esté à Monbandel, & ay parlé à Charlemagne, lequel me chargeoit de trahison, pource qu'estes en mon royaume, dont i'ay presenté gage deuant la compagnie : mais il n'y eut homme si hardy qui m'osast desdire, puis nous eusmes plusieurs paroles, entre lesquelles parlasmes de bon accord & à la fin fut content pour l'amour de moy de faire paix en la maniere qui s'ensuit, à sçauoir que vous irés demain au matin aux plains de vaucouleurs vous & vos freres tous desarmés fors que vos espées, montés dessus mulets, vestus des manteaux que ie vous ay donnés ayant fleurs de roses en vos mains, & ie feray aller auec vous huict de mes comptes le plus honnestement que ie pourray & là trouuerez, dit le Roy, le duc naimes de bauieres, Oger & les douze pairs de France, charlemagne vous fera seureté & luy ferez reuerence, puis irez à genoux luy baiser les pieds, & là vous doit pardonner & reuestir de toute vostre terre. Sire dist Regnaut, i'ay grand doute de Charlemagne, car il nous hait mortellement, le roi dit ne doutez car il m'a engagé sa foy present toute sa baronnie. Sire dist Regnaut, nous ferons vostre commandement. Hé Dieu dit alard, que dites-vous bien sçauez que charlemagne a iuré que s'il nous peut tenir il vous fera mourir : mon frere ie m'esmerueille de ce qu'accordez d'aller entre ses mains tout desarmé, ia Dieu n'aye pardon de moy si i'y vay sans mes armes. Frere ia Dieu ne plaise que ie m'escroie mon seigneur le Roy Yon. Alors se retourna deuers le Roy & dit, sire sans nulle faute irons au plus matin, quoy qu'il en doiue aduenir, bien nous a aidé nostre seigneur de ce qu'auons accordé auec Charlemagne, mais puis que le Roy a fait cette paix, ie suis content de luy faire tant de reuerences que ie pourray. Adonc le vaillant Regnaut & ses freres prindrent honorablement congé du Roy & allerent en la chambre de Regnaut. Et quand la Dame vit venir son mary elle alla au deuant & l'embrassa par grand amour. Dame dit regnaut, ie vous dois bien aymer, car le roy c'est fort trauaillé pour nous, & a tant fait qu'auons paix enuers Charlemagne, ce que Roland & Oliuier ne peurent oncques faire ne tous les douze pairs de France. Adonc dit la Dame i'en remercie nostre seigneur, mais dites moi ie vous prie, où sera faict l'accord. Ie vous diray comment, sçachez que demain nous conuient aller tous quatre aux plains de Vaucouleurs & là sera faicte la paix, mais il nous conuient aller tous desarmez, excepté de nos espées, montez sur mulets, ayant roses en nos mains en signe de paix, nous deuons là trouuer le Duc Naimes, & les douze Pairs de France pour receuoir nos sermens, quand la Dame l'ouyt ainsi parler elle fut courroucée, & luy dit mon mary, si vous me voulez croire vous n'y mettrez ia les pieds, car les plains de Vaucouleurs sõt trop dangereux, prenez plustost iour pour parler à Charlemagne icy pres de Montauban, & là irez comparoir deuant sa maiesté monté sur bayard, accompagné de vos freres, & là soit faicte la paix ou la guerre & ferez prendre à Maugis trois mille cheualiers bien armez, lesquels s'embuscheront dessus le riuage, afin que si auez besoin d'aide ils vous secourreront, car ie me doute fort de trahison parquoy ie vous prie tant que ie puis, que vous gardiez bien, cette nuict i'ay songé qu'il m'estoit aduis que i'eſtois aux feneſtres d'vn palais & veis ſortir du bois mille ſangliers qui vous occiroient & que la tour de Montauban tomboit par terre, qu'vn traict qui vint d'auenture frappa voſtre frere Alard ſi aſprement qu'il luy perça l'vn des bras, puis venoient deux Anges du Ciel qui pendoient voſtre frere richard à vn pommier, adonc il ſe print à crier mon frere regnaut, venez moi aider, incontinent vous y allaſtes ſur voſtre cheual bayard, mais il tomba deſſous vous, dont grandement fuſtes dolens: & pource vous conſeille que n'y alliez point. Dame diſt Regnaut taiſez-vous, car ie repute pour fol celuy qui croit en ſonges. Lors alard lui dit. Par ma foy ie n'y mettray ia le pied & richard luy diſt. Helas pour Dieu ny allons point comme poltrons mais comme vaillans cheualiers chacun bien armé & bien monté, & que maniez voſtre cheual car s'il eſt beſoin il nous portera bien tous quatre. Par dieu diſt Regnaut, dites ce que vous voudrez i'iray quoy qu'il m'en doiue aduenir. Il ſortit de ſa chambre & alla deuers le Roy Yon, auquel il dit, ie m'eſmerueille de mes freres qui ne veulent point venir auec moy, pource que ne menons point de cheuaux s'il vous plaiſt nous donnerez congé de mener chacun ſon cheual. Ie ne veux pas dit le Roy, Charlemagne vous doute trop ie luy ay donné hoſtages que vous n'y porterez armes & ne ſerez montez ſur cheuaux, ſi allez autrement il doutera que ie vueille trahir, dont il m'en pourroit venir grand dommage, parquoy ie vous prie d'y aller tous enſemble d'vn accord ainſi comme ie dis, ſi voulez aller & ſi ne voulez croire mon conſeil, ſi le laiſſez. Regnaut luy dit. Sire puis que l'auez dit nous irons, adonc il ſe partit de deuant le Roi & alla en ſa chambre où il trouua ſa femme & ſes trois freres qui luy demanderent s'il meneroit bayard, Regnaut reſpondit, ie n'en peut auoir le congé, ne vous doutez: car le Roi Yon eſt loyal, s'il vous trahiſſoit il en ſeroit blaſmé, il nous fera conduire par huict des plus grands Comptes de ſon pays, & Dieu me confonde ſi ie vis oncques en luy vne mauuaiſtie. Sire dirent ſes freres, nous trois irons volontiers auec vous puis qu'il vous plaiſt Quand Regnaut vit le iour il ſe leua & diſt à ſes freres. Leuez-vous & nous appareillons pour aller où nous deuons aller, car ſi Charlemagne eſt pluſtoſt es plains de vaucouleurs que nous, il ſera mal content, quand ils furent preſt ils s'en allerent à l'Egliſe pour ouyr meſſe, & l'offerte, Regnaut & ſes freres offrirent des riches dons, apres la meſſe chantée, ils demanderent leurs mulets & incontinent monterent deſſus, & auec eux allerent huict Comtes, leſquels ſçauoient bien le meſtier de la trahiſon, il ſe mirent en voye: mais les quatre fils Aimon eſtoient aiſé de connoiſtre entre les autres, car ils eſtoient veſtus de manteaux d'Eſcarlate fourrez d'ermines, & portoient en leurs mains des roſes en ſignes de paix quand le roi les vit ainſi aller, il ſe paſma plus de quatre fois de la grand douleur qu'il auoit au cœur, car nonobſtãt qu'il les euſt ainſi trahis ſi en auoit-il pitié. Mais ce qu'il auoit fait le mauuais conſeil luy faiſoit faire. Lors cheuaucherent regnaut & ſes freres vers les plains de vaucouleurs, & ainſi qu'ils alloient Alard commença à chanter mout doucement vne chanſon nouuelle, Guichard chanta pareillement eux tous enſemble. Helas quelle pitié de voir ſi nobles cheualiers chantans & menans ioyeuſe vie en allant à leur mort. Ils eſtoient comme le cigne qui chante quand il eſt preſt de ſa fin.

Regnaut alloit derriere qui alloit penchant fort la teſte enclinée vers terre, & regardoit ſes freres qui alloient menant grand ioye. Alors il ioignit les mains vers le Ciel tout en plorant & diſt en ceſte maniere. Beau ſire Dieu, par ton glorieux &

sanctifié nom, qui de la fosse des Lyons ietta Daniel & deliura Ionas du ventre de la Baleine, & sauuast S. Pierre quand il se ietta en la mer pour venir à toy : garde mon corps s'il te plaist de mort & d'emprisonnement & mes freres aussi, car ie ne sçay où nous allons : mais il m'est aduis que nous allons en grand peril, & quand il eut finy son Oraison les yeux luy commencerent à pleurer de la peur qu'il auoit que ses freres n'eussent quelque mal pour l'amour de luy, car il ne leur aggreoit pas d'aller en ce lieu ainsi desarmez. Quand Alard vit son frere ainsi pleurer, il luy dit. Ha beau frere Regnaut qu'auez vous. Ie vous ay veu en grand peril, mais ie ne vous ay veu faire oncques si mauuaise mine comme vous faite maintenant. Ie vous ay veu plorer à ceste heure dont ie m'esmerueille grandement, car ie sçay bien au vray que vous ne pleurez pas sans occasion. Lors dit Regnaut, beau frere auiourd'huy est le iour que nous deuons estre d'accord auec Charlemagne. Ie vous prie mon frere, que pour Dieu vous laissiez ce dueil & nous en allons liberement. Beau frere, ie vous prie que vous chantiez auec nous, vous auez si belle voix que c'est plaisir à vous ouyr chanter. Frere dist Regnaut, volontiers puis qu'il vous plaist. Lors commença Regnaut à chanter si melodieusement que c'estoit vn plaisir à l'ouyr. Et cheuaucherent les freres le petit pas de leurs Mulets, chantans & deuisans, qu'ils vindrent au val de Vaucouleurs. Or veux-ie parler de la façon du val ; sçachez que si ie ne le vous disois vous ne le pourriez sçauoir. Il y auoit vne roche fort haute qui estoit enuironnée de quatre forests grandes & espaisses : dont la moindre duroit vne iournée, & y auoit quatre grandes riuieres profondes ; dont l'vne auoit nom Giron l'autre Dordonne, l'autre Noire, & l'autre Balençon, il n'y auoit nulle habitation à dix lieuës à la ronde parquoy la trahison auoit esté ordonnée, car le plain estoit long de gens il y auoit quatre chemins, dont l'vn alloit en France, & l'autre en Espagne l'autre en Galice, & le quart en Gascongne, en chacun des chemins estoient embuschez bien cinq cens hommes pour prendre Regnaut & ses freres morts ou vifs.

Quand les quatre freres & les huict Comtes furent arriuez en ce val, Oger les veit le premier & dit à ses gens. Beaux seigneurs vous estes mes amis, bien sçauez que Regnaut est mon cousin & ie ne dois point vouloir sa mort : parquoy vous prie à tous que ne leur fissiez rien. Cependant Regnaut & ses freres passerent outre & allerent au fond de la vallée, estant là arriuez ils n'y trouuerent nul, dont furent bien esbahis. Adonc Alard appella son frere richard, & luy dit, qu'est-cecy frére, ie croy que sommes trahis, que vous ensemble Guichard. Ie me doute fort de Regnaut dit Richard, le cœur me tremble, iamais en ma vie ie n'eus si grand peur. Parquoy ie doute fort que ne soyons trahis, puis dit à Regnaut. Freres qu'attendons nous icy puis que nul n'y auons trouué, s'il y auoit icy vingt cheualiers armez ils nous emmeneroient tous comme bestes, vous ne voulustes croire ce que nous dismes à Montauban, dont i'ay grand doute que n'ayez pas loisir de vous en repentir. Si nostre cousin Maugis estoit auec nous & qu'eussions vostre cheual Bayard, nous ne douterions la puissance de Charlemagne. Ie vous prie allons nous en, c'est folie d'y demeurer. Car on nous y a fait venir comme bestes vestus de manteaux d'escarlatte & ne peux croire autrement que le Roy Yon ne nous ait trahis. Ie m'en doute dit Regnaut. Or nous en retournons tout bellement. Ainsi comme ils vouloient retourner Regnaut regarda derriere & vit bien mille cheualiers qui venoient contr'eux, Fouques de Morillon venoit deuant monté sur son destrier l'escu au col & la lance baissée cõtre Regnaut. Quand il les vit venir bien recogneut à son escu alors il dit. Ha bon sire Dieu que ferons-nous, ie voy qu'auiourd'huy nous conuient mourir. Frere dist Alard, que dites-vous, par ma foy dit Regnaut, ie voy venir Fouques de Morillon qui vient pour nous occire. Quand Alard les eust apperceus, il dist. Ha beaux freres Guichard & Richard auiourd'huy est le iour que nous mourrons, bien cognois que Regnaut nous a trahis, iamais ie n'eusse pensé que trahison entrast en vn si noble cœur que le sien, il nous a fait icy venir malgré nous, pource qu'il sçauoit bien la trahison. Ha regnaut vous n'estes nostre frere & nous auez trahis si mauuaisement, Richard, dist alard, tirez vostre espée du fourreau, car par dieu le traistre mourra auec nous, puis qu'il a commis sa mortelle trahison. Adonc ils mirent tous trois la main à l'espée & coururent à regnaut pour l'occire : quand il les vit ainsi venir il ne fit nulle semblant de se rendre, mais il se print à rire par grand amour. Helas dit richard, qu'est ce que i'auois pensé: ie ne tuerois mon frere pour tout l'or du monde. Alard & Guichard dirent ainsi, & furent fort repentant de ce qu'ils auoient entrepris de faire, adonc tous en pleurant dirent à Regnaut. Helas frere, pourquoy nous auez-vous trahis, & nous ne sommes Normands ne Anglois : mais sommes tous freres d'vn pere & d'vne mere, & vous tenons pour seigneur : par dieu freres, dites nous d'où viens cette trahison, nous sommes extraits d'vn si noble lignage. Frere dit Regnaut i'ay plus grand pitié de vous que vous de moy, car ie vous ay amené malgré vous, & si vous ne m'eussiez creu cette grande meschanceté ne nous fust aduenuë : ie vous ay amenez mais vous en retournez s'il plaist à Dieu, recommandons nous à luy & pensons de nous bien deffẽdre. Frere dist richard nous aiderez-vous Ouy dist Regnaut, n'en doutez point, puis se tourna deuers les Comtes & leur dist Seigneurs, le Roy vous a mandez auec nous, & pour la seureté de vous nous sommes icy venus, pourquoy ie vous prie que nous vueillez aider. Regnaut dit le Comte d'Aniou, nous n'auons que faire d'icy plus demeurer. Adonc dist Regnaut, par mon chef vous estes tous traistres, ie vous trencheray à tous la teste Frere, dit Alard, qu'attendez-vous, ne doiuent-ils pas mourir, puis qu'ils sont traistres. Adonc Regnaut mit la main à l'espée & frappa le Comte d'Aniou sur sa teste, tant qu'il le fendit iusques aux dents, c'estoit bien raison, car c'estoit luy qui auoit confessé la trahison au Roy Yon, les autres cõmencerent à fuir, mais Regnaut ne peut courir apres, à cause que son mulet ne pouuoit le porter, lequel se iettà à terre, quand il le vit à terre il dit. Ha bayard bon cheual, que ne suis-ie sur toy bien armé : car auant que mourir ie viendrois chercher ma mort. Frere dit Guichard voicy nos ennemis, passons la riuiere & montons sur cette roche, bien y serons à seureté. Allez fols dist Regnaut, nos mulets ne sçauroient courir, que voudrois-ie faire ie ne m'enfuirois pour tout l'or du monde, i'ayme mieux mourir à honneur que viure à grand honte. Ainsi comme Regnaut parloit à son frere Alard luy dit, frere Regnaut descendons, & nous mettons à terre, & nous confessions l'vn l'autre: & communions nous de fueilles de bois, afin que ne soyons surpris de l'ennemy. Amy dit Regnaut, vous dites bien sagement, & firent tout ce qu'Alard auoit dit.

Et quand ils se furent confessez l'vn à l'autre, Regnaut dist à ses freres. Seigneurs faisons telle chose, dont nous ayons honneur, & puis qu'il est ainsi que nous ne pouuons eschapper. Frere dirent les autres, nous vous aiderons de tout nostre pouuoir

Et lors allerent baiser regnaut par grand amour. Et puis quand ils se furent entrebaisez chacun d'eux despoüilla son manteau, & les mirent autour de leurs bras, & mirent les espées en leurs mains, & commencerent à crier leurs enseignes. Regnaut cria Montauban, Alard sainct Nicolas Guichard Balançon & Richard, Dordonne, c'estoit l'enseigne de leur pere. Quand Fouques de Morillon les vit venir tous quatre vers luy ainsi desarmez & sur mulets si hardiment, il fut tout esbahy. Lors leur commença à dire, vous venez querir vostre mort, ie vous promets que celuy que plus vous aymez vous a tous trahis, c'est le Roy Yon, maintenant sera vengé la mort de Berthelot que faussement tuastes d'vn eschiquier. Toute vostre deffence ne vaudra guere, car si vous faites semblant de vous deffendre ie vous occiray à present. Fouques, dist Regnaut, vous parlez comme vne beste, pensez vous que ie me rende vif à charlemagne, ny à vous, auant vous trencheray la teste si ie vous atteint, bien sçauez comme mon espée trenche. Mais si vous voulez faire comme vn Gentil-homme doit faire vous nous laisserez aller tous quatre, & seront hommes liges du roy Charlemagne, & vous donneray le fort chasteau de Montauban, & si Charlemagne vous fait guerre pour l'amour de nous, nous vous seruirons à quatre cens cheualiers bien armez, cecy ne voulez faire, faites vne chose que ie vous diray, pour vous oster de blasme de non estre appellé traistre: & eslisez vingt cheualiers des meilleurs qu'ayez, & les mettez dans vn champ bien armez sur bons cheuaux & nous quatre combattrons à eux, ainsi tous desarmez comme nous sommes, & si vos vingt cheualiers nous peuuent vaincre, nous leur pardonnerons nostre mort, & s'il plaisoit à Dieu que les puissions vaincre, vous nous laisserez aller tous quatre en nostre chasteau de Montauban, c'est ce que ie vous requiers pour vostre honneur, & si ainsi ne le faites vous serés reprouué traistre. Par bieu dit Fouques vostre prescher ne vous vaudra rien: car de vous auoir troué en telle arroy ie n'en prendrois mille marcs d'Or. Or est maintenant vostre cousin Maugis bien loing de vous, & auec ce estes loing de vos gens, parquoy ne pouuez estre secourus. Tous mes hommes ont iuré à Charlemagne, que de leur puissance assaudront vous & vos freres. Par ma foy dit Regnaut, puis qu'autrement ne voulez auoir pitié de nous bien serions tenus pour meschans si ne nous deffendions & si ne nous secourions l'vn l'autre iusques à la mort. Adonc Alard voyant que combattre leur conuenoit dist à Regnaut, frere comment nous rengerons nous pour bien victorieusement nous deffendre. Alard dist Regnaut montons tous deux à deux, & vous Guichard serez derriere & Richart & moy feront la barriere deuant, mettons nous par grand courage parmy eux & frappons vaillamment faisons auiourd'huy chose dont il en soit memoire à tout temps & iamais vous voyez qu'autrement nous ne pouuons eschapper. Beaux freres dit Alard Guichard & richard, nous estions bien deceus, que pensions que nostre frere nous eust trahis, & ne le feroit pour tout l'or du monde, par ma foi, dit guichard, or ne crains rien puis que nostre frere Regnaut est à vostre ayde, tant comme il sera enuie nous nous deffendrons Iamais quand il sera mort ie ne requiers plus viure. Adonc ils se meslerent entre leurs ennemis. A bref parler, les quatre fils Aimon s'assemblerét pour combattre à bié trois cens cheualiers, & combien qu'ils n'estoient que quatre, & ne furent recreus, mais cóme vaillans monstrerent à leurs ennemis visage de cheualiers. Quand Fouques vit venir

venir Regnaut il picqua son cheual, & de sa lance frappa Regnaut parmy son manteau qu'il auoit enueloppé à l'entour de son bras tant que le cœur luy perça la cuisse, dont il tomba à terre, luy & le mulet. Alard voyant le coup il escria à ses freres helas nous auons perdu nostre frere Regnaut qui estoit toute nostre esperance, or ne pouuons nous eschapper que ne soyons morts ou prins, rendons-nous maintenant prisonniers, puis qu'auons perdu nostre deffence, quand Regnaut l'ouyt ainsi parler, il luy dit. Ha mauuais glouton qu'est-ce que vous dites : ie n'ay encore nul mal, & suis aussi sain que iamais Dieu mercy, ie me vengeray bien cherement auant que ie meure. Adonc Regnaut se dressa fort prestement il print la lance à deux mains, & l'arracha hors de sa cuisse à grand angoisse, puis mit la main à son espée, & dit à Fouques, vassal si vous voulez faire comme preud'homme descendez à pied si sçaurez que mon espée sçait faire. Quand Fouques ouyt Regnaut, il se tourna sur luy mout fierement, le pensant frapper de son espée sur la teste, mais Regnaut se destourna vn peu, & ne fut point touché du coup, adonc Regnaut vistement poursuiuit Fouques, & luy donna sur son heaume, qu'il luy fendit la teste, & tomba mort. Quand Regnaut le vit cheoir il dit, ha traistre, ton ame n'aie pardon, regnaut print le cheual de Fouques qui estoit bon, monta dessus, puis print son escu, & la lance qu'il luy auoit mise en la cuisse. Adonc il dist à ses freres, soyez tous asseurez que tant que ie serai en vie vous ne pourrez auoir mal, car les François peuuent bien dire qu'ils ont vn dur voisin en moy, sçachez que quand Regnaut fut monté à cheual, il n'estoit pas à son aise, car les estriers estoient trop cours, mais il auoit autre chose à faire qu'à les allonger. Il fit courir son cheual, & baissa sa lance sur le Comte augmenon, lequel il heurta par telle maniere qu'il luy mit le fer au trauers du corps, & tomba mort. Puis mist la main à l'espée, & frappa vn cheualier, tellement qu'il le fendit iusques aux dents, à celle fois Regnaut occit quatre comtes, trois ducs, & onze cheualiers. Alors Regnaut s'escria Montauban, tant comme il peut Regnaut ayant faict ces nobles proüesses regarda autour de luy, & ne vit point ces freres dont il fut esbahy, ha dit il, où sont allez mes freres, ils m'ont bien esloignez, iamais ne nous ralierons ensemble. Adonc il vit venir Alard qui auoit gaigné vn cheual vn escu, & vne lance, car il auoit abbatu vn cheualier dont il auoit eu son cheual, mais il estoit fort blessé, & amena auec luy son frere Guichard. Quand les freres furent assemblez ils commencerent à faire grande destruction des François que nul ne les osoit attendre, car tous ceux qu'ils atteignoient d'vn coup conuenoit mourir. Les François voyant cela dirent cecy passe toutes merueilles. Ie pense que ce ne sont pas cheualiers mais diables, or les assaillons deuant & derriere, car s'ils viuent longuement, ils nous feront fort

grand dommage. Adonc ils coururent sur les quatre fils Aymon, si rudement, qu'ils les desrompirent voulussent ou non, mais Regnaut les passa tous, & sortit de la presse, & Alard apres, le petit Richard s'en retourna fuyant vers la roche, & Guichard estoit seul demeuré à pied, car les François auoient occis son mulet dessous luy, & fut contraint de se rendre prisonnier, si lui lierent les pieds & les mains, & puis le mirent dessus vn petit cheual à la mode d'vn sac de bled, ainsi navré comme il estoit, on les pouuoit suiure à la trace du sang qui sortoit de son corps, & l'emmenerent ainsi vilainement comme on feroit vn larron. Quand Regnaut vit qu'on emmenoit son frere si vilainement, à peu qu'il ne sortist hors du sens, il appella Alard, & lui dist beau frere que ferons-nous, voyez comme on emmeine nostre frere, si nous le laissons ainsi emmener, iamais n'aurons honneur en nostre vie. Frere, dist Alard, ie ne sçay que deuons faire, d'y aller ou demeurer, car ils sont en si grand nombre que no° n'y sçaurions remedier, ha Dieu, dist Regnaut, si Charlemagne fait pendre mon frere, iamais n'auray au cœur ioye, & si iamais n'iray en Cour qu'on ne me monstre au doigt, disant, voyez la Regnaut le fils Aymon qui laissa pendre son frere au pin de Montfaucon, & ne l'osa secourir. Frere, dist Alard, allez deuant, & ie vous suiuray, quand Regnaut l'entendit, il ietta son escu derriere luy, & abandonna son corps si hardiment comme vn Lyon, & ne lui chailloit de personne. Tellement fit Regnaut à ceste fois, qu'il conuint aux François lui faire voye, voulussent ou non, & plusieurs lui faisoient voye pour l'amour d'Oger, car ils sçauoient que les quatre fils Aymon estoient ses cousins, quand Regnaut fut passé outre, il dist à ceux qui emmenoient son frere Guichard, laissez le cheualier mauuaises gens, car vous n'estes pas dignes de le toucher. Et quand ceux qui l'emmenoient virent venir Regnaut, ils en eurent si grãd peur, qu'ils se mirent en fuitte, & laisserent Guichard, quand Regnaut vit ce, il dist à Alard, allez beau frere, & desliez Guichard nostre frere, & le faites monter sur ce cheual, & luy donnez vne lance, & venez apres moy, car les traistres sont desconfits. Frere, dist Alard, i'iray où il vous plaira, mais si nous-nous departons vne fois, iamais nous ne nous rassemblerons ensemble, parce que nous sommes trop peu, & desarmez, mais tenons nous ensemble, si aiderons les vns aux autres, & lors s'en allerent vers Guichard, & le deslierent, puis le firent monter dessus vn cheual, & luy donnerent vne lance, puis s'en allerent tous trois, & le quart combattoit à vn grand nombre de gens, c'estoit le plus vaillant de tous apres Regnaut, mais on luy auoit occis son mulet, & estoit si fort nauré, qu'à peine se pouuoit-il plus deffendre, il auoit tué cinq Comtes, & bien quatorze Cheualiers, dont il estoit si trauaillé, qu'il luy fut force de se coucher contre la roche. Et alors voici venir Gerard de Veaucouuert, qui estoit cousin de Fouques de Morillon, lequel il auoit trouué mort, dont il menoit grand dueil, & dist, ha gentil cheualier, que c'est grand dommage de vostre mort, celuy qui vous a ainsi occis, n'est pas mon amy, or vengeray-ie vostre mort si ie puis, adonc il vint à la roche, & voyant que Richard estoit à si grand meschef, il piqua son cheual, & baissa sa lance, & frappa Richard parmy le manteau d'escarlatte, lequel il auoit enueloppé à l'entour de son bras, si rudement, qu'il luy perça son manteau, & luy mist la lance bien profond dedãs le corps, tant qu'il conuint à Richard cheoir à terre, & au retraire de la lance, les boyaux de Richard saillirent hors de son corps, & luy demeurerent en son giron, & estoit la playe si grande, que le foye, & le poulmon luy paroissoient. Lors commença Gerard à crier ... departis les quatre fils Aymon, car pour certain ie leur ay occis Richard le hardy combattant, tous les autres seront morts ou prins, si Dieu me donne santé, & les rendray au Roy Charlemagne qui les fera mettre à Montfaucon si tost qu'il les tiendra. Quand Richard eut receu le coup, il se dressa en pieds mout vistement, & print ses boyaux en sa main, & les rebouta en son ventre puis mit sa main à son espée, & vint vers Gerard par mout grand ire. Mauuais hommes vous auez vostre deserte du grand mal que vous m'auez fait, car il me sera iamais reproché à mon frere Regnaut vous ayez son frere occis sans auoir vostre payement. Et quand il eut ce dit, il frappa Gerard sur son heaume, mais le coup glissa si rudement qu'il le fendit tout outre, & luy trencha l'espaule, & tout le bras, & l'abbatit à ses pieds, & puis luy dit, Or ne vous pourrez vous vanter qu'ayez occis vn des quatre fils Aymon. Et quand il eut ce dit, il cheut pasmé à terre, puis il commença à regretter ses freres en disant. Ha Regnaut beau frere auiourd'huy se departir à nostre bonne compagnie, mais ne vous verray, ne vous moy. Ha roy you pourquoy nous auez-vous trahis, & vendus à Charlemagne. Puis dit en pleurant. Ha Dieu secourez auiourd'huy mes freres. Helas: ie ne sçay où ils sont, de moy ne peuuent-ils iamais auoir ayde ne secours, car ie suis à la fin de ma pauure vie. Or les autres trois freres se combattoient fort contre leurs ennemis, mais leur deffence ne leur eust rien valu qu'ils n'eussent esté morts ou prins, si n'eust esté vn destroit de roche, où on ne pouuoit aller que par deuant. Quand ils eurent là esté, Regnaut dit à Alard, qu'est deuenu mon frere Richard il a grand piece que ie ne le vis. I'en veux auoir nouuelles s'il est possible, frere dit Alard, si me croyez vous n'irez pas, s'il est mort Dieu luy fasse pardon, nous ne nous luy pouuons ayder, car le meschef est trop grand, & si croy que mourons auant vespres. Ha dit Regnaut, faudrons nous tous à nostre frere Richard le bon cheualier non, ça ia pour sa mort ne demeureray que ie ne sçache de luy nouuelles, si ie deuois aller tout seul. Frere, dit Alard, si nous nous departons vne fois, iamais ne nous verrons ensemble frere, dist Regnaut mort ou vif ie le trouueray, adonc il alla de l'autre costé de la roche, quand ceux qui auoient chassé Richard virent venir Regnaut, & ses deux freres ils se mirent en fuite, alors Regnaut monta vn peu contremont la roche, & trouua son frere Richard gisans à terre, tenant ses boyaux entre ses mains, & autour de luy auoit grand nombre de gens qu'il auoit occis, Regnaut le voyant ainsi nauré le baisa en pleurant, luy disant. Ha frere, c'est grand dommage de vostre mort si fussiez venu en aage oncques Roland ny Oliuier ne vous eussent valu en cheualerie. Helas de quatre freres que soulions estre, ne sommes plus que trois qui ne valons plus rien, car nous sommes grandement naurez, & tous desarmez Or ne plaise à Dieu puis que vous estes mort que i'eschappe: mais ie prie à Dieu que ie puisse venger vostre mort auant que de mourir, car i'en ay bonne volonté, & le feray s'il plaist à Dieu. Tout ainsi qu'il regrettoit son frere Richard il regarda derriere luy, & vit venir ses deux autres qui luy dirent, frere que faictes vous: remonstrez tost, & nous venez ayder, ou autrement nous sommes tous morts. Quand richard ouyt ainsi crier Alard il dit à Regnaut, ha frere que faictes-vous icy voyez celle roche bien forte, si nous pouuions monter dessus, ie croy que serions guarantis de nos ennemis, car il ne peut estre que nostre cousin Maugis ne sçache de nostre affaire. Frere dit

Regnaut pleust à Dieu que nous y fussions, dites-moy comment vous sentés, vous semble-il que puissiez guerir, ouy dist Richard si vous eschappez, autrement non, car auec mon mal i'ay si grand peur de vostre personne que i'en pourrois mourir. Quand Regnaut l'ouyt il en fut ioyeux, adonc il appella Alard, & luy dit, frere prenez Richard sur vostre escu, & le portez dedans la roche, & moy & Guichard feront voye. Ce qu'Alard fit. Or venant à la roche Regnaut fit de grands faits d'armes que tous ses ennemis furent bien esbahis, car il occit alors trente cheualiers, car il ne luy chailloit de sa vie, & estoit comme homme desesperé. Quand ils furent à la roche Alard mist Richard à terre, puis se mit en deffence. Pendant qu'ils se deffendoient, il arriua Oger auec mongeon d'Affrique, Gusmart & 3000. Cheualiers qui crierent à Regnaut, vassal vous estes mort, nous auons vostre mort iurée, auiourd'huy est le iour que vous, & vos freres prendrés mort, vous fustes fols de croire le roy yon, car il vous a tous vendus à Charlemagne. Quand Alard vit tant de gens, il fut esbahy, & dit à Guichard voyés que de gens qui sont appareillés pour combattre quatre cheualiers, si nous estions 500. cheualiers il n'en eschapperoit pas vn, car ils sont grande quantité, voicy beaucoup de gens dit Guichard, si Dieu ne nous aide nous sommes morts, ce n'est dommage de moi ne do Richard, mais sera dommage de Regnaut, puis Alard & Guichard allerent vers Regnaut, & le baiserent, disant : Ha tres cher frere donnez-moy vn don s'il vous plaist, c'est qu'alliez à Montauban prendre Bayard, & amenez nostre cousin Maugis, & ainsi nous pourrez secourir, frere, dit Regnaut iamais ne vous laisseray en tel peril, i'aymerois mieux mourir ou nous eschapperons tous : ou nous mourrons tous ensemble, or nous vueille ietter de ce peril Iesus-Christ. Ainsi comme Regnaut parloit à ses freres, le Comte Guimard commença à crier. Regnaut vous voulez vous rendre ou deffendre. Vrayement dit Regnaut, vous parlez pour neant, iamais ne me rendray, car i'ayme mieux mourir comme vn bon cheualier que d'estre pendu comme vn larron. Alors Oger luy dit, Regnaut ie suis bien marry que ne vous puis ayder, mais ie vous conseille que vous rendiez. Oger dit Regnaut iamais ne me rendray, ie ne fus oncques larron, parquoy si Dieu plaist il me gardera d'estre pendu. Seigneurs dist Guimard, assaillons les, que veulent-ils faire tous desarmez, ils ne pourront longuement tenir contre nous. Seigneurs, dit Oger, vous les pouuez bien assaillir, mais quant à moy ie ne les assaudray pas ils sont mes cousins, & nonobstant ce point ne leur ayderay, car pour rien ne fausserois mon serment, parquoy prenez-les sans moy si vous pouuez.

Les François dirent nous les assaudrons vaillamment. Adonc Oger se tira derriere vn traict d'arc, & demena grand deüil, pour l'amour de Regnaut & ses freres, qui tant estoient preux, & vaillans cheualiers, & commença à dire. Helas mes cousins ce sera grand dommage de vostre mort, & moy qui suis de vostre lignage vous souffre mourir, & ne vous peux ayder, car ie l'ay iuré au Roy, deuant celle roche y auoit quatre Comtes pour assaillir les quatre fils Aymon, qui les assailloient par plusieurs costez, mais Regnaut se deffendoit en deux costez, car Alard estoit nauré d'vn dard qui luy auoit percé la cuisse tout outre, tant auoit seigné qu'il luy conuint cheoir à terre, adõc il s'escria rendons-nous, car moy ne Richard ne vous pouuons plus ayder. Frere, dist Regnaut, bien monstrez maintenant que vous estes recreu, vous sçauez que si estions és mains de Charlemagne, il no⁹ feroit pẽdre, parquoi no⁹ est necessaire d'ayder l'vn à l'autre autrement on dira que sommes bastards. Vous dites verité, dit Alard : mais vous ne pourriez croire que ie suis foible. Certes dit Regnaut, ie vous deffendray tant que ie pourray. Quand Richard qui gisoit à terre entendit la noise de ceux qui assailloient la roche, il dist frere, trenchez de ma chemise, & me restraindray le costé afin que mes boyaux ne sortent de mon ventre; puis ie me mettray en deffence auec vous. Lors dit Regnaut or vaux tu vn bon preud'homme, Alard l'entendit dont il fut bonté, & reprint force, puis se mit en deffence, & dist à Oger beau cousin que faictes vous à vostre lignage, ce sera grand honte à vous si ne nous secourez. Quand Oger l'ouyt, il luy dist que tout le bien qu'il luy pourroit faire il le feroit. Alors Oger s'approcha de la roche, puis dit à ceux qui l'assailloient, retirez vous arriere iusques à ce que i'aye parlé à eux pour sçauoir s'ils se veulent rendre : car il vaut mieux que les ayons vifs que morts, adonc les François se retirerent arriere, & Oger le Dannois s'approcha de la roche puis dist aux quatre fils Aimon beaux cousins reposez vous vn peu, & faictes bonne garnison de pierres pour bien vous deffendre : car si le Roy vous peut tenir, il vous fera tous pendre; si Maugis le sçait il vous viendra secourir ainsi pourrez eschapper. Cousin dit alard vous auez tres-bon guerdon : car vous nous deuriez deffendre, & faictes bien pis que les autres. Cousin dit Oger ie n'en puis mais: car i'ay ainsi promis à Charlemagne. Et apres auoir bandé leurs playes ils se reposerent vn peu.

Adonc Regnaut alla parmy la roche pour amasser des pierres pour eux deffendre, il garnit toutes les places ou ces freres deuoient estre, quand les François virent qu'Oger faisoit si longue demeure, ils commencerent à crier Oger vous faites trop long sermon, dites nous s'ils se veulent rendre ou non. Nenny dit Oger, car tant comme ils auront vie au corps ils se deffendront. Par bieu dirent les François nous les allons donc assaillir. Ie vous promets dit Oger, que ie leur aideray de tout mon pouuoir.

Le Comte Guimard luy dist, nous vous commandons de par le Roy de France que veniez en la bataille auec nous contr'eux ainsi que l'auez promis, Seigneurs dit Oger bien sçauez qu'ils sont mes cousins. Pour Dieu retirons nous bien loing & les laissons en paix & ie vous donneray des finances largement. Oger dirent les François nous n'en ferons rien : mais les rendrons prisonniers au Roy qui en fera ce que bon luy semblera, & lui dirons ce qu'auez fait dont il vous en sçaura mauuais gré. Oger fut fort courroucé, & leur dit, par la foy que ie dois à tous mes amis, s'il y a nul de vous qui soit si hardi de prendre les quatre fils Aimon, ie lui trencherai la teste, quoi qu'il en doiue aduenir. Oger dit le Comte Guimard : ia pource ne laisserons, que nous ne les prenions, & quand nous les aurons prins nous verrons qui nous les ostera.

Alors commencerent à assaillir la roche, quand Regnaut vit tant de gens qui les venoient assaillir, il dit. Ha cousin Maugis ou estes vous, que ne sçauez nostre meschef bien nous viendrez secourir, ha que ie fus fol que ne parlay à vous de cette matiere auant que venir ici. Ha bayard si i'estois sur toy iamais ne fusse entré en cette roche.

Adonc ils assaillirent la roche de plus fort, & n'eust esté la grand prouesse de Regnaut ils eussent esté prins. Oger voyant ses cousins si mal traittez, il se print à pleurer pource qu'il ne leur pouuoit donner secours. Nous lairrons à parler des quatre fils Aimon qui estoient en la roche de Montbron, & retournons à parler de Goudard le Secretaire du Roy Yon qui auoit leu les lettres ou ladite trahison estoit contenuë au long.

Comme apres que Goudard secretaire du Roy Yon eut declaré la trahison à Maugis, que le Roy auoit fait à ses cousins, laquelle il sçauoit bien, car il auoit leu les lettres de Charlemagne, & escrit la responce que le Roy Yon luy auoit sur ce fait, Maugis mena à Regnaut, & à ses freres vn tel secours, qu'il les guarantit de mort par son grand sens.

Chapitre X V.

QVand Goudard (qui estoit secretaire du Roy Yon) vit aller Regnaut, & ses freres à leur mort, il en eust grand pitié, & en estoit dolent pour deux causes, l'vne estoit pour son maistre le roy Yon qui auoit faict la trahison, & l'autre estoit pour les quatre fils Aimon qui estoient si vaillans cheualiers. Si commença à plorer, & sur cela Maugis arriua. Quand Goudard le vit, il luy dit. Ha Maugis vostre cas va mal, car si Dieu ny met remede, vous auez perdu Regnaut, & ses freres que le Roy Yon a trahis. Adonc luy compta toute la trahison. Quand Maugis ouyt ces parolles il cuida enrager, & dit Goudard ostez-vous d'aupres de moy, le cœur me dit que Regnaut, & ses freres sont morts. Certes dit Goudard, vous dites vray car la lettre dit qu'Oger, & Fouques se sont embusquez aux valées de Vaucouleurs auec deux mille cheualiers, & Regnaut & ses freres y sont allez tous desarmez par le conseil du Roy Yon, parquoy ils n'auoient pour se deffendre qu'ils ne soient morts ou prins. Quand Maugis l'ouyt il en eut si grãd deüil qu'il en print vn cousteau & se voulut tuer, goudart le print par les mains, & luy dit. Ha gentil cheualier ne vo⁹ tuez point vostre ame seroit damnée : mais montez à cheual, & menez les gens d'armes qui sont ceans, en la vallée de Vaucouleurs, quãd vous serez là, vous cognoistrez si leur pourrez ayder ou non. Goudard dit Maugis, vostre conseil est bon. Lors commença à pleurer & dict. Ha Regnaut noble cheualier, que c'est grand dommage de vostre mort. Adonc sans mot dire au roy yon n'a Dame claire femme de Regnaut, il fit armer tous ceux qui pouuoient porter armes, ausquels il conta toute la trahison adonc Maugis voyant le bon vouloir commanda qu'on s'apprestast, qu'il estoit temps de partir, & puis allerent à l'estable où estoit bayard, & monta dessus. Sçachez que quand Maugis fut monté sur bayard il sembloit bien vn vaillant homme, car il estoit l'vn des beaux, & bons cheualiers de tout le monde, & vn des vaillans, & le plus subtil qu'en ce temps on peut trouuer. Ils sortirent hors de Montauban, & pouuoient bien estre cinq mille hommes d'armes, & sept cent archers : lesquels pour doutance de mort ne fussent reculez aucunement, ils passerent parmy le bois de la serpente à grand diligence, & tousiours Maugis alloit regrettant Regnaut, & ses freres, disant, ha mes cousins, Dieu vous deffende de mort, & de prison, Regnaut se reposoit sous la deffence de la roche si tourna sa veuë deuers le bois de la serpente, & vit venir son cousin Maugis, Bayard n'alloit pas mais couroit comme vn cerf dont il tressaillit de ioye disant à ses freres, or ne vous esbahissez de rien, car voicy Maugis qui nous vient secourir, benist soit Dieu qui luy a dit le danger en quoy nous sommes, frere dit Alard il est vray que nous auons secours, ouy dist Regnaut, Alard dit maintenant ne me plains plus, alors Richard qui gisoit à terre ses boyaux entre ses bras ouit ses parolles il luy fut aduis qu'il songeoit, car pour le plus grand mal qu'il enduroit, il estoit tout transporté du cerueau, puis entendant le bruict des cheuaux, il s'efforça tant qu'il se dressa sur son cul puis dit à Regnaut, mon frere il m'est aduis que i'ay ouy nommer Maugis, ou si c'est vision. Frere dist Regnaut nous auons secours, car voicy Maugis qui nous ameine tout le pouuoir de montauban, frere dist Richard monstrez le moy: donc le Regnaut le print entre ses bras, & le dressa quand il vit Maugis: & la puissance qu'il amenoit, de le grand ioye qu'il en eust dit, or suis ie guery, & ne sens nulle douleur, lors Regnaut dit Alard, que ferons-nous, si les François apperçoiuent la venuë de Maugis ils s'enfuirons, ie ne voudrois pas qu'ils s'en allassent sans estre vengé d'eux, mais descendons au pied de la roche, & commençons la meslée, & cependant Maugis arriuera, & ainsi ne pourrons eschapper, alors ils descendirent au pied de la roche, & Richard demeura dedans qui estoit si fort blessé qu'il ne se pouuoit ayder, quand les François les virent venir, ils dirent les vns aux autres voicy les quatre fils Aymon qui se viennent rendre prisonniers ne les tuons point, mais les prenons, & les rendons à Charlemagne, puis ils dirent, Regnaut si vous ne voulez mourir si vous rendez, & si le faictes de bon gré nous prierons Charlemagne de vous pardonner, quand Oger les ouyt ainsi parler il pensoit qu'il fut vray, & qu'ils si voulussent rendre, il alla contre la roche, & dist à Regnaut, & à ses freres, vassaux ie vous tiens pour fols d'auoir laissé la roche qui estoit le sauuement de vostre vie: auiourd'huy serez pendus à grand honte. Oger dist Regnaut, nous ne sommes pas si fols que pensez, mais ie veux que fuyez auant qu'il soit peu, car si vous demeurez plus gueres icy vous ne serez pas asseuré, cependant qu'ils parloient Oger regarda le droict chemin qui venoit du bois de la Serpente, il vit venir Maugis monté sur Bayard qui amenoit grande compagnie de gens, ce qui luy fit dire, si nous estions vingt mille, nous ne les combattrions pas, vous verrez tourner la douleur sur nous. Cependant Maugis arriua lequel apperceuant Oger il luy dit, vous fustes fol de venir icy pour commettre trahison, vous ne le deuiez pas faire car ils sont de vostre paranté, iamais vostre pere ne commis trahison, & suis esbahis comment l'auez osé consentir, adonc Maugis courut contre Oger, lequel il frappe durement en la poictrine, & luy fit vne grande playe. Quand Oger sentit le coup il en fut irité, & vouloit courir sur Maugis, mais il ne peut. car bayard sentant son seigneur il courut vers luy voulust Maugis ou non. Maugis descendit, & courut baiser Regnaut: Puis Alard & guichard il leur damanda ou est Richard cousin il est là sus, si nauré que ie ne sçay s'il est mort ou vif alors Regnaut s'arma, & monta sur bayard l'escu au col, & la lance en la main, & puis dist à ses freres armez-vous car le secours est venu. Adonc courut ſur Oger, & le frappa ſi rudement qu'il luy fit vuider les arçons, & tomba par terre Regnaut deſcendit à pied, & print le cheual d'Oger, & lui mena, & le fit monter deſſus, puis lui dit couſin, or auez vous le guerdon que vous fiſtes, mais de ce qu'auez fait vous l'auez fait comme mauuais parent, parquoi gardés vous de moy, car ie vous deffie. Couſin dit Oger, nous garderons de vous point n'en doutés. Lors Maugis courut contre le comte guimard, lequel il frappa parmy ſon eſcu, tellement qu'il le ietta mort par terre, puis mit la main à l'eſpée, & frappa vn cheualier nommé Alian, vn tel coup qu'il l'abbatit mort à terre, puis cria ſon ſeigneur Montauban. Alors il commença à crier frappons ſur les François qui vouloient occire les meilleurs cheualiers du monde. Bien ont monſtré leur laſcheté, d'eſtre tant venus ſur quatre cheualiers tous deſarmez. Lors commença la meſlée ſi aſpre, qu'il y eut vne grande deffaite de François. Quand les François virent le grand dommage que Regnaut, & les ſiens faiſoient, ils ſe mirent en fuite, & Oger auec eux vers la riuiere de Dordonne, & Oger la paſſa au noer de ſon cheual, quand il fut paſſé il deſcendit à pied ſur la riuiere, & Regnaut le voyant là la riuiere il l'appella par mocquerie luy diſant. Oger vous faites du peſcheur, ie vous fais vn party paſſez deça où ie paſſeray de-là : ſi vous paſſez deça ie vous aſſeure de tous hõmes fors que de moy, ou m'aſſeurez des gens de Charlemagne & ie paſſeray de-là, & i'yray iouſter à vous. Puis luy cria fils de putai n, vous auez fauſſé voſtre foy à Charlemagne, car vous fuyez, & nous laiſſez pour gages, Fouques, & le Comte Guimard, & bien quatre cens cheualiers du Roy. Mout furent eſbahis les François, quand ils ouyrent ainſi parler Regnaut à Oger, dont ils furent ioyeux, ils dirent à Oger, or auez-vous maintenant le guerdon de voſtre bonté, car ſi euſſiez voulu faire comme nous, nous euſſions prins les quatre fils Aymon. Quand Oger ſe vit ainſi reprouué d'vn coſté & d'autre, il en fut fort courroucé, & les gens de Charlemagne le laiſſerent ſur le riuage de Dordonne, & ne demeura auec luy que deux hommes tant ſeulement, Oger ſe voyant ſeul il dit tout à par luy, i'ay bien merité cecy. Le prouerbe eſt bien vray qui dit. Souuent aduient mal pour bien, puis dit à Regnaut beſte enragée vous me blaſmez à tort & ſans cauſe : car ſans moy vous, & vos freres fuſſiez ia pendus, & Maugis ne fuſſe venu à temps, vous m'auez appellé traiſtre, mais vous mentez car oncques trahiſon ne commis, & auſſi m'auez appellé paillard, ſi ie ne doutaſſe autre que vous i'irois vous donner tel coup que pourrez biẽ dire que c'eſt coup de maiſtre. Regnaut lui dit, vous dites bien ce qu'il vous plaiſt, mais vous ne ferez ia ce que dites. Si feray dit Oger, adonc picqua Broiffort, & paſſa la riuiere, quand il fut en pleine terre il s'appreſta pour iouſter, ainſi bagné qu'il eſtoit. Quand Regnaut le vit ainſi mal atourné il en euſt pitié. Et luy dit, couſin, ie n'ay à ceſte heure point de volonté de iouſter, parquoy retournez arriere, Regnaut dit Oger, ne vous mocquez point de moy, vous m'auez appellé traiſtre deuant pluſieurs cheualiers, & ſi ie m'en retournois arriere on pourroit dire au Roy que ie l'ay fauſſement trahy. Ma lance eſt encore entiere, ce me ſeroit grand honte ſi ie ne la briſois deſſus quelqu'vn de vous, Regnaut luy dit par grand courroux, ie vous deffie, & vous gardez de moy dit Oger. Adonc coururent l'vn ſur l'aute ſi aſprement qu'ils briſerent leurs lances, & puis ſe rencontrerent de leurs eſcus de ſi grands coups qu'ils tomberent tous deux à terre, tellement qu'ils furent tous deux naurez, ils ſe releuerent preſtement, & mirent la main à leurs eſpées, & coururent l'vn ſur l'autre

tre. Les cheuaux voyant leur maistre à terre, coururent l'vn sur l'autre, & commencerent à se mordre & ruer, Oger sçauoit bien que bayard estoit le plus puissant, il courut celle part pour ayder a son cheual.

Adonc Regnaut cria à haute voix, Oger qu'est-ce que vous voulez faire: ce n'est pas à vous à faire de frapper vne beste, vous auez assez a faire à moy sans frapper mon cheual, alors il frappa Oger si grand coup qu'il l'abbatit par terre, il le naura fort à la hanche, & si l'espée de Regnaut ne fut tournée en sa main iamais Oger ne fut eschappé de mort. Quand Regnaut l'eut ainsi frappé il luy dist: Oger laissez aller bayard vous auez assez affaire de moy. Oger retourna sur Regnaut tenant son espée en la main, & luy dist: Quand i'allay en Allemagne Roland & Oliuier essayerent leurs espées au perron, & ie frappay apres pour vous essayer [illegible] demy pied, & ainsi vous brisay, dont ie fus dolent, mais pour la bonté que ie sçauois en vous ie vous fist radouber, & pource auez nom Courtain. Adonc il frappa Regnaut sur le heaume si durement qu'il fit tout chanceler: quand Oger le vit ainsi atourné il luy dist: Ie vous ay rendu ce que m'auez presté, nous sommes bien esgaux, voulez-vous recommencer, Regnaut dist ouy, c'est ce que plus ie desire, adonc ils coururent l'vn sur l'autre: cependant arriuerent Alard, Maugis, Guichard, & leurs gens. Oger les voyant venir passa la riuiere; quand il fut arriué il descendit de dessus son cheual qui n'auoit point de selle, Regnaut voyant Broifort sans selle il dit. Oger beau cousin, retournez querir vostre selle, ce seroit vne grande honte si ainsi vous en allez: Loüez Dieu de ce que pis n'auez eu, car si nous fussiens plus gueres demeurez, ie vous eusse emmené en lieu ou vous ne fustes iamais. Regnaut dit Oger, vous menassez de bien loing il n'appartient pas à bon Cheualier d'ainsi menasser, ie sçay bien que si n'eussent esté vos gens qui vous ont secourus, ie vous eusse emmené prisonnier à Charlemagne. Oger dit Regnaut, bien auez monstré qu'estes bon Cheualier, d'auoir passé la riuiere pour me venir combattre: m'attenderez vous, & ie passeray de là la riuiere pour derechef commencer la meslée: ouy dit Oger, & si le faictes, ie vous estimeray le meilleur cheualier du monde. Quand Regnaut l'entendit, il se voulut mettre en la riuiere pour passer: mais Alard & Maugis l'empescherent, disant: Ha frere, qu'est-ce que vous voulez faire, trop estes outrageux, car qui bien vous fait il perd sa peine, vous sçauez que sans Oger nous fussions auiourd'huy morts, & le secours de Maugis ne nous eust rien profité. Laissez aller Oger ie vous prie, car il n'y a cheualier du monde meilleur que luy. Adonc Alard dist à Oger, cousin allez vous en à Dieu, car vous nous auez bien aydé, puis Alard dist. Tres-chers freres, il m'est aduis qu'il seroit bon que nous retournassions vers la roche, pour sçauoir que faict nostre frere Richard, & laissons aller nos ennemis. Regnaut dit Oger, vous nous auez desconfits, mais nous reuiendrons sur vous en si grand nombre de gens que nous prendrons la proye, & ne serez si hardy de la deffendre. Tout beau dist Regnaut, nous auons vn chasteau ou là nous vous attendons, & quoy que c'en soit, la perte a esté tousiours sur vous iusques icy, vous ne porterez pas bonnes nouuelles au Roy. Quand Oger eut ainsi parlé à Regnaut, il s'en alla apres ses gens qui l'auoient laissé. & vint vers la tente du Roy, quand Roland & Oliuier virent Oger ainsi nauré ils pensoient qu'il eust prins Regnaut & ses freres. Adonc ils appellerent le Duc Naymes Salomon, Richard de Normandie, & le Comte Guidelon: quand ils furent tous assemblez ils dirent les vns aux autres. Helas! que ferons nous : auiourd'huy verrons pendre les quatre fils Aymon nos cousins germains, si le Roy les faict pendre, nous sommes tous des-honorez,

Quand le Roy vit Oger il luy dist: Oger ou sont les quatre fils Aymon, les auez vous prins ou tuez. Sire, dist Oger, tout bellement, ils ne sont pas enfans pour prendre : mais sont les meilleurs cheualiers du monde, & sont encore en vie. Ie vous dis que nous les trouuasmes tous quatre és plaines de Vaucouleurs tous quatre vestus de manteaux d'escarlatte fourrez d'hermines, mõtez sur mulets, & portoient en leurs mains fleurs de roses, bien vous a tenu sa promesse le Roy Yon, mais par leurs proüesses ils changerent leurs manteaux à bons cheuaux, & recouurerent lances & escus : quand Regnaut eut recouuré [illegible] puis monta sur son cheual prestement, & nous les menasmes vn grand traict d'arc desconfits : mais ils trouuerent vne merueilleuse roche qui estoit à mode d'vne cauerne, ou ils se deffendirent fort longtemps, & leur frere Richard a esté occis, tous les autres eussent esté morts ou prins si n'eut esté leur cousin Maugis qui les vint secourir, lequel amena bien cinq mille cheualiers qui nous ont desconfits, & ont tué le Comte Guimard. Ha dist Charlemagne, est-il vray qu'ils ont ainsi eschappé, ouy dit Oger. Il fut fort dolent & dit : Hé Dieu que ie suis à honte par ces quatre gloutons, sire dit Oger, Regnaut me donna si grand coup que le bout de mon heaume tomba par terre, & ie suis bien-ayse d'estre eschappé de ces mains, car de trois mille Cheualiers que nous menasmes ne sont eschappés que trois cens, quand Roland l'ouyt il luy dit par courroux, Oger vous fustes malhardy car vous n'eustes nuls compagnons qui fissent si bien que vous, mais ie ne vis oncques si couard que vous, ne iamais de Dannemarc ne sortit vn bon cheualier, fils de putain couard, chetif, comment osez vous regarder homme : mais c'est bien autre chose, vous les auez espargné pour ce qu'ils sont vos cousins, or honny soit le Roy s'il ne vous fait tous les membres detrencher. Oger se voyant ainsi reprouué respondit hardiment : Roland vous mentez faussement, ie ne suis pas tel que vous dictes, car ie ne voudrois commettre trahison pour tout l'auoir du monde, & voicy mon gage pour me deffendre contre vous, corps contre corps, que iamais ne moy ne tout mon lignage ne mesprismes oncques enuers le Roy, ie suis de meilleur lignée que vous, Gerard de Rossillon fut mon oncle, & me nourrit ieune enfant, Doon de Nantueil, & le Duc Beuues d'Aigremont ces trois furent mes oncles, & Geoffroy de Dannemarc fust mon pere, l'Archeuesque Turpin est mon parent, & suis sorty du lignage de Richard de Normandie, & des quatre fils Aymon. Or Roland comptez moy vostre lignage, pour sçauoir vostre grandeur, car ie me deffendray au trenchant de l'espée, & vous monstreray si ie suis loyal ou non, Roland courroucé de ce que Oger luy auoit dit, s'aduança pour le frapper, mais il mit la main à l'espée, & dit à Roland, ne soyez si hardy de mettre la main sur moy, car par la foy que ie dois à celuy qui m'engendra ie vous coupperay la teste si vous venez auant, le Roy voyant les barons ainsi s'esmouuoir il en fut courroucé. Lors se leua le Duc Naymes, & le comte aimery qui dirent à Roland, qu'est-ce que vous voulez faire, la chose n'ira pas ainsi comme vous pensez, car Oger n'est pas comme vous dictes, vous ne le deuez battre ne outrager, & si ne fut le Roy la chose iroit autrement que ne pensez, Oger est vn noble cheualier comme chacun sçait bien, nous sommes esbahis comme le Roy vous souffre prendre si grand orgueil, s'il le veut souffrir, nous ne le souffrirons pas pour chose qu'il en doiue aduenir. Quand le Roy vit la noise il fut fort dolent & dit. Ha Roland qu'il vous suffise, laissons cecy iusques à demain, & ie m'enquerray comme Oger a trauaillé en cét affaire. Sire dit Oger ie le veux bien, il n'y a homme en France si hardy que s'il me veut accuser de trahison que ie ne me combatte à luy, mais par les parolles que Roland a dites, ie promets à Dieu si ie me trouue iamais en lieu où ie leur puisse ayder ie leur aideray de tout mon pouuoir. Trop c'est hasté Roland de me penser frapper à tort, & sans cause : mais ie veux bien qu'il sçache que s'il voyoit Regnaut monté sur bayard il ne le tiendroit pas pour ribaud, & s'il ne l'oseroit attendre corps à corps pour grande chose : Roland luy dist. Oger vous l'auez bien loüé, or plaise à Dieu que ie le puisse retrouuer sur bayard tout armé comme vous dictes, pour sçauoir s'il est vaillant comme vous me le pensez faire accroire.

Comment apres la desconfiture des François par le secours de Maugis, le Roy Yon fut prins par Roland en habit de Moyne.

Chapitre 15.

APres que Regnaut, & ses freres eurent desconfit les François, ils retournerent vers la Roche de Monbron, ou il auoit laissé son frere Richard, & le voyant ainsi nauré il dist. Helas i'ay perdu mon frere Richard, le plus hardy de nous. Lors il fut fait grand dueil entre luy & ses freres, sur Richard qui gisoit à terre ses boyaux entre les mains. Maugis arriua voyant Richard ainsi nauré leur dist. Si me voulez promettre de venir auec moy en la tente de Charlemagne, & m'ayder à l'assaillir pour venger la mort de mon Pere, ie promets de vous rendre Richard tout maintenant sain & guery. Regnaut luy dist. Cousin, pour Dieu rendez moy mon frere & guery; puis s'il y a chose que ie puisse faire commandez le moy & le feray de tres-bon cœur, bien sçauez que ne fis iamais chose contre vostre volonté, il n'y a homme pour qui ie fisse tant que ie ferois pour vous, il luy dist. Beau cousin, ne vous esbahissez, car Richard sera tout à present guery : il descendit de son cheual : & print vne bouteille pleine de vin blanc, si la playe de Richard, & osta tout le sang qui estoit autour, puis print ses boyaux, & les remit dans son corps, & confit la playe proprement, sans luy faire trop grand douleur. Adonc il print vn onguent duquel il oignit la playe, & tout incontinent se sentit sain, & guery, puis il print vn breuuage qu'il fit, & en donna à boire à Richard. Adonc il se leua sain & guery, & dist à ses freres. Où est allé Oger, & ses gens, nous sont-ils eschappez: frere dit Regnaut, nous les auons tous desconfits Dieu mercy: & sans Maugis qui nous vint secourir nous estions tous pris. Frere dit Richard, bien l'en deuons remercier. Adonc Alard dit à Maugis. Cousin guerissez-moy ie vous prie, car i'ay vne playe en la cuisse, & moy aussi dit Regnaut. Aussi ay-ie bien moi, dit Guichard: pour Dieu guerissez-nous tous. Lors maugis leur dit, ne vous souciez mes bons cousins, vous serez tous gueris à ceste heure. Maugis print du vin blanc, & leur laua leurs playes, puis les oignit, & incontinent furent gueris de leurs playes. Ils firent monter Richard à cheual, & se mirent en chemin pour retourner a Montauban, ainsi qu'ils s'en retournoient ioyeux, vn espion partit de la compagnie de Regnaut, & s'en alla à Montauban deuant le Roi Yon qui luy dit. Sire, sçachez que Regnaut, & ses freres sont eschappés des pleines de Vaucouleurs ou les aués enuoyés, & ont desconfit Oger le Danois, & tous les gens de l'Empereur, ils ont tué Fouques, & le comte Guichard auec grand nombre d'autres cheualiers.

Quand le Roy l'entendit il en fut merueilleusement esbaby, & dit Helas, voicy mauuaise nouuelles, ne trouuerent-ils par l'embusche du Roi, oui dit l'espion, & leur fut mal allé si n'eust esté Maugis qui les secourut, qui desconfit Oger, & tous ses gens, car bien peu sont eschappez. Helas meschant Roy que ie suis, las que dois-ie faire: si i'attens Regnaut ie suis mort, tout le monde ne me pourroit deffendre. I'ay bien desserуy la mort oncques Iudas ne commit plus grande trahison que i'aye faict: il demenoit grand dueil & disoit. Ha sœur Claire auiourd'hui departira nostre amour, iamais plus ne me verrez. Auiourd'hui laisserai Gascongne, car iamais n'y entrerai, & cria à haute voix. Or departons mes seigneurs, car il est maintenant besoin, & m'amenés les meilleurs cheuaux que vous ayez, si nous pouuons tant faire que puissions aller iusques au bois de la serpente, nous serons eschappés, & nous logerons en l'abbaye de sainct Ladre, & y prendrons l'habit: ainsi pourrons nous estre sauués. Ie tiens tant de Regnaut qu'il ne nous fera point de mal quand il nous verra moines.

Là estoit vn espion nommé Pinaud qui auoit quinze pieds de hauteur, il alloit aussi viste qu'vn cheual, celuy Pinaud auoit ouy dire ce que le Roy Yon auoit dict. Adonc il se partit, & print son chemin vers le bois de la serpente, & en peu d'heure il rencontra Regnaut, ses freres, & Maugis qui retournoient à Montauban, & emmenoient auec eux quantité de prisonniers. Ce grand larron Pinaud nota bien toutes ces choses, puis s'en vint au siege que Charlemagne tenoit deuant Montauban, & alla au pauillon de Roland auquel il dit. Sire, ie vous diray telles nouuelles dont en serez ioieux. Belami dit Roland, tu sois le bien venu, quelles nouuelles sont-ce. Sire dit Pinard, sçachez que le Roi Yon s'enfuit tout desarmé lui, & ses gens, ils n'emmeinent que leurs cheuaux, & vont dedans le bois de la serpente en vne maison de Religion dicte sainct Ladre, & lui mesme a deliberé de prendre l'habit, & deuenir moine. Par ma foi dit Roland, ie les irai assaillir auec quatre mille combattans, & en vengeray Regnaut, & les feray tous prendre come t autres. Sire dist Pinard, encores y a-il plus, car i'ay trouué Regnaut, & ses freres au gué de Balençon qui emmenoient plusieurs prisonniers de nos gens. Amy dit Roland, vous meritez grand guerdon de ses nouuelles. Lors dit à Oliuier, mon amy montons prestement à cheual. & menons auec luy Guidelon, & Richard de Normandie, & vous sire Oger viendrez auec nous s'il vous plaist, & verrez la proüesse de Regnaut, nous ne menerons que quatre mille cheualiers, Regnaut en a cinq mille bien equipez, ainsi pourrons combattre auec eux sans nul auantage. I'iray auec vous dit Oger, pour voir si le prendrez, & quand vous l'aurez pris ie vous presteray vne corde si en auez besoin. Quand ils furent prest, le grand Ribant les conduisit au gué de Balençon. Le Roy Yon arriua au monastere sainct Ladre. Cependant Roland, & ses gens arriuerent en l'abbaye l'Abbé alla au deuant d'eux chantant *Te Deum laudamus*, puis l'Abbé dit à Roland. Sire soyez le bien venu, vous plaist-il rien que nous puissions : Seigneurs nous vous remercions de bon cœur, sçachez que nous cherchons le plus mauuais traistre du monde, c'est le roy Yon qui est ceans, ie le veux prendre comme vn larron. L'Abbé respondit, non ferez s'il vous plaist, car il a prins nostre habit, parquoy nous le deffendrons. Roland print l'Abbé par le chapperon, & Olinier le prieur, lesquels ietterent si rudement contre vn pillier, qu'ils leur firent sortir les yeux hors de la teste. Adonc Roland dit à l'Abbé. Or sus rendez moy ce diable de roy qui est frere de Iudas, car iamais il ne commettra trahison. L'Abbé & les moines oyans cela, s'enfuirent. Adonc Roland les voyant fuyr mit la main a l'espée, & entra au cloistre, où il trouua le Roy Yon à genoux deuant vne Image de Nostre Dame, & luy dict. Sire moine, sçauez-vous bien vostre leçon, leuez-vous, & venez auec moy vers Charlemagne. Où sont les quatre fils Aymon que deuiez rendre. Vous serés payé de la trahison qu'auez faicte, & moy-mesme vengeray Regnaut, & ses freres. Il le fit monter à cheual, & luy fit bander les yeux, puis luy fit vestir vn chapperon, & le mirent à reculons sur ce cheual. Alors le roy Yon appella vn de ses plus priuez, auquel il dict. Allez à Montauban, & dites à Regnaut qu'il luy plaise de me venir secourir & qu'il ne prenne esgard à ma meschanceté, car s'il me laisse mourir, luy & ses enfans en seront blasmez. Sire dit le cheualier, car ie n'y oserois aller, car ie sçay bien qu'il n'y viendra pas, pour cause du mal que luy auez faict. Si ferez dit le Roy. Adonc le cheualier se partit pour aller vers Regnaut. Oger commença à dire. Hé Dieu, seroit-il possible que Roland peust rencontrer Regnaut que tant il desire trouuer pour voir s'il le prendroit comme il dit.

Comme Regnaut & ses freres retournerent à Montauban, & le secours qu'ils donnerent au Roy Yon, & du combat entre Regnaut, & Roland.

Chapitre 16.

Regnaut & ses freres estant bien gueris de leurs playes retournerent à Montauban. Dame Clere s'en alla au deuant d'eux, Laquelle menoit ses deux enfans Aymonnet & Yonnet. Et quand la Dame vit son seigneur elle en fut fort ioyeuse ; & & les deux petits enfans coururent aux pieds de leur Pere, & leurs oncles les

voulant baiser, adonc Regnaut donna du pied tant qu'il les cuida creuer, & la Dame le voulut baiser, mais Regnaut ne le voulut permettre, disant à la Dame fuyez de deuant moy, & allez vers vostre frere le traistre, car iamais n'aurez mon amour, car il n'a pas tenu à luy que ne soyons tous morts si Dieu, & Maugis ne nous eust secouru, or allez apres & n'emporterés rien du mien, & si vos enfans sont traistre comme leur oncle ie les feray pendre. Sire dit la Dame, ie iureray sur les saincts que i'auois doutance de vostre allée, à cause du songe que i'ay songé, & vous dis bien que ny allassiés point, parquoy il vous plaise auoir pitié de moy, car ie n'en suis coulpable. Elle se pasma sur les pieds de Regnaut. Quand Richard la vit pasmée il la redressa, luy disant. Dame, ne vous faschés de rien, laissés dire à Regnaut ce qu'il voudra, car vous estes nostre sœur. Or ne soyez plus en malaise nous ne vous faudrons iamais, frere dit Richard, allons prier nostre frere Regnaut qu'il pardonne à nostre sœur, elle n'est nullement coupable, si nous l'eussions creuë nous n'y fussions pas allé. Maintenant deuons considerer les grands dons qu'elle nous faict, or rendons luy le guerdon, elle en a maintenant besoin, car au besoin on connoist l'amy. Ma foy dit Alard, vous dites fort bien. Ils allerent vers Regnaut, & lui dirent. Frere, ne soyez si courroucé, vous sçauez que vostre femme n'a nulle coulpe de trahison que son frere ne nous a faite, si vous l'eussiés voulu croire nous ny fussions pas allez, parquoi nous prions de luy pardonner. Lors dit Regnaut pour l'amour de vous ie vous pardonne : les freres furent bien ioyeux, ils retournerent vers la Dame Clere, & luy dirent, ne soyez faschée, nous auons fait vostre paix. Lors la menerent vers son mary Regnaut, & la baisa par grand amour. La ioye commença parmi Montauban, puis ils lauerent leurs mains. & se mirent à table : ainsi qu'ils estoient à table le messager du roi Yon arriua qui dit à Regnaut. Sire le roi Yon vous mande que le veniez secourir, ou autrement il est mort, car Roland & Oliuier le meine pendre à Montfaucon, parquoi plaise vous ne prendre garde à ses meschancetez, mais à vostre bonté, car nostre Seigneur pardonna à la Magdelaine, & à longis leurs pechez. Il sçait bien qu'il a merité la mort enuers vous. Dieu confonde dict Alard qui y mettra le pied, & maudit soit Roland s'il ne le fait pendre comme traistre. Regnaut baissa vn peu la teste, & pensa quelque temps sans dire mot, puis il commença à pleurer en regardant ces freres, car vn bon cœur ne peut mentir quand il vient au besoin, mais doit secourir son ami de tout son pouuoir, ainsi que fit Regnaut, si ne voulut regarder aux fautes du Roy Yon, mais pour l'honneur qu'il portoit à la noblesse si le voulut secourir. Alors il dist à ses freres, & à ses gens, beaux seigneurs vous sçauez comme ie fus desherité à Paris, à tort & sans cause par Charlemagne, par tous ses barons & cheualiers, &

de ce ne lui suffit pas : mais me fit fort iurer de mon pere que iamais n'aurois rien du sien, & aussi me fit fort iurer de tous mes parens qu'il n'y eust homme si hardy qui m'osast celer vn iour. Frere, vous sçauez bien la pauureté que nous auons enduré long-temps, quand ie vis que ie ne sçauois où aller, ie m'en vins en ce païs auec la compagnie que sçauez, ie parlai au roi Yon, & lui dis comment i'auois guerre contre Charlemagne, & il me fit paraistre grand amour, & me fit grand honneur tant qu'il me donna sa sœur en mariage, & vne duché, & me fit fermer Montauban. Et d'autre part mes enfans sont ces neueux : dont l'vn porte son nom, & iamais ne l'ay trouué en forfaicture, mais Charlemagne est si grand, & si puissant roy, & vous sçauez tres-bien qu'il a maints preud'hommes vaincus, & deshonnorez, & mis à neant. Parquoy il est tres certain que pour doute de luy le roi Yon nous a trahis, dont il n'est trop à blasmer, veu que contre Charlemagne nulle chose n'a pouuoir. Si le roy Yon nous a trahis, ce fut par vn mauuais conseil que luy donnerent ses Barons, oncques Dieu ne fit preud'homme que par mauuais conseil ne se mesprenne aucune-fois. Et comment le pourray-ie laisser quand ie ne l'ay point deffié, il me semble que ie luy dois estre bon, contre sa grand felonnie. Pource vous prie tous que vous vueillez appareiller, car ie le veux aller secourir. Ce seroit grand reproche à mes enfans que leur oncle eut esté pendu comme vn larron, & si nous seroit des-honneur. S'il a mal fait nous deuons faire bien, & ne deuons oublier toutes les bontez qu'il nous a faites. Ma foy dist Alard, vous irez donc sans moy. Iamais traistre ne doit auoir secours. Ny moi dit Guichard, Richard dit si ferez s'il vous plaist, puisque Regnaut le nous commande, car il est nostre Seigneur, & pource vous prie que obeyssions à luy. Regnaut conclud qu'il iroit au secours du Roy Yon, malgré Alard & Guichard. Tous les Gascons commencerent à crier. Beniste soit l'heure que Regnaut fut né, car nul ne le vaut de bonté ny de proüesse. Et luy dirent : Sire nous vous rendrons le pays de Gascongne, & vous en ferons seigneur, & d'autre que vous ne connoistrons pour Roy tant que viurez. Sire ne souffrez que le roi Yon soit pendu, car ce seroit vn grand des-honneur pour la Gascongne que l'on eust pendu leur roi. Par bieu dit Regnaut vous dites vray. Lors print la trompette, & en sonna trois fois si fort qu'il en fit retentir tout le chasteau de Montauban, & incontinent chacun s'en alla armer, & vindrent deuant luy, Regnaut monta sur bayard l'escu au col, & la lance en la main, & furent bien au nombre de six mil à cheual, & bien mille homme de pied, & quand ils furent hors de Montauban, il dist Seigneurs, souuenez-vous que nostre seigneur est en grand danger de mort, & que si ne nous maintenons fort, il est mort sans remede. Parquoy ie vous prie que fassiez si bien que l'honneur nous en demeure. Il se tourna deuers ses freres, & leur dist. Freres, vous sçauez que Roland me hait mortellement par enuie, parquoy vous prie que pensiez à moy : car vous verrez tost qui sera bon cheualier. Alard luy dist, frere ne vous esbahissez, car tant que aurons vie iamais ne vous faudrons. Ils virent les gens de Roland Alard s'arresta, & attendit iusques à ce que Regnaut fust venu, qui fut bien ioyeux d'auoir trouué ses ennemis. Et quand Roland apperçeut les gens de Regnaut, il dist à ses compagnons, Seigneurs ie vois là plusieurs gens armez, seroit-ce point Regnaut & ses freres. Sire dist l'Archeuesque Turpin, ce sont eux, ils se font bien cognoistre, nous ne pouuons eschapper sans auoir meslée auec eux. Quand Oger vit Regnaut il fut ioyeux, remer-

ciant Dieu que Roland l'auoit trouué, puis dit à Roland, maintenant vous auez ce que desirez, on verra comment vous le prendrez, & si pourrez les emmener prisonniers à Charlemagne & Bayard sera vostre que tant auez desiré, aussi la guerre sera faillie. Oger dit Roland, ce sont reproches que vous me dites mais vous verrez lequel aura du meilleur de nous deux. Roland ordonna ses batailles ainsi qu'il estoit bien appris, puis mit ses gens en ordonnauce, Regnaut apperceut cela, & dit à ses freres, Seigneurs voicy les François, voyez Roland, Oliuier, & le Duc Nayms & Oger, demeurez icy pour arriere garde, si nous auons mestier d'ayde, vous nous secourerez. Sire dit Maugis despeschez vous d'assaillir nos ennemis, or pensons dit Regnaut, de bien faire, ie m'en vais des premiers pour abbatre l'orgueil de Roland, & qu'il se vouloit esprouuer contre Roland ils furent fort courroucez & dirent. Helas frere, voulez vous que nous mourions tous à ceste fois, mieux ne vous sçauriez occire que de vous esprouuer contre Roland, car il ne peut estre nauré de fer.
Nous vous prions que le laissiez, & combattiez les autres. Mes freres, ie sçay bien que Roland est preux & hardy, & qu'il n'y a en ce monde vn pareil cheualier, mais i'ay le droit, & il a le tort, qu'il luy pourra bien porter dommage, pourquoy pour rien ne laisserois que ie n'aille batailler contre luy, s'il veut paix auec nous il l'aura: aussi s'il veut bataille il l'aura, car i'ayme mieux mourir à honneur que languir miserablement. Parquoy ie vous prie que de cela plus ne parliez, pensez de bien assaillir nos ennemis nous auons affaire à plusieurs nobles & vaillans cheualiers. Cousin dist Maugis pensez tant seulement de bien assaillir, & s'il plaist à Dieu vous serez bien secouru. Regnaut se mit deuant l'escu au col, & la lance en sa main, & monta dessus bayard, Roland voyant venir Regnaut, & ses gens si bien ordonnez, il les monstra à Oliuier, & luy dit, compagnon que vous semble de ses gens. Hé Dieu dit Oliuier ils viennent bien ordonnez. Plus sçay Regnaut de guerroyer que cheualier qui soit au monde, il me semble qu'il a trois fois plus de gens que nous, dont il nous pourroit bien gaigner si nous n'y prenõs garde, car luy & ses freres sont bons cheualiers. Oliuier dit Roland, vous dites vray, mais sçachez que les Gascons sont gens couars. Il est vray dist l'Archeuesque Turpin, mais ils ont la meilleure guide du monde, & sçachez que le vaillant homme fait arrester ses gens prés de luy. Quand il ouyt ces paroles à peu qu'il n'enrageast, pource qu'on prisoit Regnaut & ses gens. Adonc picqua son cheual & vint contre Regnaut, quand Regnaut vit venir Roland tout seul, il dit à Alard: Frere gardez que ne bougiez d'icy ne nul de nos gens, iusques à ce que ie retourne de là ou est Roland car ie le vois tout seul. Lors s'en vint à Roland si rudement qu'il le sembloit voir voler. Quand il fut prés de Roland il descendit à pied, & mit la lance à terre, il lia bayard de peur qu'il ne bougeast, & desseignit son espée, & s'en vint au deuant de Roland, il se mit à genoux deuant luy, & luy baisa les pieds en plorant, & luy dit, Roland ie vous crie mercy, par icelle pitié que nostre Seigneur eut de sa glorieuse Mere en l'arbre de la Croix, quand il la recommanda à sainct Iean, vous priant que vous ayez mercy de moy. Vous sçauez bien que ie suis vostre parent, & combien que soyons pauures, moy & mes freres seront vos hommes, & vous donneray bayard mon bon cheual, & vous remettray le chasteau de Montauban moyennant que fassiez ma paix enuers Charlemagne vostre oncle. Et s'il vous plaist

plaist ce faire, ie feray accord auec mes freres, & sortiray de Frãce pour tout mon viuant & promets que ie m'en iray outre la mer moi, Maugis & mes freres faire guerre aux Sarrazins. Grand pitié eut Roland de Renaud, & commença à plourer, & puis luy dist. Regnaut ie n'en oserois parler si vous ne luy rendez Maugis. Regnaut dist, iamais ie ne le feray pour mourir, car Maugis n'est homme pour bailler pour auoir paix. Alors se dressa & print son espée & son escu, il s'en vint à bayard & monta dessus, & print sa lance. Quand il fut appareillé il retourna vers Roland, & luy dist. Roland ie ne vous criay iamais merci pour peur que i'eusse de vous, mais pour vous faire honneur pource qu'estes de ma parenté, mais ie vous voy si fier & orgueilleux que ne voulez faire rien pour ma priere. Or ie vous fais vn bon party, afin que ne puissiez dire aux barons de France que ie vous ay crié mercy de peur. Si voulez nous combattrons nous deux, si ie suis vaincu vous me menerez à Charlemaigne, & si ie vous puis conquerre vous viendrez auec moy à Montauban. Ferez-vous ce qu'auez dit, dist Roland. Ouy: dist Regnaut, & lui iura de tenir loyaument ce qui a esté dit. Lors Regnaut dist à Roland, ie veux aller prẽdre congé d'Oliuier mon compagnon car ie lui ay dit que toutes les batailles que i'entreprendray ie luy ferai à sçauoir. Allez, dist Regnaut & ne demeurez gueres, lors Roland vint vers ses compagnons. Adonc Hector, Oliuier & Oger le dannois luy dirẽt: sire Roland que dit Regnaut, auez-vous parlé à lui, ouy dist-il que vous en semble. Certes dist Roland, regnaut est vn sage cheualier & bien appris, car il m'a requis de combattre corps à corps, & que nos gens se tiendroient coy d'vn costé & d'autre. Roland, dist Oliuier, vous en ferez à vostre bon plaisir mais ie vous conseille que y alliez. Quand l'Archeuesque Turpin hector & les autres barons ouyrent ce, ils cõmencerent à dire. Roland, que voulez-vous faire? regnaut est de vostre parenté & de la nostre. Sire, laissez le plaids de regnaut, faites assembler vos gens aux gẽs de Roland; car il vaut mieux que nos gens soient morts ou prins que l'vn de vous deux fust mort. Voulez vous qu'il soit ainsi dit Roland: ouy sire, s'il vous plaist.

Lors dist à ses gens: Seigneurs, pensez de vous bien deffendre, ils se mirent en arroi puis Roland cria mont ioye & saint Denys. Quand Regnaut vit que les deux osts faisoient assemblée de part & d'autre, il se mist en la plus grande presse des Frãçois, & frappa vn cheualier si rudement parmy la poictrine qu'il l'abbatit à terre, puis mist la main à l'espée & commença à crier Montauban. Il fit si grand abbatement de François que nul ne s'osoit trouuer deuant lui. A bref parler, il fit tant qu'il rompit la premiere bataille de François. Quand Richard vit que les François estoient rompus, il commença à crier Dordonne, & se mist en la presse, & fit si grand abbatement de gens que c'estoit merueilles: regnaut ne batailloit point pour les regarder. Et richard commença à crier à son frere & lui dist. Regnaut, ou sont vos grãds coups que souliez faire. Helas frappez par dedans; car ils sont desconfits, faites que les François ne se puissent mocquer de vous quand regnaut ouyt richard ainsi parler, il commença de mieux ferir que deuant. Quand les François virent que la desconfiture tournoit sur eux, ils dirent. Ha roland que faites vous, que ne venez secourir vos gens: roland fut mout courroucé, il cria mont ioye saint Denys, & se mist dedans la meslée & alloit criant, regnaut ou estes-vous allé; voyez me voicy tout prest pour faire la bataille que vous me demandastes. Quand Regnaut s'ouyt ainsi nommer, il mist son espee en son fourreau,& print vne grosse lance courte, & vint contre roland, & lui dist. Ou estes-vous roland, auez vous peur de moy, que tant auez demeuré, ie vous deffie: or gardez vous de moi,& vous de moi, dist roland. Lors picquerent leurs cheuaux, & vont iouster l'vn contre l'autre. Quand Salomon de bretagne,& Hector virent que les ioustes se faisoient, ils se mirent à pleurer tendrement, & dirēt au duc Naimes, à l'Archeuesque Turpin,& à Oliuier comment souffrez-vous seigneurs que deuant vous soit occis,& mis à mort vn des meilleurs cheualiers du monde. Certes dit le Duc Naymes ce sera grand douleur à voir. Lors dirent à Oliuier, allez dire à Roland de par nous qu'il ne combatte point contre Regnaut à l'espée: mais qu'il prenne vne lance, & la brise sur Regnaut pour acquerir sa foy, car s'il occit Regnaut iamais ne l'aimerons. Seigneurs dit Oger, laissez les faire, vous ne connoissez pas regnaut si bien comme ie fais. Il n'est pas enfant pour si legerement s'espouuāter, car Roland sera tout las auant qu'il soit retourné, & aura si grande volonté de laisser la bataille cōme regnaut. Oger dist hector, vous parlez par enuie. Certes si vous estiez pour combattre à roland, vous diriez autrement que vous ne dites. Lors dist à Oliuier, tres-doux sire faites cesser cette bataille si vous pouuez. Seigneur, dit-il, tres volontiers. Adonc vint à Rolād, & luy dit tout ce que les barons luy mandoient: Compagnon dist roland, Dieu les cōfonde, car ils ostent auiourd'huy le desir de mon oncle Charlemagne, alors il se tourna deuers regnaut, & luy dist. Sire, vous auez essayé de mon espée, mais non pas de ma lance courte & grosse. Roland dist regnaut, si vous laissez vostre espée, ie ne vous en sçay ne gré ne grace. Toutes-fois ie ne vous doute mais acheuons nostre bataille, roland ne le vouloit mie, mais fit comme homme courtois, & fit ce que les barons mandoient; car il print vne lance & courut sur regnaut tant qu'il peut, & quand regnaut vit ce, il courut à roland, & se frapperent si durement qu'ils firent voler leurs lances en pieces, & se rencontrerent de leurs escus si tres-fort que leurs cheuaux s'en allerent chancelant, mais du coup roland fut abbatu, lui & son cheual par terre, & regnaut passa outre, criant Montauban.

Comme Roland fut abbatu du coup de lance que Regnaut lui auoit donné, & de la meslée qui fut entr'eux deux.

Chapitre 17.

QVand roland se vit ainsi abbatu il en fut mal content, incontinent se dressa, & mist la main à l'espée, & vint à son cheual mellentis pour luy couper la teste, & dist, mauuais roussin tondu, il s'en faut peu que ie ne t'occie, quand tu t'es laissé tomber par le coup d'vn seul garçon, iamais ie n'auray en toy fiance. Regnaut dist à roland, vous auez tort; car il y a longtemps que vostre cheual n'a mangé, pource ne peut trauailler, mais bayard a bien mangé cette nuit, & pource est plus fort que le vostre, lors descendit à terre, pource que roland estoit à pied.

Quand Bayard vit son maistre à terre, il courut sur le cheual de roland, & le frappa des pieds de derriere si rudement, que peu s'en faillit qu'il ne luy rompist la cuisse:

Quand roland vit ce, il en fut mout courroucé & courut sur Bayard pour luy trencher la teste. Adonc regnaut luy dist qu'est-ce que vous voulez faire, il n'appartient pas à vous de frapper vne beste, mais si vous voulez faire armes, venez à moy & non pas à mon cheual; car ie vous en doneray assez. Tournez-moi vostre escu & verrez comme flamberge taille.

Regnaut, dist roland, ne menassez tant; car en bref vous verrez chose qui ne vous plaira. Quand regnaut entendit ces paroles, il trembla tout de mal talent, il courut sur roland & lui donna sur son heaume vn si grand coup qu'il le desrompit tout, le coup descendit sur son escu sans offenser la chair.

Quand regnaut eut ce coup fait, il dist par mocquerie à roland, que vous semble de mon espée, trenche-elle bien, ie n'ay point failli à ce coup: or gardez-vous de moi croyez que ie ne suis pas garçon comme vous me faites. Roland ayant senti le coup fut fort espouuanté, se retira arriere, de peur que regnaut ne lui en donnast vn autre, si mist la main à Durãdal sa bonne espée, & courut sur regnaut qu'il frappa son escu de sorte qu'il le fendit en deux pieces: lors roland dist à regnaut, vassal, or vous ay-ie rendu ce que m'auiez presté nous sommes esgaux on verra qui commencera. Par ma foi dist regnaut, maudit sois-ie, si maintenant ie me feint; car auparauant ie ne me faisois que iouër, & iamais vostre ordonnance ne vaudra que ie ne mette vostre orgueil par terre. Ainsi qu'ils vouloient recõmencer la bataille. Maugis arriua auec ses gens, & dist à regnaut, cousin, montez sur bayard; car ce seroit dommage, si vous ou roland mouriez. Adonc vint oger & oliuier qui le firent monter à cheual, mais oger n'eut pas esté si ioyeux qui lui eust donné vne cité de ce que regnaut l'auoit abbatu, puis recommencerent la bataille. Roland voyant la meslée, il estoit fasché de ce qu'il auoit esté abbatu, il se print à crier où estes vous? Regnaut, parachevons nostre bataille, car on ne peut encore iuger lequel est meilleur de nous deux. Vraymẽt dist regnaut vous auez courage de cheualier, si nous bataillõs icy, nos gẽs ne le souffriront pas, mais faisons ce que ie diray, vous estes bien monté & moi aussi, passons la riuiere & cõbattons aux bois de la serpente, & là pourrons cõbattre sans estre departis: roland dist ie le veux, allons, ils picquerent leurs cheuaux pour aller au bois, mais oliuier s'en apperçeut & arresta rolãd voulust ou non: regnaut s'en alloit pour passer la riuiere, & en s'en allant vit le roy Yon qui emmenoit bien quatre vingt cheualiers. Quand Regnaut le vit il fut ioyeux & dist. Hé sire Dieu loüé soyez-vous alors il mist la main à l'espée, & picqua bayard, puis cria tant qu'il peut. Laissez le roy Yon mauuaises gens, car vous n'estes pas digne de mettre la main sur luy. Lors il se mit deuãt eux, & en frappa vn si rudemẽt qu'il l'abbatit tout mort à terre les auvns se mirent tous en fuitte l'vn à l'autre, d'où diable est venu ce cruel homme, fuyons, maudit soit-il qui l'attendra, car qui sera tué à son escient n'aura iamais pardon, alors il commença à fuir par le plus espaix de la forest, & laisserent le Roy Yon qu'ils emmenoiet prisonnier. Adonc Regnaut s'approcha de luy, le deslia, & desbanda les yeux, puis luy dit. Ha mauuais roy, comment eustes vous le cœur de nous trahir si malheusement comme vous auez fait moy, & mes freres: vous fismes nous chose qui vous despleust? il n'a pas tint en vous que ne soient pendus, mais faux & desloyal traistre ie vous trencheray la teste maintenant, si en vengeray mes freres & moy. Quand le roy Yon vit Regnaut qui l'auoit deliuré il s'agenouilla deuant luy disant, noble cheualier, c'est bien raison qu'on m'occie, car i'ay commis vne si cruelle trahison qu'oncques ne fut veu la pareille, mais ie vous prie pour Dieu, puis qu'il faut que ie meure que vous mesme me trēchiez la teste, & ne faite faire par aucun autre que par vous, faites tirer ma langue hors de ma bouche. de laquelle i'ai dite la trahison, & la faites manger aux chiens, car ie l'ai bien deseruy, tout cecy m'a fait faire le comte d'Aniou, & le comte Antoine, or me despeschay vistemēt car vn traistre comme ie suis ne doit pas viure, i'aime mieux que m'occiez que Charlemagne Regnaut luy dit, sus tost montez à cheual, bien-tost aurez vostre deserte. Maintenant laissons à parler du roy Yon, & de Regnaut, & retournons à ses freres qui se combatoient contre Roland & aux gens de Charlemagne.

Comme Roland, & ses gens furent desconfis en vne rencontre, & Richard fut fait prisonnier par Roland.

Chapitre 18.

APres que rolād fut parti pour aller combattre contre regnaut au bois de la serpente, Roland, oger & oliuier se combatirent à Alard, guichard, richard Maugis, & leurs gens dont la bataille fut si aspre d'vne part, & d'autre qu'il y eut grand dommage, mais la desconfiture tourna sur roland, & ses gens car les freres de regnaut, & Maugis leur firent si grand effort d'armes qu'ils en eurent le prix. Ainsi comme Roland s'en retourna, Oger luy dit, Seigneur, qui vous a ainsi attourné vostre escu vostre cheual est nauré en la cuisse dextre, aussi vous vois-ie blessé, car il appert bien à vostre costé, ie croy qu'auez trouué regnaut le fils d'aimon l'emmenez vous auec vous prisonnier. Adonc Roland entendant le reproche qu'Oger lui faisoit, il en fut si courroucé qu'il en cuida sortir hors de sens, & mit la main à l'es-

pée & courut sur lui pour le frapper, mais Oliuier print Roland, Ydelon print
Oger, ainsi se departirent.

Adonc le petit Richard vint, qui commença à crier Roland, tournez vostre escu
deuers moi si ferons vne iouste. Vassal dist roland ie le feray. Ils picquerent leurs
cheuaux & si durement se rencontrerent que richard tomba à terre. Quand il se
vit à terre, prestement se releua, puis monta à cheual, & mist la main à l'espée, & se
deffendit. Quand roland connut que c'estoit vn des quatre fils Aimon, il fut ioyeux,
& commença à crier, or à lui mes amis, s'il nous eschappe ie le dirai à Charlemagne.
Adonc les François se ietterent tous sur richard, tant que son cheual fut occis sous
lui & tomba à terre. Richard se releua prestement, & mist la main à l'espée, & frappa le comte Antoine & le navra grandemét, puis en frappa vn autre, & le ietta mort
par terre, il lui dist: or vous rendez & ne souffrez que nous vous tuons, sire dist Richard, ie me rendray à vous & non à autre; car à meilleur cheualier ne me sçaurois
rendre, alors lui donna son espée, puis le firent monter sur vn mulet, & ainsi l'emmenerent. Tout cela vit vn valet bien fasché de voir mener son maistre il le courut
dire à regnaut qui en fut dolent, puis dist au valet, mon ami, sont-ils bien loin ceux
qui l'emmenent. Sire, dist le valet, ouy, vous ne les pourriez pas atteindre. Regnaut
fut plus dolent que parauant. Il vit venir Alard & guichard & leur gens, qui pensoiét
que richard fust arriué. Alard voyant regnaut mener si grand dueil, lui demanda
qu'il auoit; car il n'appartient pas à tel cheualier que vous estes, d'ainsi se tourméter
Aulard dist regnaut, ie vous auois laissé nostre frere richard & vous l'auez laissé pren
dre prisonnier; car roland l'emmene & sont ia loin. Quand alard & guichard l'entendirent ils furent fort dolents. Helas, dist regnaut, que c'est grand dommage de
vous, si eussiez vescu vostre aage vous eussiez passé vos freres. Frere dist Alard, tout
cela auez fait; car vous nous fistes icy venir malgré nous, pour secourir le roi Yon.
Maintenát nous auons perdu richard, dont la perte ne sera iamais recouuerte. Adóc
il dist à guichard, frere tirez vostre espée, si trácherons la teste à ce traistre roy Yon,
parquoi nous auons perdu nostre frere. Ie vous prie dit regnaut, de ne le toucher, il
s'est rendu à moi, mais menez-le à Montauban, & le faites bien garder, & ie demeu-
rerai icy tout seul, car ie veux aller au pauillon de Charlemagne ou recouureray mó
frere richard, ou ie pendrai vn autre prisonnier ou mourrai auec lui. Lors il voulut
s'en aller, mais alard print le cheual par le frein, & guichard l'embrassa par derriere pour le destourner d'y aller. Par saint Pierre vous n'y mettrez ia les pieds, il
vaut bien mieux que richard meure que vous. Ainsi comme les trois freres se de s-
confortoient, Maugis arriua lequel voyant ses cousins ainsi desconfortez, leur demanda qu'ils auoient pour mener si grand düeil: cousin dist alard, ie vous ay dit la
raison, sçachez que les françois emmenét prisonnier nostre frere richard, & regnaut
veut aller au pauillon de Charlemagne vous sçauez s'il y va, que nous l'auons perdu à tousiours, mais maugis dist à regnaut, ce ne seroit pas grand sens à vous d'y aller, mais allez à Montauban, & i'iray, si richard n'est mort ie l'amenerai, & fust-il
enclos dedans dix prisons, malgré Charlemagne. Cousin, dist regnaut, ie deuindray
vostre homme si vous le faites: cousin dist maugis, ie le feray, mais laissez düeil, car
ie le vous rendray s'il plaist à Dieu; Les trois freres se mirent en la voye pour aller
à Montauban; quand la femme de regnaut sçeut que son mary venoit, elle fut

bien ioyeuse, & mena ses deux enfans auec elle. Aimon Yon commencerent à crier à leur oncle; vassal si vous n'estiez prisonnier vous mourriez, & s'en vindrent vers luy, & dirent: mauuais roy déloyal, pourquoy auez-vous trahy mon seigneur nostre pere & ses freres nos oncles qui vous auoient si bien serui; certes vous estes digne de mort vilaine. Quand Alard ouyt ces nepueux il pleura tendrement, & baisoit Aymonnet qui portoit le nom de leur pere; & dist comment nous sommes abbaissez & destruicts. Quand la Dame ouyt ainsi plaindre Alard & pleurer, elle pensoit bien que ce n'estoit pas sans cause, & dist à Alard, beau frere pour Dieu dites-moi l'occasion de vostre courroux. Dame, dist Alard, tres-volontiers: or sçachez que nous auons perdu nostre frere richard; car roland le mein prisonnier à Charlemagne, si nostre Seigneur n'y pense, iamais nous n'aurons honneur.

Quand Maugis fut retourné à Montauban, il se desarma & se dépoüilla tout nud; & si print d'vne herbe & la mangea & deuint ensté comme vn crapaut, puis print d'vne autre herbe, & s'en frotta, & deuint noir comme vn charbon, & tourna les yeux, en telle maniere qu'il sembloit qu'il deust mourir, & s'habilla en telle maniere que iamais hôme qui deuant l'eust veu ne l'eust connu. Et quand il fut ainsi contrefait, il prit vn grand chapperon & le vestit, puis print de grands souliers, & vn baston en main, & sortit de Montauban, & alla si habilement, que nul cheual ne l'eust atteint, & s'en vint deuant le pauillon du roi Charlemagne auant que Roland y fust arriué, & là se tint coy, & regarda le roy en son pauillon, & quand il y alloit il clochoit d'vn pied, & s'appuya sur son bourdon, & quand il vit le Roy qui sortoit de son pauillõ, il s'approcha, & lui dist Celui roi de gloire qui souffrit mort en Croix, veuille deliurer Charlemagne de mort & de mauuaise trahison: Charlemagne dist, Vassal, Dieu vous confonde; car iamais n'auray nulle fiance en nul, à cause du larron Maugis; car il m'a maintefois deçeu, & quand il veut il se fait cheualier ou griffon ou hermite, par telle maniere qu'on ne se peut garder de lui: mais s'il plaist à Dieu ie m'en vengerai, Maugis l'oyant ne respondit mot & se tint longtemps tout coy, puis dist au roy: Sire, si Maugis est vn larron tous les autres pauures gens ne sont pas côme lui, i'ay plus grand besoin de santé que n'ay de trahison il appert bien à mon corps que ne peux faire aucun mal. Sire, ie viens de Ierusalem d'adorer le S. Sepulcre, mais ie passay hier Balançõ, & vint à Girõde, ie passay par dessus Montauban, là où ie trouuay des brigans qui tuerent dix hômes que ie menois, & m'osterent ce que i'auois, dont i'ay eu bien de la peine à me sauuer, apres qu'ils m'eurent laissé, ie demãday aux gens du pays quels gens estoient qui auoiẽt ainsi occis mes gens, ils me dirent que c'estoit les quatre fils Aimon, & vn grand larron nõmé Maugis, ie leur demãdai pourquoi ils faisoient si malheureux mestier, veu qu'ils estoient gentilshômes, & ils me respondirent qu'ils ne pouuoient autrement faire; car ils auoient si grande pauureté dedans Montauban qu'ils ne sçauoiẽt que faire, iamais ie ne vis vn si cruel hôme que Maugis; car il me lia les mains derriere le dos, & me battit tant que pẽsay mourir, & m'a mis en l'estat que me voyez. Sire, vous estes le meilleur roi du monde, & estes seigneur de ce pays, ie vous prie de me faire raison de telles gens: lors Charlemagne lui dist, pelerin, est-il vrai ce que tu dis? ouy sire: comment as-nom? dist Charlemagne: sire dist le pelerin, i'ay nom Guidon, & suis né de bretagne. Ie suis bien riche en mon pays, ie vous requiers iustice. Pelerin, dist Charlemagne, ie n'en peux auoir raison pour mon fait mesme: car si ie les tenois bien-tost ie les ferois mourir. Sire dit Maugis puis que ne m'en pouuez faire droit, Dieu le fasse. Sire dirent les Barons, ce pelerin semble estre preud'homme, donnez lui vostre aumosne s'il vous plaist. Lors le roy cõmanda qu'on lui donnast trente liures de monnoye, & Maugis les print, & les mist en son chapperon, & dist entre ses dents, donné m'auez du vostre, mais cherement vous le rendrai auant que partir d'icy. Quand il eut l'argent il demanda à manger; car depuis le iour de deuant il n'auoit mangé comme il disoit, il lui fit apporter des viandes à foison. Le roi lui dist: or mange beau pelerin tu as assez de viandes, Maugis ne respondit rien, mais regarda le roi, dont le roy luy demanda pourquoi il le regardoit. Sire, dist Maugis, i'ay beaucoup cheminé, mais encore n'ay-ie point veu vn si beau Prince comme vous.

Ainsi que le roi parloit à Maugis, roland & ses gens arriuerent, qui amenoient richard prisonnier, oger, hector & naymes voyant roland aller au pauillon de Charlemagne auec richard, lui dirent. Sire roland, comment hayssez-vous tant richard de le vouloir rendre au roi. Seigneurs, dist roland, que voulez-vous que i'en fasse. Sire, que vous le deliuriez, & vous direz que c'est vn autre prisonnier. Seigneurs, si ie peux ie le feray. Lors vn valet estoit là qui escoutoit, il s'en alla incontinent au pauillon du roi, & lui dist. Sire, sçachez que nous auons combatu au gué de balançõ là où s'est combatu regnaut contre vostre nepueu roland, bien peu la prisé regnaut car plus y perdit roland qu'il n'y gaigna. Lors le roy lui demanda comme roland auoit fait. Sire, il s'est combatu contre les quatre fils Aimon, qui bien se sont deffendus, mais il ameine richard prisonnier l'vn des quatre freres, le plus hardi & preux de tous apres regnaut. Charlemagne tressaillit de ioye quand il ouyt ces nouuelles, si sortit de son pauillon, & vit venir richard que rolãd amenoit. Mon nepueu dist le roy, il appert bien que vous y auez esté; car si n'y eussiez esté, richard n'eust pas esté pris comme il est: bien nous mentoit Oger, si ne fust esté lui les quatre fils Aimon ne fussent pas eschappez. Lors dist à richard, fils de putain, par la foy que ie dois à Dieu, vous serez pendu. Sire, dist richard, ie suis en vostre prison, mais si ne seray-ie pendu tant que regnaut mon frere pourra monter dessus bayard, si vous me faites outrage: chasteau ne ville ne vous pourront guarantir qu'il ne vous fasse mourir de malle mort. Le roi print vn baston & frappa richard sur la teste si rudement qu'il en fit sortir le sang. Richard print le roy par le foix du corps & luiterent longtemps, tellement qu'ils tomberent tous deux à terre. Richard voulut courir sur luy, mais oger & salomõ l'engarderent, puis dirent au roi. Sire, vous ne deuez frapper vn prisonnier. Quand Maugis vit qu'il auoit frappé richard son cousin, il le pensa frapper de son bourdon, mais il eut respect à cause de richard: Charlemagne fut fort fasché de ce que richard parloit si hardiment. Adonc il lui dist, Dieu me cõfonde, si en bref vous n'estes pendu. Sire, dist richard, parlez courtoisement, car auant vous verray escorcher tout vif: Richard regarda derriere & vit Maugis qui se tenoit tout coy, appuyé sur son baston, dont il fut fort ioyeux; car puis que Maugis estoit là, il pensa qu'il n'auoit garde de mourir, & puis dist au roi. Sire, ou seray-ie pendu, dites le moi: ce sera à Montfaucon, & là vous verrons tous vos freres, & le larron Maugis. Sire, il n'est pas raison que tel homme comme moi soit pendu: maugis ayant ouy tout ce qu'il vouloit, ne fit longue demeure, mais sortit hors du pauillon sans dire mot, & s'en retourna à Montauban, où regnaut & ses freres l'attendoient. Alors regnaut fut fort fasché voyant Maugis sans richard. Ses freres luy dirent : il n'appartient pas à vous de mener tel düeil. Regnaut leur dist taisez vous; car par vostre deffaut a esté perdu le meilleur cheualier du monde, si vous l'eussiez suiui il n'eust pas esté pris, mais n'y osastes aller & n'auez voulu que ie l'allassent secourir : or l'auons-nous perdu & iamais ne le verrons; car ie voy venir Maugis nostre cousin tout seul. Cependant vint Maugis & vit le grand düeil que menoient ses cousins, & leur dist, qu'auez vous cousins, que menez si pire chere. Helas Maugis, dist regnaut, qu'auez-vous fait de nostre frere richard? Cousin, dist Maugis. Richard est encore prisonnier, & Charlemagne dit qu'il le fera pendre à Mont-faucon, & ie me doute fort qu'il ne le vueille guere garder, voicy trente liures de monnoye qu'il m'a donné en son pauillon, & si il m'a fait donner à boire & à manger aupres de luy. Renaut reconforté de ces douces paroles dist. Puis qu'ainsi est que richard est en vie, si ie n'auois que moy & mes freres & Maugis : si le garderay-ie de mort malgré le pouuoir de Charlemagne.

Lors Maugis sans faire longue demeure, osta sa chappe, & print vne herbe & l'a mangea, & incontinent fut desenflé, puis s'arma & se presenta à Regnaut, & incontinent tous ses freres & ses gens se mirent en armes, & cheuaucherent deuers Mont-faucon. Et quand ils furent à vn traict d'arc prés : Regnaut dist à ses gens, seigneurs, si oncques vous m'aymastes pensez que mon frere richard soit recous de cette mort vilaine, ie le ramenerai ou moy & mes freres & maugis mourront auec lui. Frere dist Alard, descendons icy, & nous embuscherons ; car si nous estions apperçus les François le pourroient tuer auant que nous fussions a eux. Lors descendirent & se mirent dans vn bois de sapin, ils estoient tous las du trauail qu'ils auoient pris tout le iour, parquoy aussi-tost qu'ils y furent ils s'endormirent si fort, qu'ils oublierent richard. Or Dieu lui aide par sa misericorde, autremẽt il est mort. Charlemagne appelle le Duc Naimes & richard de Normandie ; & leur dist. Seigneurs, ie vous prie de me donner vostre aduis que ie dois faire de Richard le fils d'Aimon. Ie crains que Regnaut ne le vienne secourir que ie l'enuoyeray pendre, & pour ce me conuient auoir vn homme de ma part qui n'aye doute ne de regnaut & ses freres ne de Maugis. Lors le roi auisa Beranger de Valois, si l'appella & luy dist : Venez auant mon amy, vous estes de mes gens ; car vous tenez de moy Escosse & Galles : & pource vous me deuez venir secourir en France à tout vostre pouuoir vn chacun à mon besoin. Ie vous affranchiray, & si regnaut vient pour le secourir, ie vous prie de maintenir la querelle. Berenger dist. Ie voy bien que peu m'aimez, quand me commandez ce faire. Ce seroit grand honte à moy si ie le faisois ; car chose qui est à mon des-honneur ne veut faire nullement, vous ne me le deuriez pas conseiller ne souffrir, aussi vous aime mieux seruir ainsi que suis tenu de faire. Et quand il vit que Berenger n'en vouloit rien faire, il appella le comte Ydelon, & lui dist, vous estes mon hõme, & tenez de moi Bauiere, & deuez me seruir auec deux mil hommes, si vous voulez pendre richard, ie vous donnerai la cité de Mascon. Et Ydelon dist qu'il n'en feroit rien, & vous dist que richard n'aura nul mal, si ie puis. Lors dist le roi, allez hors de deuant moi. Puis dist à Richard, si serez vous tost pen-

du

dus & estranglez ; apres il appella Oger, & luy dist vous estes mon homme, il m'a esté dit que vous m'auez fait trahison aux plaines de Vaucouleurs pour Regnaut, or ie verray maintenant s'il est vray ou non. Si vous me voulez pendre Richard, ie vous donneray la cité de Laon, & ie vous acquitteray de tous les seruices que me deuez vous & vos heritiers, par ma foy ie n'en feray rien, Richard est mon cousin, & le premier qui le pendra, ie le deffie, allez, dist le roy, que de Dieu soyez maudit, puis il appella l'Archeuesque Turpin, & dist ie vous ferai Pape si voulez pendre Richard. Sire dist l'Archeuesque, qu'est-ce que vous dites, ie suis Prestre & si voulez que ie pende les gens, si ie le faisois i'en perdrois ma messe, & puis c'est mon cousin, iamais ne le feray. Lors appella Salomon auquel il dist, vous estes mon homme, & tenez la Bretagne de moi, ie vous donnerai la duché d'Anjou, si voulez pendre Richard. Sire dist Salomon, commandez-moi autre chose, car cela ne ferai pas, & si vous dis qu'il n'aura nul mal si ie puis. Salomon, dist le Roy vous estes traistre, puisque ne voulez faire mon commandement. Puis se tourna deuers Roland, disant, beau nepueu, pendez-le ie vous prie, & ie vous donneray Colongne sur le Rhin. Sire dist Roland, si ie le faisois ie serois traistre, mais ie l'asseure qu'il n'aura nul mal, si vous le faites mourir, iamais homme n'aura fiance en moy, parquoi ie prie les douze pairs de France qu'ils hayssent celuy qui entreprendra de le pendre, car s'il estoit pendu i'en serois diffamé. Nepueu, dist Charlemagne, de Dieu soyez maudit. Il appella Hector, & lui dist : ie vous ay nourri bien cherement, vous sçauez que vous tenez Langre de moi, ie vous donnerai la Comté de Clermont & Montferrant & qu'alliez pendre Richard. Sire, dist Hector, mon pere tenoit tout le pays dequoy me parlez, ie n'en eus iamais rien, mais suis compagnon de Roland en armes, quand ie tiendrai la terre que mon pere tenoit, ie feray vostre commandement.

Par sainct Denys de France, il vous y conuient aller, par mon chef, dist Hector, vous n'y voudriez venir auec moy pour la moitié de vostre Royaume. Quand le roy se vit ainsi reprouué, il print vn baston, & le ietta apres Hector pour le frapper, alors les douze pairs de France voyans cela sortirent tous du pauillon du Roy, dont il en fut courroucé : alors dist au duc Naimes, où sont allez mes douze pairs, sire, ils sont sortis, & non sans cause : car il n'appartient pas à vn Roy comme vous de frapper ses Barons, vrayement vous en serez blasmé. Charlemagne dist à Richard de Normandie : vous estes vn des hommes que i'ayme le plus, il faut que vous fassiez vne chose à ma requeste, c'est qu'alliez pendre Richard le fils Aymon au pied de Mont-faucon. Sire ie le feray volontiers ; car ie suis vostre homme, mais si voulez que i'aille le pendre vous y viendrez auec moy, & menerez mille Cheualiers bien armez, & ie le pendray là où il vous plaira : & si Regnaut y vient auec ses freres, ie mettray mon corps à l'abandon pour vous deffendre, or regardez si le voulez faire ; car autrement ie n'iray pas. Va glouton, dist le Roy, que Dieu te maudie. Lors appella le Duc Naimes, & luy dist. Quel conseil me donnez-vous ? Sire dit-il, bon si vous le voulez. Vous sçauez que Regnaut & ses freres & Maugis, sont des meilleurs cheualiers du monde comme chacun sçait fort bien, fort longuement a duré cette guerre ; il y a bien [illegible] qu'elle est commencée, ce qui a causé la mort de plusieurs bons cheualiers, parquoy s'il vous plaist manderez à Regnaut & à ses freres, qu'ils deuiennent vos hommes, & vous leur rendrez leur frere ; puis faites Regnaut & Alard des douze pairs de France, & alors ils vous seruiront de bon cœur ; & si hardiment que leur en sçaurez bon gré. Naimes dist Charlemagne : ie n'en feray rien ; car ils ont tous mespris grandement enuers moy, & si feray pendre Richard. Sire ; dist Naimes non ferez ; car il est de grand lignage & de nostre parenté, nous ne le pourrions souffrir & si en seriez blasmé : mais puisque voulez qu'il meure ; faites le mettre en vne prison & ne luy faites gueres donner à manger ; & ainsi il mourra de faim. Naimes dist Charlemagne : vous me gabez bien ; sçauez que Maugis est grand enchanteur & qu'il me l'auroit incontinent desrobé. Lors arriua Oger qui dist au Duc Naimes : trop faites long sermon ; laissez luy faire ce qu'il luy plaira : tant plus le prierez, & pis en fera. Oger sortit donc du pauillon auec Hector, Richard de Normãdie, l'Archeuesque Turpin & Ydelon, ils firent armer leurs gens, qui se trouuerent bien douze mille en nombre. Lors Oger cria, sire Roy, on verra qui sera si hardy de mener pendre Richard ; car tel le menera qui iamais ne retournera qu'il n'aye le chef coupé, puis alla au pauillon où estoit Richard lequel auoit les pieds & les mains liées, quand Oger le vit ainsi atourné, il s'en alla celle part pour le deliurer, mais il s'aduisa, disant qu'il attendroit pour voir la fin.

Quand Richard ouyt ainsi parler Oger, il luy dist en presence du duc Naimes, de Richard de Normandie, d'Ydelon, de l'Archeuesque Turpin, Seigneurs ie vois bien que si pouuiez vous me laisseriez aller, assez vous en estes trauaillez, dont ie vous remercie, mais puis qu'il conuient que ie sois mené aux fourches, il vaut mieux que ie meure tout seul que vous ayez mal pour moy, parquoy retournez vers le roy, & luy dites qu'il fasse de moy à sa volonté ; car i'ayme mieux mourir que languir. Oger dist à Richard par grand courroux, que dis-tu fol detestable, veux tu estre pendu, si nous le disions au roy tout l'or du monde ne te racheteroit pas, il ne m'en chaut dist Richard, aduienne ce qui pourra. Lors se tourna deuers Roland, & luy dist, ie vous quitte icy deuant, de la foy que me promistes, quand vous me fistes prisonnier : Oger pensa enrager, & dist à Roland : Sire, ne le croyez pas ; car il parle en homme qui est troublé, mais maintenez luy la foy que luy auez promise, & vous monstrerez vostre loyauté. Oger dist Roland, ie ferai à Richard tout ce que ie luy ay promis. Adonc Richard appella Oger, & luy dist, Cousin tenez-vous en paix ; car i'ay icy veu n'agueres Maugis ie ne pense pas qu'il m'ait oublié ; car par la foy que ie vous dois tel me menera au gibet que perdra sa teste. Cousin dist Oger ? est-il vray, qu'auez veu Maugis, dist Richard. Lors dist Ogier, beny soit Dieu de ces nouuelles : or n'ay-ie pas peur puis que mon cousin le sçait. Lors les douze pairs de France s'en vindrent vers le Roi & lui dirent. Sire, nous sommes tous vos hommes, tout ce que nous auons dit & fait, c'estoit pour voir si nous eussions peu vous faire accorder pour faire paix auec nostre cousin Richard, mais puis qu'il ne vous plaist, plus n'en parlerons faites-en comme il vous plaira.

Comme Charlemagne enuoya pendre Richard, & comme Regnaut le secourut & deliura, puis pendit Ripus. Chapitre [illegible]

ALors dist Charlemagne, vous parlez sagement, mon maltalent ie vous pardonne, puis il appella Rippus & luy dist. Rippus, si voulez tant faire pour moy, que d'aller pendre Richard, ie vous feray grand terrien, & serez mon Chambellan toute vostre vie. Sire ie suis prest de faire vostre commandement; car Regnaut occist mon oncle au gué de Balançon. Vous dites verité, dist Oger, bien seriez coüard si ne vous en vengiez maintenant. Adonc rippus dist, Sire puisque c'est vostre volonté, s'il vous plaist me ferez promettre que quand ie seray reuenu de le pendre, que nul des douze pairs ne m'en rendra mauuais guerdon. Le roi appella tous les barons, & leur fit promettre ce que rippus demandoit, & tous lui promirent. Alors rippus alla en sa tente & se fit armer, puis monta à cheual & vint en la tente du roi, qui lui dist, menez mille Cheualiers auec vous & si Regnaut & Maugis y viennent, pendez-les auec Richard. Sire, ie feray vostre commandement. Lors lui fut deliuré richard monté sur vn petit mulet, puis lui mist le cheuestre au col comme à vn larron, & le passa par le pauillon du roi lequel en fut bien ioyeux, & luy dist mon amy vengez moi de ce meschant. Sire ce dist rippus, pleust à Dieu que ie tinsse aussi bien ses freres, bien tost en seriez vengé. Les François voyans cela en furent fort dolents. Rippus estant arriué à Mont-faucon, dist à Richard, voyez le logis ou vous serez mis par mes mains auiourd'huy sera vengée la mort de Fouques de Morillon mon oncle que Regnaut occit. Richard fut fort fasché, & pensant amuser rippus de parolles lui dist: pour Dieu ayez mercy de moi: car ie ne suis pas homme pour estre pendu, mais dois estre deliuré, si me voulez deliurer ie vous donnerai deux cens marcs d'or, & si vous feray grand seigneur, ie n'en ferai rien dist rippus, ie ne laisserois à vous faire mourir pour les dix meilleures citez de France. Rippus dist richard, puisque ne voulez auoir pitié de mon corps, au moins ayez pitié de mon ame, ie vous prie que fassiez venir vn prestre, à qui ie me confesserai, Rippus dist, il me plaist bien. Le prestre venu, Richard en se confessant disoit dix fois plus de pechez qu'il n'auoit fait, attendant s'il auroit point de secours, quand il vit que secours ne lui venoit, il se cuida desesperer, & dist à son cõfesseur. Sire ie ne sçay plus que dire, donnez-moi l'absolution. Alors le confesseur la lui donna en pleurant. Quand rippus vit que richard estoit confessé il lui mist le cheuestre au col puis le fit monter sur l'eschelle, mais richard lui dist, mon amy, laisse-moy dire vne oraison que i'ay apprise dés mon enfance, non feray dist Rippus, tu n'auras plus de respit. Sire, dirent ses gens si ferez: car s'il peut tant faire que son ame soit sauuée vous en aurez merite, ce que rippus lui accorda & lui laissa dire son oraison en cette maniere.

O glorieux Dieu qui par vostre diuine bonté creastes le Soleil & la Lune, la terre, & les quatre elemens, & formastes l'homme à vostre semblance, puis luy donnastes femme pour son ayde, & les mistes au Paradis terrestre & leurs donnastes tous les fruicts qui estoient dedans excepté du fruict de vie, mais pource qu'ils furent desobeyssants ils en furent dechassez, & mis en ce monde, où ils furent long-temps en peine & trauail. Mon Dieu qui par vostre bonté auez eu pitié de l'humaine nature, & voulant deliurer Noé du deluge luy fistes faire l'arche en laquelle luy commandastes d'entrer auec sa femme & ses enfans, & fistes mettre dedans chacune sorte de beste vne paire, c'est à sçauoir masle & femelle, & puis par vostre clemence deliurastes Ionas du ventre de la baleine, puis ayant pitié de nos premiers parens, & de tous les successeurs lesquels estoient damnez par le peché d'Adam, & pour les deliurer des peines d'enfer pristes chair humaine au ventre de la glorieuse Vierge Marie voulant estre nostre frere, & viure pauurement en ce monde, auquel souffristes froid & chaud, faim & soif comme vn de nous, apres nous monstrant grande amour nous commandastes de pardonner les vns aux autres, comme pardonnastes à la Magdeleine tous les pechez qu'elle auoit commis, quand elle vous laua les pieds du precieux onguent dont le traistre Iudas fut si enuieux qu'il vous vendit aux Iuifs qui vous mirent à mort ignominieuse. Vray Dieu ainsi que pour nous souffristes tant de maux & d'afflictions que langue humaine ne le peut exprimer, & pardonnastes au bon larron tous ses pechez, & qu'apres vostre passion pour monstrer vos vertus à Longis qui estoit aueugle, & pensant bien faire vous perça le costé d'vne lance dont il sortit sang & eauë, & vostre sang tombant sur ses yeux, & fut illuminé, tres-doux Iesus auiourd'huy vous prie que me deliuriez du peril où ie suis, & des mains de mes ennemis. Ha Regnaut mon cher frere, que n'estes vous icy, helas mes freres, & mon cousin maugis, or m'auez vous oublié & delaissé, parquoy ie me recommande à Dieu, lors Richard se mit à plorer: & puis dit à Ripius faictes de moi tout à vostre bon plaisir.

Comme Bayard esueilla Regnaut qui dormoit en le frappant si fort du pied sur son escu, qu'il le fist tout tressaillir.

Chapitre 20.

QVand Bayard qui estoit faé par maugis, & qui entendoit la parolle comme vn homme sentit la noise, & le bruit des gens que Rippus auoit amenés auec luy à Montfaucon, & vit que Regnaut dormoit, il le heurta si fort en son escu qu'il le fist esueiller, si saillit Regnaud en pieds tout effrayé: & regarda que c'estoit, & en regardant vers Mont-faucon vit que son frere estoit sur l'eschelle, si ne fist autre demeure mais monta sur Bayard qui couroit comme le vent, & Alard, guichard: & Maugis s'éueillerent pour le bruict que Bayard faisoit: & coururent au secours apres Regnaut. Quand rippus qui vouloit estrangler Richard vit venir ses freres & Maugis, il en fut esbahy qu'il ne sçauoit que faire; lors dist à Richard ie cognois maintenant que vous estes deliuré de mes mains: car voicy regnaut, &

vos freres qui vous viennent secourir, parquoy ie vous prie d'auoir pitié de moy car ce que i'en ay fait de vous auoir icy amené, ça esté pour oster le debat du Roy auec les douze Pairs, & si ie sçauois bien que vous seriez secouru de vos freres, & de Maugis, Rippus, dist Richard, ne vous mocquez point de moy

Par ma foy dist Rippus ie vous dis verité ils sont à vn traict d'arc pres d'icy, allez au bas de l'eschelle, & ayez pitié de moy ie vous en prie. Richard voyant venir Regnaut courant comme la foudre dist à Rippus, iamais ie ne reclameray mon frere Regnaut s'il ne te prend de ses propres mains aux mesmes fourches où tu me voulois prendre. Cependant que Richard parloit à rippus Regnaut arriua, & entendit ce qu'il luy disoit, si commença à crier, rippus vous estes mort car vous estes mauuais homme, & pour vostre mauuaistié vous pendray moy mesme à ces fourches, & tiendrez le lieu de mon frere, tout le pouuoir de Charlemagne ne vous en garantira. Cependant vint Maugis mout effrayé qui dist à rippus, ha traistre tousiours auez esté prest de faire chose contre nous, si haussa sa lance pour le frapper, mais regnant luy cria cousin ne le touchez point, ie ne voudrois pas pour grand chose que autre l'occist que moy s'il plaist à Dieu ie vengeray mon frere, il print sa lance, & en frappa rippus si rudement qu'il l'abbatit mort au pied de l'eschelle, & dist à ses freres gardez qu'ils n'eschappent qu'ils ne soient morts ou pris, Regnaut print Richard, & le descendit à terre, il luy deslia les pieds & les mains, puis le baisa disant, frere estes vous point à malaise, frere dist richard ie n'ay nul mal mais faictes moy armer des armes de rippus. si fut prestement armé, & monta sur son cheual, & print sa banniere, Regnaut print le cheuestre que rippus auoit mis au col de Richard, & le mist au col de rippus puis le pendit au lieu de Richard, & bien quinze des principaux de sa compagnie. Il dist à Richard, frere ceux-cy feront la garde au lieu de vous. Maugis vint vers Regnant, & luy demanda qui l'auoit esueillé, c'est Bayard, lors dist Maugis Dieu soit loüé qui crea vn tel cheual, seigneurs dist Regnaut puis que nous auons secouru Richard allons à Montauban, si reconforterons Dame Clere, & mes enfans. Lors Richard dist à ses freres, nous deuons bien aymer Oger, Roland, Hector, Richard de Normandie, Salomon, & Oliuier, car tous ont pris debat à Charlemagne pour l'amour de moy, car ils pensoient de vray que rippus me d'eust prendre, & que ie n'eus point de secours, mais s'il vous plaist ie m'iray monstrer à Oger, & à tous nos parens, Regnaut dist Oger a faict comme vaillant homme on doit ayder aux siens au besoin, puis dist à Richard, frere le Soleil est fort abaissé ie me doute de vous si y allez, menerez auec vous quatre cens cheualiers embuschez prés de vous, ie seray icy auec mes gens, & vous porterez bondie

& richard Dordonne. Alors Maugis courut sur Mongeon seigneur de pierre fritte, lequel il frappa si rudement qu'il l'abbatit mort à terre, & Regnaut en frappa vn autre de telle maniere qu'il lui mist la lance au trauers du corps & tomba à terre. Guichard en frappa vn autre de son espée si rudement qu'il lui fendit la teste iusques aux dents. Alard frappa le tiers sur son heaume si terrible coup, qu'il le fit tomber mort à ses pieds. Alors la bataille commença si terrible, que l'vn n'espargnoit pas l'autre, mais se tuoient comme bestes brutes. Et quand regnaut vit que le soleil estoit abbaissé & que la nuict s'approchoit, il eut doutance de ses freres, si dist; Glorieux Dieu garde aujourd'huy moy & mes freres de mort & de prison.

Ainsi qu'il disoit ces parolles, Charlemagne arriua & courut contre regnaut, ils s'entrefrapperent si asprement parmi leurs escus qu'ils firent voler leurs lances en pieces, & tomberent tous deux à terre, puis se releuerent promptement, & mirent la main aux espées. Alors Charlemagne commença à crier mont ioye saint Denys: & puis dist, si ie suis par vn tel Cheualier vaincu, ie ne dois pas estre roy ne porter couronne. Quand renaut connut que c'estoit Charlemagne, il se retira & dist: Helas qu'ay-ie fait, c'est le roy à qui i'ay iousté il y a bien quinze ans que ie n'ay parlé à lui: mais ie lui parleray maintenant si ie deuois mourir.

Adonc il vint vers le roi & s'agenoüilla deuant lui: disant. Sire donnez-moi trefues iusques à ce que i'aye parlé à vous, volontiers dist le roi, mais ie ne sçay qui vous estes, toutefois vous ioustez tres bien. Sire ie suis regnaut le fils d'Aimon, ie vous crie mercy, & vous prie qu'ayez mercy de moi & de mes freres. Vous sçauez que ie suis vostre homme, mais vous m'auez chassé de vostre terre & la mienne il y a quinze ans dont sont morts plusieurs personnes, & si sçauez ce que c'est de la guerre, aujourd'huy perdre & demain gagner, parquoy ie vous prie pour l'honneur de Dieu auoir pitié de nous: ie ne dis point ces choses pour crainte de mort, mais ie le dis pour auoir vostre amour seulement. Sire souffrez que nous ayons paix & nous serons vos hommes à tousiamais, & ie vous donneray Montauban & mon cheual bayard, qui est la chose que i'ayme le plus en ce monde apres mes freres & mon cousin maugis, car il n'y a tel cheual au monde comme il est: & si cette chose ne voulez faire, ie ferry encore plus; pardonnez s'il vous plait à mes freres & ie sortiray de France sans iamais y reuenir, ie m'en iray au sainct Sepulcre nuds pieds pour l'amour de vous, ne iamais moi ne maugis ne reuiendrons au royaume de France. Charlemagne lui respondit; vous parlez pour neant trop faites folie de me parler de paix; car vous n'en aurez iamais auec moy, si ne faites ce que ie diray. Sire dist regnaut que fera-ce dites le moy; c'est que me rendiez maugis pour en faire à ma volonté, car ie le hay plus que nul homme du monde: mais Sire si ie vous le rendois qu'en feriez-vous? ie vous asseure que ie le ferois traisner à la queuë d'vn cheual parmy Paris, puis luy ferois couper tous les membres du corps & le ferois brusler puis ietter la cendre au vent.

Sire Empereur en prendriez-vous ville ou chasteau: or ou argent pour sa rançon Non par ma foy dist le roy. Sire si auiez mes freres prisonniers & vous fussiez deliberé de les faire pendre ie ne vous donnerois maugis pour les deliurer. Taisez-vous donc iamais n'aurons accord autrement. Sire puisque vous deffiez; ie me mon bon cor, si auez besoin d'aide vous le sonnerez, & ie vous iray incontinent secourir. Lors Regnaut donna son cor à Richard, lequel al'a en l'ost de Charlemagne portant la banniere de Rippus. Tant fit Richard qu'il arriua en l'ost du roy qui estoit armé deuant son pauillon qui regardoit sur le chemin. Oger voyant venir richard, qui pensoit estre Rippus lequel eust pendu Richard print vne telle douleur qu'il en cheut à terre: & dist he'as perdu auons Richard, iamais ne le verrons, bien l'ont trahy Regnaut & Maugis. Lors courut contre Richard pensant que ce fust Rippus, quand Charlemagne vit Oger courir vers Rippus, il dist à ses gens, allez apres, Barons on verra qui seront mes amis. Voicy venir Rippus qui m'a bien serui; car il m'a deliuré de Richard, & maintenant Oger le veut occire, mais si ie le puis tenir, i'en feray telle iustice qu'il en sera parlé long-temps. Adonc les François allerent apres Oger, & le roy lui-mesme, mais Oger estoit bien loing deuant eux, qui cria Rippus, vous estes mort, vous aurez le guerdon de ce qu'auez fait à mon cousin Richard. Richard lui dist: cousin ie suis Richard & ne suis pas Rippus, nous l'auons pendu en mon lieu, dist Richard, parquoy ie me suis venu monstrer à vous, & à mes autres parens vous mentez traistre Rippus, aussi ne m'échapperez-vous pas. Richard luy dist cousin ne me connoissez vous pas. Non, dist Oger, car vous portez les armes, & la banniere de Rippus, ie l'ay fait dist, Richard pour n'estre connu. Oger dist, ie veux vous voir descouuert autrement ie ne le croiray. Lors il deferma son heaume pour monstrer son visage, Oger en fut ioyeux, & demanda à Richard qu'ils auoient faict de Rippus, par ma foy cousin mon frere l'a fait Archeuesque des champs, & n'a voulu que personne y ait mis la main que luy. Lors Oger dist, cousin gardez-vous; car voicy Charlemagne. Oger s'en retourna, auquel le Roy dist, pourquoy allez-vous deuers Rippus auant moy. Sire si ne fussiez si prés de moy ie lui eusse tranché la teste, mais ie n'ose pour l'amour de vous, allez vers luy, car ie vous affie qu'il n'aura nul mal. Charlemagne dist par ma foy ie le deffendray contre tous hommes, lors picqua son cheual, & courut vers Richard, pensant que ce fust Rippus, luy dist. Venez auant mon amy Rippus, & n'ayez doute de rien, car ie vous garderay contre tous, alors Richard luy respondit, or ne suis-ie pas le traistre Rippus, mais ie suis Richard le fils d'Aymon vous me frappastes au matin d'vn baston en la teste dont fistes mal, c'est pourquoy mon frere Regnaut a pendu Rippus au lieu ou il me vouloit pendre, auec quinze de ses compagnons, or ie vous deffie gardez-vous de moy. Charlemagne l'entendant ainsi parler, picqua son cheual contre Richard, ils se donnerent de si grands coups parmi leurs escus, qu'ils firent voler leurs lances en pieces, puis mirent la main aux espées, & se frapperent si rudement, que le plus fort abandonna les estriers, & Richard estant à terre se releua prestement, & mist la main à son espée, & frappa le Roy sur son heaume si grand coup qu'il l'estonna tout, mais l'espée glissa, & tomba sur l'eschine du cheual, tellement qu'il le fendit en deux pieces, & le roy tomba à terre, si saillit prestement en pieds, & frappa Richard sur son heaume si rudement qu'il le fit chanceler. Alors commença vne aspre bataille, & le roi commença à crier mont-ioye sainct Denys, & Richard print son cor & sonna si haut, que ses freres l'entendirent: si picquerent leurs cheuaux & s'en vindrent secourir Richard. Grande diligence fit Regnaut & ses freres, quand ils furent arriuez, Regnaut cria son enseigne Montauban, Alard, Paraueraine, Guichard, Balançon, deffendray le mieux que ie pourray, adonc il courut sur luy, mais Regnaut luy dist, sire ne souffrez que ie mette la main sur vous, car si ie me laissois occire à vous ie serois meschant. Vassal dist le roy, tout cela ne vous vaut rien, car deffendre vous conuient, lors il mist la main ioyeuse à son espée, & le frappa sur le heaume, le coup tomba sur l'escu tellement qu'il en couppa vn grand quartier, Regnaut sentant le coup de courroux empoigna le Roy par le milieu du corps, lequel il mist sur le col de son cheual pour le mener auec luy sans luy mal faire. Alors le Roy commença à crier montioye, sainct Denys disant, ha mon nepueu Roland où estes vous, & vous Oliuier, & duc Naimes, & vous aussi Archeuesque Turpin, si me laissez si ainsi emmener, vous en aurez grand des-honneur, Regnaut cria son enseigne tant comme il peut quand il entendit Charlemagne, disant, ha mes freres, vous & mon cousin venez-moy secourir, car i'ay prins tel prisonnier que si le pouuois emmener nous aurons paix en France, adonc Roland, & Oliuier & les autres barons vindrent au secours du roy, d'autre part vindrent les freres de Regnaut & Maugis, & bien quatre cens Cheualiers, quand ils furent assemblez d'vn costé & d'autre, il y eut forte bataille, car ils se tuoient les vns les autres comme bestes, lors quand Roland fut arriué en la meslée il courut sur Regnaut, & luy donna si grand coup sur le heaume qu'il l'estonna tout, puis luy dist. Vassal mal faictes de penser emmener le roy en cette maniere vous sçauez que c'est trop pesant faix, vous le comparerez auant que m'eschappiez, Regnaut se voyant ainsi reprouué, & sentant le coup que Roland luy auoit donné il trembla de courroux, & prin sont espée en sa main, ayant Charlemagne deuant luy sur son cheual, si courut contre Rolant disant, damps Roland venez auant si sçaurez comme mon espée trenche. Quand Roland l'entendit parler il courut sur luy, & Regnaut le voyant venir laissa tomber le roy, & courut sur Roland, il y eut vne aspre bataille entr'eux d'eux. Alors arriuerent les freres de Regnaut qui donnerent tant d'affaires à Roland qu'il fut contrainct de se mettre en fuitte. Quand Regnaut veid que Roland, & le roy estoient sauuez il en fut bien marry, & dit à ses freres, mes amis mal auez exploité, car si vous eussiez esté auec moy nous eussions bien besongné, car i'auois prins le roy qu'eussions emmené à Montauban, sire dirent ses freres bien en sommes faschez, mais nous auions tant d'affaires d'autre part qu'auons eu bien de la peine d'en eschapper, faictes sonner la trompette pour rallier nos gens à cause de la nuict, & allons à Montauban, quand Charlemagne veid venir Roland, & ses gens il fut fort ioyeux, & commença à dire à ses Barons, par ma foy mal vous en viendra, Regnaut nous a ietté hors du camp, sire dit Roland folie fistes d'aller iouster contre Regnaut s'il vous eust emmené prisonnier bien l'auiez merité.

Comme apres la desconfiture de l'armée de Charlemagne, on luy abbatit son Pauillon, & luy print-on son Aigle d'or massif, dont il vouloit quitter sa couronne de despit.

Chapitre 24.

Regnaut

REgnaut voyant que Charlemagne s'en retournoit rallia ſes gens pour retourner a montauban, lui ſes freres & maugis demeurerẽt derriere par crainte que les françois ne les ſuiuiſſẽt; car s'ils nous ſuiuent no⁹ ſouffrirõs mieux la peine que nos gens. Ie ne voudrois pas que roland & oliuier ſe mocquaſſẽt de nous, ne qu'ils nous trouuaſſent deſordonnement. Quand la pluſpart eurent paſſé balançon Regnaut print trois mille hommes & diſt aux autres; allez a montauban; car ie veux aſſaillir le roy en ſon pauillon, quoi qu'il m'en doiue aduenir. Adonc ſes gens paſſerent balançon, & tant cheuaucherent qu'ils arriuerent en l'oſt du roi. Regnaut s'approcha du pauillon, & diſt a ſes gens: mes bons amis ie vous prie que vous gouuerniez ſagement. Sire diſt Richard, qui veut en honneur monter il ne doit point auoir le cœur failly. Quand Richard eut cela dit, il miſt la main a l'eſpée & courut au pauillon du Roi, il trencha les cordes & fit tomber le pauillon a terre & l'aigle de fin or maſſif qui eſtoit deſſus, laquelle eſtoit de grande valeur; puis cria montauban; alors les gens du roi furent fort effrayez, & coururent aux armes, ils furent esbahis de voir le pauillon ainſi mis par terre.

Lors Regnaut diſt a maugis, couſin venez auant, aidez a emmener ce gain que i'ay conquis. Lors ils deſcendirent a pied & prindrent l'aigle d'or, puis diſt a ſes gens: meſſeigneurs or frappez ſans point ſe feindre, adonc euſſiez veu les gens du roy s'armer & ſortir de leurs tentes & courir ſur les quatre fils Aimon ſi fort que c'eſtoit pitié a regarder du cri & abbattemẽt des gens que l'on faiſoit. Quand maugis eut mis l'aigle d'or en main ſeure, il retourna vers le pauillon du roi, & lui diſt: ſire vous nous auez greué longuement: mais a cette heure vous achpterez la venuë de de gaſcongne & la mort de mon feü pere le duc beuues; car ie vous dõnerai tel coup que iamais ne ferez guerre a nous ne a autruy. Lors ietta ſa lance pour frapper le roi a la poitrine: mais il n'attendit pas le coup, & ſe tourna de l'autre part, & ſa lãce entra dedans le lit du roi bien deux pieds; quand le roi vit ce, il en eut mout grãd peur, ſi commença a crier mont-ioye ſaint Denis, & diſt ha neueu Roland ou eſtes vous? Quand maugis ouyt le Roy il regarda autour de lui & ne vit point Regnaut ne ſes freres; car ils s'eſtoient mis au retour. Trop eſt demeuré maugis en l'oſt du Roi; car Regnaut auoit ia paſſé balançon, & Roland & Oliuier eſtoient ia venus au cry du roi fort effrayez; quand maugis les vit il ne fit pas autre demeure: mais s'en alla apres Renaut tant comme il peut. Et quand il eut paſſé balançon il rencontra vne grande compagnie de gens de Charlemagne qui venoient a lui & maugis en frappa vn parmy l'eſcu ſi rudement qu'homme & cheual ietta par terre, puis frappa millon tellement qu'il luy fauſſa l'eſcu & l'abbatit a terre navré a mort; puis cria

Montauban & dit. Ha Regnaut où estes-vous, secourez-moy, car si vous me perdez vous y aurez dommage. A celle heure Maugis pensa que Regnaut s'en estoit alé. Cependant voicy venir Oliuier parmi la presse, & le frappa si rudement qu'il luy fit vne playe en la poitrine & le mist par terre : Maugis se leua bien prestement, & mist la main à son espée & la nuit estoit fort obscure, si bien que l'vn ne pouuoit voir l'autre. Oliuier vit que Maugis se deffendoit bien, il lui dist, ie ne sçai qui tu és cheualier, mais si tu ne te rends à moi ie te trencherai la teste : comment as-tu nom dist Maugis; car si tu és homme de bien ie me rendrai à toi, autrement non. Cheualier i'ay nom Oliuier de vienne: Maugis l'entendit & lui dist: ha gẽtil cheualier Oliuier, ie me rends à vous sur vostre loyauté, par telle cõdition que point ne me rendrez à Charlemagne, car si vous m'y rẽdez ie suis mort, il me fera vilainemẽt mourir comme vn larrõ. Par ma foi ce ne ferai ie; car ie ne vous oserois celer à lui, mais rendez vous, & vous promets que ie vous aideray à mon pouuoir de faire vostre appointement vers lui; sire, dist Maugis ie me rends à vous sur vostre loyauté, & bailla son espée à Oliuier, puis le fit monter sur vn cheual & l'emmena au pauillon du roi, là ou ils ne le trouuerent, à cause qu'il estoit tout desbaraté comme auez ouy. Quãd oliuier vit qu'il ne trouua point le roi, il eut grand doutãce que Maugis ne leur eschappast par son enchantemẽt : si lui dist Maugis vous sçauez que ie vous ay pris par armes, & que vous estes mon prisonnier, ie veux que vous iuriez que vous ne sortirez hors de ceans sans congé. Sire, dist Maugis volontiers. Lors iura tout ce qu'Oliuier voulut, il le fit desarmer & bander sa playe, & le fit coucher dedans vn lict. Cependant que Maugis fut prins, regnaut & ses freres firent grand diligence d'emmener le butin qu'ils auoient gaigné. Frere, dist Alard, où est allé Maugis. N'ayez doutance de lui il est allé deuant à Montauban.

Or parlons de Charlemagne fort courroucé d'auoir esté ainsi destroussé, parquoy il appella le duc naimes, l'Archeuesque Turpin, Estou, Salomon, Richard de Normandie, Oger & tous les barons de Frace, apres estre tous assemblez le roi cõmença à se complaindre : disant en cette maniere ; Seigneurs ie vous ay maintenus soubs moy cinquante ans, que nul homme ne vous a rien osté du vostre, & si n'auez voisin qui vous osast rien demander, maintenant ie suis vieux, parquoy ie ne peux plus estre roi sans vous, & quand vous me faillez que feray-ie ; vous m'auez laissé pour l'amour de Regnaut, dont ie suis dolent; car il m'a prins à pied leué & m'a chassé hors du camp, dont ie suis pis qu'enragé. Puis qu'il est ainsi, ie ne desire plus viure ne estre Roy : vous rends la couronne, donnez-là à Regnaut, & le faites roy de France ; car ie ne veux plus estre roy.

Quand les pairs de France & les barons l'ouyrent si douloureusement en parler, ils furent si esbahis qu'il n'y eut si hardi qui osast sonner vn seul mot, & l'vn commença à regarder l'autre par grand honte. Et quand le duc Naimes entendit les parolles du roi, il lui dist. Sire, à Dieu ne plaise que vous fassiez ce que vous dites ; car ce seroit grand honte à vous. Ie sçai bien que nous auons enuers vous mespris de ce que nous auons renaut supporté; mais vous deuez regarder que ce que nous en auõs fait, ne vient de mauuaistié, mais de bõne part, nous cuidõs faire la paix de la guerre qui a si longtemps duré, dont maints preud'hõmes en sont morts. Puis donc que nous voyons qu'il ne vous plaist faire la paix aux quatre fils Aimõ, reprenez vostre couronne & ne soyez pas re contre nous & nous vous promettons tous loyaumét vous bien seruir. Et que nous prendrons Montaubã auant vn mois passé ou y mourrons tous, & doresnauant qui voudra les espargner sera occis par nous. Lors dist le roi, laissez tout cecy en paix, ie vous dis tout certainement que iamais ne seray vostre roi, si ne me rendez Renaut ou maugis le mauuais larron qui m'a tant de fois gabbé. Adonc vint Oliuier qui fut tout esbahy de ce que le roi faisoit si mauuaise chere, & luy dist : Sire, dequoy estes-vous si courroucé, par ma foy, dist le Duc Naimes, il nous a tous diffamez ; car il a quitté sa couronne & son royaume : sire dist Oliuier, ne le faites point, s'il vous plaist ; mais la reprenez, & qui ne fera vostre commandement qu'il soit puni. Oliuier, dist le roi, ie n'en ferai rien, si ie n'ay Renaut ou Maugis : sire dist Oliuier ; or nous pardonnez donc, & ie vous rendray Maugis tout maintenant. Oliuier, dist le roi, ie ne suis pas enfant dequoy on se doiue gaber, ie sçay bien que Maugis ne vous doute rien : sire si vous voulez reprendre vostre couronne, tout à present ie vous l'amenerai, si ainsi est, ie feray ce que vous voudrez ; car ie le hay plus que nul homme du monde, si Maugis n'y fust les quatre fils Aimon ne pourroient durer contre moy : sire, dist Oliuier, bientost le vous ameneray, il alla en son pauillon & roland auec luy & plusieurs autres cheualiers pour voir maugis, Oliuier luy dist, il vous conuient venir vers le roy. Maugis respondit vous m'auez trahi, mais ie sçai bien que le roi sera plus courtois que vous ; car il ne me fera nul mal. Quand ils furent au pauillon du Roy, Oliuier lui dist, sire, vous m'auiez promis que si ie vous rendois maugis, que vous reprendrez vostre couronne, & que nous maintiendrez comme au temps passé. Il est vrai, dist le Roi, si me tenez ce que m'auez promis : or venez sire, voicy Maugis que ie vous rends, lequel i'ay pris par force d'armes. Charlemagne fut ioyeux plus que nul homme le pourroit estre, & puis dist : or ay-ie vne partie de mes desirs, ô Maugis te sera rendu l'orgueil que tu m'as fait, quand tu emportas l'aigle d'or, & aussi tous les tours de larcin que tu m'as fait en ta vie, maintes fois tu m'as courroucé, dont seras puni. Sire, dist Maugis vous ferez de moi à vostre plaisir, car ie suis en vos mains ; vous ne gaignerez rien à ma mort, mes cousins sont tels que bien la vengeront par force d'armes. Ha larron, dist le Roi, que tu as grand peur : sire dist maugis ie ne suis point larron, or ne puis autre chose faire puis que ie suis en vos mains ; quand m'aurez mis à mort vous ne me pourrez plus rien faire, si vous serez courroucé de moi auant qu'il soit vingt-quatre heures. Ribaut, dist le roi, ne parle si rudement : car si ie peux tu auras malle nuict auant que tu m'échappe, & si tes gloutons de cousins ne t'en sçauroient garantir que tu ne prenne mort en despit de tous les enchantemens que tu sçais faire.

Apres que Renaut & ses freres furent partis de l'ost de Charlemagne, ils allerent à Montauban, la dame alla au deuant & lui dist sire soyez bien venu, auez vous deliuré richard, ouy Dieu mercy. Alors elle embrassa richard, là fut mené vne grande feste, Renaut demanda son cousin maugis, & la dame luy respondit, Sire, ie ne sçay nouuelles, Renaut fort fasché retourna deuers ses freres, leur disant, mes freres ie vous prie que l'on sçache incontinent si nostre cousin maugis est arriué & le cherchez par son logis, possible qu'il s'est allé desarmer. Adonc ils demanderont à deux de ses gens, qui dirent ne l'auoir veu depuis qu'il estoit auec eux : ils retournerét de vers leur frere regnaut, & lui conterent comment ils ne l'auoient point trouué. Regnaut commença à faire grand dueil que c'estoit pitié à regarder. La dame voyant le dueil que son mari & ses freres faisoient, elle cheut pasmée & commença à demener grand düeil. Regnaut se restraignit vn peu & commēça à dire. Cousin maugis bien vous estes emblé de nous, que ferons-nous desormais, puisque nous vous auons perdu. Adonc il dist à ses gens, messeigneurs, ie vous prie que delaissions le düeil; car cela ne nous seruira de rien, ce n'est pas le souuerain remede qu'on y puisse trouuer, ie veux aller au bois de la serpente pour parler à l'abbé de S. Ladre, s'il ne sçait nulles nouuelles le cœur me dit qu'auant vingt-quatre heures i'en sçauray nouuelles, adieu mes freres iusques au retour, vous parlez bien sagement, dist alard, mais nous irons auec vous; lors il dist vous n'y mettrez ia les pieds. Adonc regnaut se fit armer & monta sur bayard, puis sortit de Montauban & vint à balançon où il passa l'eau & trouua vn page qui venoit d'abbreuuer les cheuaux du roy. Quand le page vit regnaut qui estoit si grand & tout seul, il luy dit vassal qui estes-vous, qui estes ainsi tout seul, ie suis des gens de Rippus qui suis eschappé, quand les quatre fils Aimon l'ont pendu à Montfaucon, & lui demanda que fait le roy, Sire, dist le page, il fait grande chere & a oublié tout le düeil de nostre maistre rippus; car on luy a liuré Maugis que tant hayssoit: or me dites dist regnaut, maugis est il mort? Sire dist le page, il est encore en vie. Il en fut ioyeux, & luy dist, mon enfant benis sois, puisque Maugis n'est pas mort. Tout ainsi qu'il parloit le page s'en alla & le laissa là tout seul pensant à son affaire, lequel dist en soy-mesme, sire Dieu ie ne sçay que ie dois faire ne penser; car si ie vay assaillir Charlemagne à son souper, la nuit est fort obscure, il pensera que i'aye beaucoup de gens auec moy, & aura grand peur qu'il ne perde mon cousin, parquoy il le pourroit occire: mais puisque à tant est, i'attendray iusqu'à demain au matin, & s'il ne le meine mourir ie le deffendray de toute ma puissance.

Comme Maugis condamné à la mort, se sauua auec la couronne & l'espée & le tresor du Roy. & print les espées des douze pairs de France, & le tout emporta au Chasteau de Montauban. Chap. 22.

CHarlemagne se voyant saisi de maugis, il appella Roland, Oger, l'Archeuesque Turpin, Richard de Normandie, Ydelon & le duc Naimes, & leur dist messeigneurs ie vous prie tant que ie peux que fassiez faire vne fourche; car ie suis deliberé auant que de souper, de faire pendre maugis; car ie ne le veux pas garder iusques au iour: sire dist le duc Naimes, puisque voulez qu'il meure, vous ferez autrement, si me voulez croire Et comment, dist il, Sire? ie conseille que maugis ne soit point pendu de nuit; car nous en aurions reproche, Regnaut & ses freres diroient que ne l'auez pas osé pendre de iour pour crainte d'eux; parquoy attendez de iour pour le faire pendre, & quand on le menera mourir enuoyez y des gens, afin que si regnaut & ses freres y enuoyent pour le secourir, qu'ils soient tous pendus ensemble, Naimes dist le Roy, vous-vous gabez de moi, si ce larron m'échappe ie suis diffamé, si auez peur, dist maugis, que ie m'en aille, ie vous donneray pleige,

que ie ne m'en iray sans prendre congé de vous. Qui te pleigera, dist Charlemagne. Sire, ie trouueray assez de pleige. Lors maugis regarda autour de lui, & vit les douze pairs, il appella oliuier auquel il dit quãd ie me rendy, vous me promistes que m'aiderez enuers le roy : or vous requiers que me pleigiez, volontiers vo' pleigeray sur ma vie & sur ma terre, puis pria Richard au duc Naimes, à Oger, à l'Archeuesque Turpin, à Richard de Normandie, & Etou qu'ils le pleigeassent pour celle nuict : maugis dist le duc Naimes, nous promettez vous sur vostre foy de ne vous en aller sans nostre congé. Ouy dist maugis sur ma foy. Lors les douze pairs allerent deuant le roy, & luy dirent, Sire, nous pleigeons maugis sur nos vies & sur nos terres que nous tenons de vous ; qu'il ne s'en ira sans nostre congé, sans vous dire adieu & à toute la compagnie. Adonc leur respondit Charlemagne, gardez que ce traistre ne vous enchante, pour Dieu ne vous fiez en luy ; car c'est vn des grands trompeurs qui soit au monde: messeigneurs, dist le roy, puisque le pleigez, ie le remets en vostre garde, par telle condition que si ie ne l'ay demain au matin, que vous perdrez toutes vos terres, ne iamais en France ne pourrez reuenir; sire, dist Oliuier, nous le vous octroyons ainsi comme dit auez. Puis s'en vont tous vers maugis qui leur dist, seigneurs, puisque vous m'auez fait vn bien, faites m'en deux Ie vous supplie faites moy donner à manger, car ie meurs de faim. Quand le Roy entendit ainsi parler maugis, il le regarda, & luy dist en riant ; mangeras tu bien, dist meschant larron? ouy dist maugis, quand i'auray dequoy tor que lui fassiez donner à manger. Lors le roi laua ses mains pour souper, & dist, où sera maugis pour manger, sire, dist Roland, il sera bien aupres de vous. Neueu, vous dites bien, & aussi ie l'auois en pensée; car ie ne m'en fierois en homme du monde qu'à moi. Et le roi s'assit à table; & fit asseoir maugis aupres de lui, & le seruoit à table, car au lõg du souper le roi n'osoit boire ne manger pour doutance que maugis ne l'enchantast: mais maugis mangea bien ; car il en auoit mestier. Quand Oliuier vit ce, il commençà à rire, & poussa Roland & lui dist. Auez vous veu comme le roi n'a osé manger pour doute que maugis ne l'enchantast, seurement dist rolád, il est verité. Apres souper Charlemagne appella son seneschal & luy dist. Ie vous prie que me fassiez apporter cent torches & qu'elles soient ardentes toute la nuict, si feray-ie vostre commandement. Quand le roi eut ce ordonné, il s'en retourna deuers Roland, & luy dist. Neueu ie vous prie que vous & Oliuier & tous les douze pairs vueillez veiller ce soir auec moy pour garder ce larron maugis, & faites armer cent hommes d'armes qui veilleront auec nous, & faites iouër aux tables & aux eschets, & aussi à tous ieux : a celle fin que l'on ne se puisse endormir, & faites faire le guet à mille Cheualiers, a celle fin que si maugis nous eschappoit, ceux là le retiennent. Quand il eut ce dit, il s'assit dessus son lit & fit asseoir maugis prés de lui & d'autre costé roland & Oliuier & tous les autres pairs de Fance : sire dist maugis, où dois-ie reposer, comment, dist le roi voulez-vous dormir ; ouy sire, dist maugis, s'il vous plaist. Par ma foi dist le roi, vous aurez mauuais repos, vous ne dormirez de vostre vie, car vous serez demain pendu au poinct du iour : sire, dist maugis vous auez tort, pourquoy vous ay-ie donné mes pleiges, sinon pour si peu que i'aye a viure, que i'aye mes volontez, or me laissez reposer & dormir ou acquittez mes ostages. Larron, dist le roi tout ce ne te vaudra rien, car ie veux que tes pleiges soient quittes, mais pourtant n'est-tu encore hors mes mains. Et lors fit apporter de gros fers & les lui fit mettre aux pieds & vne longue chaisne par entour les reins, attaché a vn pillier, puis luy fit mettre vn colier de fer au col dont lui mesme retint la clef. Et quand il fut ainsi atourné il luy dist maugis vous n'échapperez maintenant, sire vous vous mocquez de moy, mais ie vous dis deuant les pairs de France que ie verrai montauban auant qu'il soit demain prime. Et quand le Roy ouyt ce que maugis luy auoit dit, il cuida enrager tout vif, si dressa & mist la main a son espée & s'en vint à maugis tout iré pour luy trencher la teste, quand Roland vit ce, il s'aduança & dist au roi sire, pour Dieu merci, car si vous l'occiez nous en serions diffamez a tousiours, mais vous ne deuez point prendre garde a ce qu'il dit, car ce qu'il dit, il le dit commo vn homme desesperé. Et comme se pourroit-il faire qu'il vous échappast ainsi cóme vous le tenez, seurement mon neueu ie ne sçai comment, mais ce qu'il m'a tant de fois moqué me fait douter de lui, laissons-le en paix iusques a demain au matin qu'il sera pendu. Maugis vit qu'il auoit faim de dormir, il commença a faire son charme, & les endormit moult fermement & le roi mesme s'endormit si fort qu'il cheut à l'enuers sur son lit, & quand maugis vit que le roi estoit si endormi & tous les pairs de France, si commença en faire vn autre qui estoit de si grande vertu, que les fers qu'il auoit és pieds & le colier & chaisnes de fer, tout tomba à terre, puis il saillit en pieds, & vit Charlemagne dormir si bien la teste de trauers, il print vn oreiller & luy dressa la teste, puis luy desseignit ioyeuse son espée & la seignit sur ses reins, puis s'en vint à Roland & luy desseignit durandal sa bonne espée, & à Oliuier haute clere, à Oger courtin, & puis s'en vint aux coffres, ou la Couronne, & tout le tresor, & print tout. Et quand il eut tout ce fait, il print d'vne herbe & en frotta le nez & la barbe du roy & le desenchanta, puis le poussa du doigt & luy dist. Sire, ie vous dist au soir que point ne m'en irois sans vostre congé.

Et quand il eut ce dit, il s'en yssit du pauillon & se mist en la voye vers mótauban

Quand le roy ouy ce que maugis luy auoit dit, il faillit en pieds si courroucé que plus ne pouuoit estre, & s'en vint à ses pairs qu'il ne pouuoit esueiller : quand il vit ce il s'auisa d'vne herbe qu'il auoit apportée d'outremer, & en print, & en frotta le nez la bouche, les yeux à Roland, & à tous les autres pairs de France, & incontinent ils saillirent tous en pieds fort esbahis. Et quand ils furent esueillez l'vn regarda l'autre, & le premier qui commença à parler ce fut le duc Naymes qui dit au roy où est Maugis par ma foy dit il, vous me le rendrez, car vous l'en auez fait aller tout à escient si vous le m'eussiez laissé hier pendre i'en fusse à present deliuré. Roland dit Oger, l'en fiste vous en aller. Nenny par saint Denys, dit Roland, ie le vis bien en aller dit le roy. Sire dit Roland, vous nous le deuez donc dire car il ne s'en fust pas en allé. Et en ce disant il regarda à son costé, & ne vit point du candal son espée, dont il ietta vn grand souspir, puis le roy dit, neueu ou est vostre espée, par mon chef, ie connois que Maugis nous a enchanté nul de nous n'a son espée. Les douze pairs voyant qu'ils auoient perdu leurs espées, ils furent plus dolents que l'on ne sçauroit dire, puis Roland dit par ma foy Maugis a fait vn grand gain, quand il emporta nos espées, car elles vallent plus que Paris.

Charlemagne voiant ses coffres ouuerts, il commença à dire. Ha larron maugis ie n'ay gueres gaigné à ta prise. Cependant Maugis s'en alloit à Montauban il passa le gué où estoit Regnaut, quand il l'eut passé bayard le sentit, qui commença à hannir moult fort, & alla vers maugis voulut regnaut ou non. Quand maugis vit regnaut il luy dit vassal qui estes vous qui allez à telle heure, cousin ie suis regnaut, ne me connoissez vous loüé soit Dieu de ce qu'estes deliuré des mains de Charlemagne. Par ma foy dit maugis vous m'oubliastes: cousin ie n'en peux mais, ie vous promets que i'estois deliberé de mourir ou de vous secourir, puis luy demanda qu'il portoit, cousin dit maugis c'est la couronne du roy, & les espées des pairs s'ils s'en allerent deuers Montauban où ils rencontrerent Alard, Guichard, Richard, qui alloiét faisant grãd dueil regnaut les vit venir de loing qui leur demanda qu'ils alloient. Sire nous vous allions querant Puis s'approcherent de maugis & luy dirent cousin où allastes vous hier quand nous vous perdismes. Adonc dit maugis quand richard fut entré au pauillon du roy & il eut pris l'aigle d'or ie demeuray au pauillon pour l'occire, & puis s'en faillit que ne l'occis. Et quand ie m'en cuiday retourner apres vous, ie trouuay vne troupe de cheualiers qui m'aresterent. Ie me deffendis de tout mon pouuoir mais oliuier vint qui m'abbatit à terre, & me rendis à luy lequel me rendit au Roy qui me vouloit faire pendre, mais Dieu mercy ie suis eschappé, ils allerent à Montauban & Dame clere leur fit bonne chere.

Le lendemain ils allerent à la Messe & puis maugis leur dit, Seigneurs monstrez moy le butin que vous gaignastes hier lors richard print l'aigle d'or, & la donna à regnaut, lequel dit à maugis, cousin que ferons nous de cette aigle: Maugis luy dit il me semble qu'on la doit mettre sur le pommel de la tour, afin que charlemagne & tout son ost la voient. Lors regnaut le fit mettre dessus la plus haute tour de mõtauban quand le soleil luisoit contre il iettoit grande clarté, dont qu'on la pouuoit voir de cinq lieuës, dont le roy fut fort dolent: charlemagne appella les pairs de Frãce, & leur dit, Seigneurs mal nous est escheu depuis que nous sommes en Gascongne, car les quatre fils aimon nous ont bien à l'aide de ce larron maugis vituperez parquoy

Seigneurs ie me complains à vous vous priant que m'aidiez à venger car il vous fôt honte comme à moy. Adonc les pers dirent, Sire nous sommes tous prest de faire ce que nous commanderez. Ie veux dit Charlemagne, que vous oger, & le duc naimes l'Archeuesque Turpin & Estou qui estes de la parenté de Regnaut que vous alliez dire à Regnaut & à ses freres qu'ils me rendent ma couronne mon espée, & mon Aigle d'or & les espées de vous tous, & leur donner y tresue pour deux ans, & ferai retourner mon ost en France.

Quand ils ouirent son commandement ils monterent à cheual, & allerent vers le portier qui estoit sur le port il faisant le guet qui leur dit, Seigneurs qui estes vous mon amy dit Oger, nous sommes des gens de Charlemagne, va dire à Regnaut que le duc naimes, l'archeuesque turpin, estou & oger, veulét parler à luy, messeigneurs dit le portier, i'y vas Regnaut dit à ses freres voicy venir de vaillans cheualiers, ie vous prie montrons leurs que ne sommes point enfans. Ils allerent à la porte, & Richard sortit le premier, qui leur fit grand honneur, & leur dit messeigneurs vous soiez les tres-bien venus, lors Regnaut s'auança, & les salua honorablement, & print Oger par la main, & les mena au donjon du chasteau, ou ils furent bien reçeus par Dame clere, regnaut leur dit, beaux seigneurs ie vous prie de me dire pourquoy vous estes icy venus, car vous ne venez pas icy sans quelque cause. Vous sçauez bien dit oger, que tous ceux qui sont icy vous ont aymé, & vous promets que s'il eut esté à nostre pouuoir vous eussiez eu paix auec le Roy Regnaut vous deuez sçauoir que Maugis nostre cousin nous à tous deshonorez car nous l'auons plegé enuers le Roy sur nostre serment de luy rendre à sa volonté, & il est venu sans nostre congé, & qui pis est il a pris la couronne du Roy, & son espée, & celle de nous autres pers.

Parquoy le roy vous mande que luy rendiez sa couronne, l'aigle d'or, & toutes nos espées, & il vous donnera treue pour deux ans, & fera retourner son armée en france. Alors Maugis leur dit, seigneurs vous soiez les tres-bien venus s'il vous plaist, de cette matiere ne parlez plus à present, & pour cette nuict vous demeurerez ceans auec nous puis demain on fera responce, maugis dit oger, puis qu'il vous plaist nous demeurerons, lors maugis dit au seneschal qu'il falloit festoier les messagers, & luy deuisa des viandes qu'il feroit apprester. Seigneurs respondit le senechal ne doutez de rien, car vous serez bien seruis, Regnaut luy dist cousin ie vous prie que donniez ordre que nous soions bien traittez, cousin dit maugis i'ay pourueu à cela, & ordonné comme on doit faire.

Puis se mirent à deuiser auec les gens du roy de plusieurs honnestes choses, quand les viandes furent prestes, regnaut & ses freres prindrent les cheualiers & les menerent en la salle pour manger, ils lauerent les mains, puis maugis print le duc naimes & le fit asseoir & dame clere aupres de luy, puis fit asseoir l'archeuesque Turpin & Regnaut puis Oger, & Alard puis guichard & estou & le petit richard. Les viandes furent apprestée par bon ordre, apres qu'ils eurent pris leur refection le duc Nayme dit à Regnaut. Cousin ie vous prie de nous donner bonne responce. Seigneurs dit Regnaut, ie feray tant que le roy aura cause de se contenter de nous, car ie feray ce quil voudra pour auoir la paix auec luy. A cette heure regnaut fit apporter l'espée du roy & des douze pers de France, & la couronne, & l'aigle d'or.

Quand oger vit cela, il commença à rire & dit. Par ma foy regnaut vous auiez icy

ne

vn beau gain, si vous l'eussiez gardé. Richard voyant que Regnaut vouloit rendre l'aigle d'or, il luy dist, frere ie iure la foy que ie dois à Dieu, qu'on ne rendra pas ce que i'ay gagné à force d'armes. Frere, dist Regnaut, laissez-moy faire. Non feray dit Richard, car le Roi me battit fort vilainement d'vn baston, moy estant prisonnier en son pauillon. Seigneurs, dist le duc Naimes, laissons cecy en paix, & prenôs en gré ce que Regnaut nous donne, car il nous fait assez. Par ma foy, dist l'Archeuesque Turpin ce fait mon. lors ils prindrent la couronne du Roy, & toutes leurs espées. Quand ils les eurẽt, Oger dist à Regnaut, cousin ie vous conseille de venir auec nous & Maugis demeurera icy pour garder vostre chasteau. Seigneurs, dist Regnaut i'ay doute que le Roi ne me fist occire outrageusement. Venez asseurément, dist le Duc Naimes, car nous vous conduirons, parquoi vous ne deuez douter de riẽ. Seigneurs, dist Regnaut, ie feray vostre commandement en vostre absence, Regnaut ayant accordé d'aller auec les messagers de Charlemagne, ils monterent à cheual, & Regnaut aussi qui se fit bien armer & pareillemẽt Alard. Quand Dame Claire vit que Regnaut s'en vouloit aller auec les messagers, elle vint deuant eux, & s'agenoüilla en leur disant, Messeigneurs, ie vous remercie de l'honneur qu'auez fait à Maugis, or derechef ie vous supplie qu'il vous plaise d'auoir pour recommandé mon mary, lequel va auec vous. Dame, dist Oger, n'ayez doutance que Regnaut ait aucun mal, Regnaut print deux Cheualiers auec luy pour luy tenir compagnie, ils passerent la riuiere audit Balançon, & quand ils furent passez Oger commẽça à dire. Seigneurs, vous sçauez comme le Roy a mauuais courage, i'ay grand doutance de Regnaut que nous auons icy amené auec nous. Ie conseille que nous sçachions sa volonté auant qu'il voye Regnaut, Oger luy dist, Duc Naimes, vous parlez sagement, nous irons auec vous, & moy parleray au Roy, & Regnaut nous attendra icy iusques à ce que soyons retournez. Seigneurs, dist Regnaut, ie feray ce que me conseillerez, mais ie vous prie que me teniez ce que m'auez promis. Regnaut, dist le Duc Naimes, nous mourrons auant qu'ayez nul mal.

Lors luy & Oger prindrent leur chemin deuers l'ost de Charlemagne, & regnaut demeura auec l'Archeuesque Turpin & Estou. Or Pinabel espie de Charlemagne estoit sur le gué de Balançon en la compagnie quand les dessusdits parlerent de ce qu'auez ouy. Quand il eut entendu toute la condition il se destroba de la compagnie & arriua vers le Roy, auquel il dist Sire i'ay laissé Regnaut & Alard dessus le gué de Balançon auec l'Archeuesque Turpin & Estou & le duc Naimes, & Oger viennent par deuers vous pour vous demander s'ils l'ameneront en asseurance. Est-il verité ce que tu dis? dist le Roy, ouy sire, le roy regarda autour de lui & vit Oliuier, auquel il dist. Allez au gué de Balançon, là où trouuerez Regnaut & Alard, & menez deux cent cheualiers biẽ armez & les prenez, quoy qu'il doiue aduenir, & me les amenez & demandez moy ce que vous voudrez, cependant qu'Oliuier estoit allé deuers Balançon, le duc Naymes & Oger arriuerent deuant le pauillon de Charlemagne, & entrerent dedans, Ogier salua le Roy honorablement mais il ne lui respondit mot. Quand Oger vit ce, il lui dist, sire ie m'émerueille pourquoy vous nous monstrez si pire chere, veu que nous venons de là où il vous a pleu nous commander. Oger dist le roy, où est regnaut, ie suis asseuré que vous l'auez amené auec vous. Sire, dist Oger, il est vrai, & l'auons amené sur vostre foi pour prẽdre ostage des treues que vous lui auez donné. Par sainct Denis, dist le roi Charlemagne, ie n'en ferai rien, car si ie le puis tenir ie le feray mourir, Sire dist Oger, ie m'esmerueille de ce qu'auez dit, Sire Empereur, dist le duc Naimes, vn grand roy comme vous estes ne deuroit auoir dit de telles parolles pour la moitié de son royaume. Tres doux sire pour Dieu mercy, ne donnez sur vous grand blasme si vous faites ce que vous dites, ie vous promets que moy Oger l'Archeuesque Turpin & Estou vous rendrons du mal & sauuerons Regnaut à nostre pouuoir puis que nous l'auons amené sur nostre foy. On verra dist Charlemagne comme vous luy pourrez aider. Sire, dist Oger, si vous nous faites outrage ne deshonneur nous vous rendrons hommage, & la foi que nous vous deuons & si ferons du pis que nous pourrons à l'encontre de vous.

Quand Oliuier fut arriué sur Balançon, il aduint ainsi par fortune qu'il surprint Regnaut qui estoit à pied lequel n'auoit espace de monter sur bayard, quand Renaut vit ce il se tourna deuers l'Archeuesque Turpin & deuers Estou, & leur dist: Vassaux vous m'auez trahi, ie ne l'eusse iamais pensé vous auez mal fait. Sire, dist l'Archeuesque Turpin, ie vous iure sur ma foi que de ce ne sçauons rien, ie vous promets que nous vous deffendrons iusques à nos membres decouper: puis Regnaut se tourna deuers Oliuier, or me pouuez maintenant rendre la bonté & courtoisie que ie vous fis quand mon cousin maugis vous abbatit és plaines de Vaucouleurs, vous sçauez qu'vne courtoisie requiert l'autre; car quand vous fustes par terre ie vous rendis vostre cheual & vous aiday à monter, sire dist Oliuier il est vray, ie vous promets que ie suis bien marry de vous auoir icy trouué & ne sçay homme au monde s'il vous faisoit mal qui fust bien de moy.

Cependant voicy arriuer Roland qui estoit venu apres Oliuier pour luy aider à prendre Regnaut & son frere. Et quand il fut apres il commença à crier Regnaut vous estes prins, quand il eut ce dit, Oger fut derriere, qui l'auoit suiui à grand erre d'esperons, qui lui dist, par mon chef sire Roland à Renaut ne ferez nul mal; car le duc Naimes & moy l'auons amené sur nostre foi & serment pour prendre les ostages & tresues que nous lui auons donné de par le Roy, comme vous sçauez qu'il nous auoit enchargez, & vous dis que si lui faites outrage que le ferez à nous-mesmes. Roland dist Oger, par ma foi si vous l'assaillez nous lui aiderons. Lors Oliuier dist à Roland, ie vous prie que laissiez Regnaut; car il me fit vne courtoisie, maintenant ie lui veux rendre si me voulez croire, nous le menerons vers le roi & nous nous parforcerons tous de faire son appointement. Seigneurs, dist le duc Naimes, Oliuier parle honnestement; car s'il nous fait demonstrer traistres ce sera grand honte à lui & à nous, s'il fait aucun outrage à Regnaut nous ne le souffrirons pas: Lors Roland & Oliuier menerent Regnaut au pauillon de Charlemagne, mais le duc Naimes, l'Archeuesque Tupin & Estou n'abandonnerent point Regnaut, & quand Oliuier le voulut presenter à Charlemagne, Oger s'auança & dist: sire vous sçauez cõment nous mandastes quatre qui sommes icy deuant vous à Montauban pour dire à Regnaut ce que nous chargeastes, lequel a fait tout ce que luy auons requis de vostre charge qu'il n'auroit nul mal, nonobstant vous l'auez fait prendre, laquelle chose nous n'eussions iamais pensé, veu que voicy vostre courõne, nos espées & l'aigle d'or vous l'aurez quand il vous plaira, & lui auons promis que ne lui feriez nul mal, Si vous ne tenez vostre promesse vous en serez grandement blasmé, mais si vous voulez besogner honnestement & comme loyal seigneur pour garder que n'ayons blasme, envoyez Regnaut à Montauban avec ce qu'il nous a baillé, & lors luy faites au mieux & au pis que vous pourrez. Oger dist Charlemagne, vous parlez pour neant & vos consors aussi; car ie n'en feray rien sinon à ma volonté, & l'eussiez-vous tous iuré, & ne feray pas de Regnaut comme de Maugis. Quand il eut ce dit il se tourna devers Regnaut & luy dist, Regnaut or vous tien-ie maintenant, vous n'aurez garde de me trahir ni enchanter comme fit le larron maugis; car ie vous feray ardre & les membres couper. Sire dist Oger, non ferez s'il vous plaist. Oger dist le Roi voulez vous deffendre contre moi mon ennemy. Sire dist Oger, non iamais, ie deffendrai ma loyauté contre tous. Alors Regnaut dist sire que vous plaist-il que ie fasse, vous m'avez appelé traistre; sçachés que ie ne le suis ny aucun de mon lignage & ne sçay homme au monde que s'il disoit que i'aye esté traistre que ie ne me combatte contre lui, par ma foy dist le roy Charlemagne, ie le vous prouueray à force d'armes, sire dist Regnaut maintenant parlez comme roy, ie baille mon gage & trouueray assez de pleiges. Lors dist à Oger, au duc Names à l'Archeuesque Turpin & à Estou, pleigez moy car vous le devez faire. Regnaut dist le duc Naime nous vous pleigerons volontiers, lors Regnaut dist sire voici mes pleiges, dites si en avez, ouy dist le roy ie n'en demande plus. Puis Regnaut dist qui fera la bataille contre moi, par ma foy dist le roy ce fera moy: mon oncle dist Roland non ferez s'il vous plaist; car ie la feray, sire dist Regnaut mettez lequel il vous plaira, Bayard fut rendu à Regnaut qui s'en alla à montauban & auec luy Oger, le duc Naimes, Estou & Alard Toute la nuict Regnaut & sa compagnie firent grande chere à montauban & furent honorablement reçus par Dame Claire, le lendemain ils entendirent la messe & apres Regnaut se fit armer & print congé de Dame Claire sa femme & dist à ses freres ie vous laisse le chasteau en garde & vous recommande ma femme & mes enfans; car ie m'en vais combatre le meilleur Chevalier du monde parquoi ie ne sçay comme il aduiendra de moy si ie meurs ce chasteau vous fera bon besoin. Voicy mes pleiges qui viendront avec moi: par ma foy dist Alard nous irons avec vous & verrons la bataille & comment vostre bon droict sera gardé; car si avez besoin de secours vous le trouuerez en nous.

Regnaut dist à maugis qu'il demeurast au chasteau & qu'il luy recommandoit tout; puis ils se mirent en voye & arriuerent au pied de montfaucon lieu ordonné pour faire la bataille.

Comme Regnaut combatit contre Roland & comme Maugis emporta le Roy tout endormy à Montauban dessus Bayard.

Chapitre 23.

SI tost que Roland vit le iour il se leua & alla ouyr la messe; apres il se fit armer & monta à cheval, alors Charlemagne lui dist beau neueu ie vous recommande à Dieu qu'il vous aye en sa garde & vous vueille garder de mort & de prison; car vous sçauez que Regnaut a le droit & nous auons le tort, parquoy ie ne voudrois

pour sa moitié de mon royaume, qu'il vous aduint nul mal. Sire, dist Roland vostre repentir est trop tard, puis que vous sçauiez auoir le tort vous ne deuiez pas accepter la bataille, mais puisque la chose est venuë tant auant, ie ne le sçaurois laisser que ce ne fust à mon grãd des-honneur, or m'aye Dieu en sa garde par sa saincte misericorde. Roland trouua Renaut qui l'attendoit, auquel il cria. Renaut auiourd'huy auez affaire à moy, Renaut luy dist, Roland il n'appartient à tel Cheualier que vous de menacer, si voulez la paix, & si voulez bataille l'aurez, Renaut ie ne suis pas icy venu pour auoir paix, mais gardez vous de moy & serez que sage, & vous de moy, dist Regnaut; car auiourd'huy i'abbattray vostre orgueil. Lors ils picquerent leurs cheuaux & se donnerent de si grands coups qu'ils briserent leurs lances, & s'entr'heurterent si rudement de leurs escus, qu'il conuint à Renaut de tomber à terre, sa selle entre ses deux cuisses, & Roland abandonna les estriers, il se releua prestement & monta sur bayard sans selle, il courut sur Roland & lui donna si grand coup d'espée que Roland s'en sentit fort greué, lequel mist la main à son espée & courut contre Regnaut, alors commença vne aspre bataille entr'eux, car ils ne laisserent de leurs hauberts aucunes pieces, tant que tous les barons qui les regardoient eurent grand pitié d'eux. Quand le duc Naimes eut longtemps regardé la bataille, il se mist à crier. Ha Charlemagne, maudit soit vostre cruauté; car par vostre felonnie faites mettre à mort les deux meilleurs Cheualiers du monde, dont vne fois en aurez affaire. Renaut voyant que nul ne pouuoit gagner, il dist à Roland si me voulez croire nous descendrons à pied afin que ne tuons nos cheuaux, si nous les tuons iamais n'en trouuerons de si bons. Vous dites bien, dist roland. Quand ils furent descendus, ils coururent l'vn sur l'autre, comme s'ils fussent deux lyons, roland voyant qu'il ne pouuoit vaincre renaut, il courut sur luy, & l'embrassa & renaut lui, en mode de luitte, lors se retournerent long-temps, & si ne se peurent faire tomber l'vn l'autre. Quand ils virẽt qu'ils ne se pouuoient abbattre, ils se laisserent aller & se reculerent pour prendre haleine, ils estoiẽt fort lassés leurs escus, hauberts & heaume estoient tous detrenchez, la terre ou ils s'estoient combatus estoit aussi foulée comme si on eust battu du bled. Charlemagne voyant que l'vn ne pouuoit gagner l'autre, & que tous deux estoient tres-mal menez, il eut peur de son neueu roland, il se mist à genoux & ioignit les mains vers le Ciel, & dist en plorant. O Dieu qui creastes le monde, la mer, le ciel & la terre & deliurastes la bonne sainte Marguerite du ventre de l'horrible dragon, & Ionas du ventre de la Baleine, ie vous prie qu'il vous plaise de deliurer mon neueu roland & faire cesser la bataille, & m'enuoyer tel signe par lequel ie puisse connoistre à l'honneur de l'vn de l'autre. Les freres de Regnaut le voyant ainſi laſſé, ils eurent grand peur de ſa perſonne, lors ſe mirent à prier noſtre Seigneur qu'il luy pleuſt de garder leur frere de mort & de priſon. Et noſtre Seigneur pour la priere du roi monſtra vn beau miracle ; car il fit leuer vne ſi grande nuée que l'vn ne pouuoit voir l'autre. Lors Roland diſt à Regnaut ne moy auſſi. Regnaut diſt Roland, ie vous prie que me fiſſiez vne courtoiſie, & vne autre fois ie feray bien autant que vous ſi vous m'en voulez requerir. Lors Regnaut reſpondit Roland ie le veux, mon honneur ſauue. grãd mercy diſt Roland ce que m'auez octroyé. Sçachez que la choſe dont ie vous veux requerir eſt que m'emmeniez à Montauban. Roland, diſt Regnaut ſi vous voulez ce faire i'en ſeray ioyeux. Par moy i'iray ſans point faillir. Sire, diſt Regnaut, Dieu vous rende l'honneur qu'il vous plaiſt me faire, car ie ne l'ay deſſeruy enuers vous. Quand Roland eut ce dit, il recouura la veuë & vit auſſi clairement qu'auparauant, & lors vit Mellentis ſon cheual & monta deſſus, pareillement Renaut ſur Bayard. Le Roi voyant cela fut tout ébahy, & cõmença à crier, ſeigneurs, or regardez, ie ne ſçay que c'eſt à dire, mais Renaut emmeine Roland, les laiſſerez vous ainſi aller. Et quand les barons de France ouyrent parler ainſi le roy ils coururent apres Regnaut, Charlemagne les ſuiuit iuſques és portes de Montauban, & commença à crier à haute voix. Regnaut, peu vous vaudra ce qu'auez fait, tant comme ie viuray vous n'aurez paix à moi, puis s'en retourna deuers ſon oſt à Montbandel, quand ſes gens le virent venir ils lui vindrent au deuant. Sire qu'auez vous fait de Roland, Seigneurs diſt le roy, il s'en eſt allé à Montauban. Ie vous commande à tous, qu'incontinent & ſans delay que mon ſiege ſoit tranſporté tout à l'entour de Montauban, & vous Oliuier porterez l'Oriflambe & Richard de Normandie conduira noſtre oſt. Quand il eut tout commandé, il n'y eut celuy qui diſt le contraire, mais ſe mirent à abbatre pauillons & tentes pour mener deuant Montauban. Tout l'oſt fut trouſſé, Richard de Normandie s'en vint deſſus le gué de Balançon à tout dix mille combatans, pour garder illec iuſques l'oſt fuſt tout paſſé. Cependant le Roy s'eſtoit mis deuant pour aller voir ou il mettroit ſon ſiege. Et quand tout l'oſt fut arriué deuant Montauban incontinent le roy fit tendre ſon pauillon deuant la porte. Quand tout l'oſt fut aſſis, celuy qui faiſoit le guet ſur la grande tour s'en vint à Maugis & lui diſt Sire ſçachez que le roy eſt arriué auec ſon oſt, & ſon pauillon eſt deuant la grande porte. Or ne te chaille diſt Maugis, car il cherche ſon dommage. Lors conta à Renaut comment le roy eſtoit venu loger ſon oſt au plus prés de Montauban. Le ſoir venu il diſt à Maugis couſin ie vous prie de faire cette nuit bon guet, car nous ſommes en danger. Apres que tout fut couché, Maugis s'en alla en l'eſtable & print bayard & monta deſſus, puis ſortit de montauban & alla au pauillon du Roy, lequel il charma & tous ceux de l'oſt, puis il alla au roy, lequel il print & le miſt deſſus bayard, puis l'emmena dedans Montauban & le coucha en ſon liſt, il aluma vne torche qu'il miſt au milieu de la chambre de Regnaut, auquel il diſt. Couſin, que donneriez vous qui remettroit le roy entre vos mains, Par ma foi diſt renaut, ie n'ay riẽ que ie ne dõnaſſe moyennãt que ie l'euſſe ceans. Couſin diſt maugis, promettez-vo⁹ qu'il ne luy ſera fait nul mal & ie vous le mõſtreray ceans. Ouy ſur ma foy, diſt Renaut, il le mena en ſa chambre, & le monſtra dormãt, & lui diſt, gardez qui ne vous échappe Maugis laissa regnaut & print vne escharpe & vn bourdon & sortit dehors de Montauban.

Comme Maugis pour sauuer son ame à cause de ses pechez s en alla rendre en vn Hermitage où il vesquit longtemps en pauureté.

Chapitre 24.

QVand Maugis eut rendu Charlemagne prisonnier a son cousin Regnaut, il s'en alla de monta ban sans le dire à aucun du chasteau si non au portier. Le sit Maugis tant chemina qu'il vint à Dordonne. & passa la riuiere, & quand il fut outrepassé il se mist deuans vn bois bien espais & chemina iusques à l'heure de none, puis regarda à mont vn tertre, & vit au dessus vn hermitage fort ancien. Si s'en alla en celle part, & trouua le lieu fort plaisant; car deuant [illegible] sortoit vne belle fontaine. Lors maugis entra dedans la chappelle, & se mist à genoux humblement & pria de bon cœur nostre Seigneur qu'il eust mercy de ses pechez. Ainsi faisant ses prieres vne deuotion luy print si grande, qu'il voüa qu'il feroit sa demeure en ce lieu, & qu'il seruiroit nostre Seigneur desormais, & ne mangeroit autre chose que des herbes sauuages & des racines. Et lors pria nostre Seigneur qu'il luy pleust que Regnaut & ses freres peussent auoir paix auec Charlemagne, & que si cela se faisoit, que desormais il vseroit son temps en cét hermitage, faisant penitence des maux qu'il auoit fait au temps passé pour venger la mort de son pere le duc Beuues que Ganelon auoit occis par trahison.

Comme Charlemagne de spité du tour de Maugis qui si bien l'auoit fait dormir, ne peut oublier l'iniure, tellement qu'estant mis par Regnaut en liberté bien tost apres, affama le fort Chasteau de Montauban.

Chapitre 25.

ALors Regnaut appella ses freres & leur dist, dites moi que nous ferons du roy que nous tenons [illegible] nos mains, vous sçauez qu'il nous a long temps dómagé, fait plusieurs maux par quoi il me semble que nous deuons véger de lui puisque nous le tenons, Sire dist Richard, ie ne sçay que vous en ferez, mais si me vou-

lez croire incontinent il sera pendu ; car apres sa mort il n'y aura homme en France que nous doutions de rien. Regnaut enclina son chef vers terre, & se mist à penser grandement, Richard luy dist, que pẽsez-vous mon frere, vous souciez vous qui fera l'office, ie la veux faire moy, & tout à presẽt si liurer me le voulez. Regnaut leua la teste & dist: Mes freres vous sçauez que le roy est nostre souuerain Seigneur, & d'autre part vous voyez comment Roland le duc Naimes, Oger, l'Archeuesque Turpin & aussi Estou sont ceans pour faire nostre appointement. Ils connoissoient bien que nous auons le droit, & par ainsi si nous l'occions à droit ou à tort le monde nous courra sus, & iamais tant que nous serons en vie guerre ne nous faudra Alard lui replique, Frere vous parlez sagement, mais nous ne pouuons auoir paix à lui. Il me semble que nous la lui deuons demander vne fois pour toutes, & s'il la donne, Dieu en soit loüé, & s'il ne la nous donne, gardons-le sans le faire mourir, par telle maniere que iamais ne nous fasse la guerre. Seigneurs, dit Richard, nous auons vn bon chef en nostre frere Regnaut, laissons le faire, & ce qu'il fera soit fait. Ils laisserent le roy endormy & s'en allerent en la chambre de Roland, & Regnaut commença à dire. Roland, leuez sus, ie vous prie que mandiez querir Oger & l'Archeuesque Turpin, & tous les autres qui sont ceãs; car vne chose vous veux dire. Quand Roland vit Regnaut à celle heure, il s'émerueilla fort, neantmoins il enuoya querir tous ses compagnons, quand ils furent venus regnaut leur dist Seigneurs, vous estes tous mes amis, Vous deuez sçauoir que i'ay ceans vn prisonnier par lequel i'auray paix, & aussi tout mon heritage Regnaut, dist Rolãd, ie vous prie que vous nous disiez qu'il est, c'est Charlemagne, Roland dist ie m'esmerueille fort comment vous l'auez prins si legerement. Dites moi s'il vous plaist cõment vous l'auez eu ceans, l'auez-vous prins par force d'armes nenny seurement dist renaut. Dites-moy donc ie vous prie, cõment a esté fait cela cette nuict, Sçachez dist regnaut que ie ne sçay cõment Maugis a ouuré; car il l'a apporté ceans & l'a couché dedans vn lict en sa chambre là où il est tout endormi. Seigneur, dist le duc Naimes, cõment se peut faire que Maugis ait prins le roy, vous sçauez qu'il se fait garder nuit & iour Tout ce fait à nostre Seigneur pour l'amour de regnaut; car la guerre sera desormais finie, dont ie loué nostre Dieu; car maints Cheualiers en sont morts. Lors Roland & les autres allerent en la chambre où estoit le Roy en dormy si fort qu'on ne le pouuoit esueiller. Quand les barons virent le roy endormi ils furent tous esbahis, & Roland parla le premier & dist. Regnaut, où est Maugis, qui a si bien exploité, ie vous prie que le faissiez venir, & qu'il l'esueille, & estant éueillé nous irons tous à ses pieds pour lui crier mercy, & vous prie que n'en soyez plus outrageux en paroles. par ma foy dit Regnaut, i'aymerois mieux mourir enragé que de dire au Roi vilaines paroles, mais mettray moi & mes freres pour en faire à sa volonté, & qu'il luy plaise que nous ayons auec luy paix, ie m'en vay querir Maugis pour venir auec moy, il le chercha long temps, & ne le peut point trouuer, dont il fut bien courroucé. Quand le portier sceut qu'il cherchoit Maugis, il luy dist, sire il s'en est allé en cette nuit vestu de pauures habillemens: il me fit ouurir la porte & sortit, oncques puis ne l'ay veu. Adonc il connut bien que Maugis s'en estoit allé pource qu'il ne vouloit plus auoir le courroux du Roy, il commença à plorer, puis retourna vers les barons & leur conta comment Maugis s'en estoit allé, richard dist. Ha cousin que ferons nous desormais puis que nous l'auons perdu, bien pouuons dire que nous sommes desconfits, car vous estiez nostre esperance, il n'y a gueres que i'eusse prins mort vilaine si n'eust esté par vous. Helas tout l'ennui que vous auez & la malegrace du Roi, ce n'est que pour l'amour de nous, il estraingnit les dents de grand ire, & mist la main à son espée, & vouloit occire le Roy, mais Roland le tira arriere, Oger & Naimes luy dirent. Richard ce seroit pauurement fait de tuer vn homme qui dort, & d'autre part s'il plaist à Dieu, auant que departirons d'icy, nous mettrons tout à bonne paix. Naimes dist, seigneurs, vous auez tort de mener si grand dueil, ie ne vis iamais rien gaigner en perte que l'on fasse pour demener dueil & pource ie vous prie que vous vueillez appaiser, & que commencions à parler de vostre paix qu'il conuient faire auec le Roy, & qu'on mette fin à cette guerre qui a si longuement duré. Mais ie m'ébahy comment nous pourrons parler à luy sans Maugis, car nous ne le sçaurions éueiller, & si Dieu n'y met remede iamais ne parlerons à luy. Ainsi que les barons parloient ensemble l'enchantement passa. Mais ils ne se donnerent garde qu'il fust éueillé, & se dressa sur pieds, & commença à regarder entour lui, & fut ébahi quand il connut qu'il estoit au chasteau de Montauban en la subiection de Regnaut, il fut fort fasché, & mena tel dueil que tous ceux qui là estoient, cuidoient qu'il fust deuenu enragé. Quand il fut reuenu il connut bien ce qu'auoit fait Maugis, & iura que tant qu'il seroit homme vif paix ne feroit, tant qu'il seroit à Montauban iusques à ce qu'on lui eust liuré Maugis pour en faire à sa volonté, richard luy dist. & comment diable sire Roy, pensez vous ainsi parler, vous voyez que vous estes prisonnier, & encore nous menassez vous, si n'estoit ce que i'ay promis de ne vous faire mal à present ie vous couperois la teste. Regnaut dit laissez au Roy dire sa volonté & luy crions mercy, qu'il luy plaise appaiser son mal talent, car la guerre a trop longuement duré, Regnaut sage & bien appris, appela ainsi ses freres, puis leur dist mes freres, s'il vous plaist, vous viendrez auec moy crier mercy à nostre souuerain seigneur Charlemagne.

Regnaut, dist Alard nous ferons ce qu'il vous plaira, Naimes dist vous faites sagement & tout bien vous viendra, ainsi faisant Regnaut & ses freres Roland, Olivier, Oger, le Duc Naimes l'Archeuesque Turpin, tous s'agenoüillerent semblablement. Regnaut dist a Charlemagne sire Roy & Empereur, pour Dieu ayez

mercy.

mercy de nous;car moy & mes freres nous rendons a vous pour en faire tout vostre desir, moyennant nos vies sauues,& ne sera chose que ne fassions pour l'amour de vous,plaise vous de faire paix entre vous & nous, & s'il ne vous plaist me pardonner au moins pardonnez à mes freres,& leur rendez leur heritage, & ie vous donneray Montauban & bayard mon bon cheual. Charlemagne dist,si tout le monde m'en parloit,si n'en feray-ie rien,si n'ay Maugis pour le faire mourir. Helas,dist Regnaut, ie me laisserois deuant pendre que ie consentisse à la mort de Maugis mon cousin,il ne l'a pas vers nous desseruy, mais seroit bien raison qu'il fust Seigneur sur nous. Regnaut dist le roy,ne pensez point pource que ie suis vostre prisonnier que ie fasse chose qui soit outre mon gré. Sire ie me veux humilier enuers vous & aime mieux que vous ayez tort de nous que nous de vous. Or me dites comme ie vous rendray Maugis qui est nostre vie nostre secours & nostre esperance en tous lieux. Parquoy sire ie vous dis que si vous auiez mes freres en vos prisons, & vous les deussiez faire pendre,& ie tinsse Maugis en mon pouuoir,& qu'il fust auec moy, si ne vous le donnerois ie pas pour rendre mes freres,& vous iure que ie ne sçay ou il est allé. Hé dist le roy,Dieu le maudie;car ie suis seur qu'il est ceans, Non est dist Regnaut sur mon Baptesme. Et lors Regnaut se tourna deuers Rolād & les autres barons & leur dist. Seigneurs, pour l'amour de Dieu priez le roy qu'il aye pitié de moy & de mes freres,à celle fin que ie puisse auoir paix au pays de France. Lors le duc Naimes estoit à genoux qui auoit ouï ce que regnaut auoit dit,il parla au Roi disant. Sire,il me semble que vous deuez prendre la belle offre que regnaut vous a faite auant qu'il aduienne plus de mal; car tous ceux de vostre Cour en seront bien ioyeux. Charlemagne iura sainct Denys de France qu'il n'en feroit rien s'il n'auoit Maugis pour en faire à sa volōté. Quand regnaut ouyt ces paroles il rougit & se leua de ses genoux luy & ses freres & les autres barons aussi. Lors parla à Roland & luy dist, sire Roland,& tous vous autres barōs de France,ie veux bien que le roy sçache ma volonté laquelle luy diray deuant tous. Sçachez puisque ie ne puis trouuer mercy vers luy ie vous prie que ne me vueillez blasmer doresnauant si ie demande mon droit, car ie le prie en toute maniere comme loyal cheualier doit faire, & se tourna deuers le roy lui disant. Sire quand il vous plaira vous en pourrez aller: car par foy ie ne vous ferai nul desplaisir,pource que vous estes mon souuerain Seigneur, & quād il plaira à Dieu nous aurons bonne paix auec vous. Tous les barons de France s'émerueillerent de la grād franchise de regnaut. Lors dist le duc Naimes. Hé Dieu, auez-vous ouy la grande humilité de nostre cheualier regnaut. Richard dist,frere que voulez-vous faire, vous voyez que nous tenons ce mauuais roy en nostre pouuoir, & si le pouuons faire viure ou mourir, & s'il a vn si grand orgueil qu'il ne veut rien faire de ce qu'on lui dit, mais nous menasse tousiours plus fort, & voulez qu'il s'en aille. S'il s'en va il nous fera dommage, & s'il nous tenoit comme nous le tenons, tout l'or du monde ne nous sçauroit guarantir qu'il ne nous fist mourir hōteusement, & pource ie vous dis que vous faites folie de le laisser aller; car si vous voulez maintenant vous ferez nostre paix. Il me semble que vous ne cherchez que nostre mort. Quand il ouyt ainsi parler son frere,il luy dist par courroux. Tais-toy mauuais garçon,Dieu te cōfonde,car malgré toi il s'en ira quād il lui plaira, & quād il plaira à Dieu la paix sera. Lors il appella vn de ses gentilshōmes & lui dist,allez incontinent,

& me faites amener mon bon cheual bayard, car ie veux que mon souuerain Seign. s'en aille dessus iusqu'a son ost, richard oyãt cela se departit tout courroucé. Cependant le gentilhomme amena bayard, lequel regnaut presenta a Charlemagne, luy disant, Sire, or vous en allez quand il vous plaira, il monta sur bayard & sortit hors de Montauban pour retourner vers ses gens. Regnaut les conduisit iusqu'a la porte de Montauban. Quand les François virent leur Seigneur ils en furent fort ioyeux, & lui demanderent cõment il lui estoit allé & s'il auoit accordé la paix. Seigneurs, il m'est a bien, Dieu mercy, mais de paix ie n'en ay voulu faire, & iamais ne se fera par moy tant que ie viuray. Sire, dirent aucuns de ses barons, comment vous a esté bayard deliuré, ma foi regnaut me l'a deliuré malgré ses freres tout quitte à ma volonté. Sire dirent les barons auez vous point veu roland, Oliuier, le duc Naimes, Oger, l'Archeuesque Turpin & Estout oui asseurément, mais ils m'ont tous abandonné pour l'amour de regnaut, si je les puis tenir ie leur monstreray qu'ils ont mal fait. Il fit mener bayard à regnaut, lequel apres l'auoir recouuert, il dist à roland & à ses compagnons, Seigneurs, ie connois qu'estes en mallegrace du roy pour l'amour de moy, parquoy Seigneurs ie vous quitte toutes les querelles que ie pourrois auoir sur vous, & vous baille congé de vous en aller quand il vous plaira. Lors les barons s'en retournerent deuers l'ost du roi, & lui dirent, Sire nous venons vous crier mercy, vous suppliant qu'il vous plaise nous pardonner vostre mal-talent: car puis qu'auons connu que la paix ne vous aggreoit, nous auons abandonné regnaut & ses freres, & iamais tant que serons en vie il n'aura secours de nous. Seigneurs dist-il ie vous pardonne, mais d'vne chose vous prie, c'est qu'allions assaillir Montauban tant de iour que de nuict: car ie suis asseuré qu'ils n'ont gueres de viures, nous auons serré le passage de si prés que nul n'en sçauroit sortir ni entrer pour porter viures en nulle maniere, parquoy il me semble qu'ils seront bien-tost affamez. D'autre-part, qui pis vaut pour eux ils ont perdu le traistre Maugis qui estoit toute leur esperance, parquoy ie suis deliberé de ne iamais leuer mon siege que ie ne les aye a ma volonté. Lors parla le duc Naimes, & dist, sire, vous dites que ceux de montauban n'ont que manger & que vous ne partirez du siege iusques à ce que les ayez affamé, pour vray vous y serez plus longtemps que ne pensez. Sire, ie vous supplie de croire mon conseil s'il vous semble bon. Premierement, regardez la courtoisie que regnaut vous a faite, car si ce n'eust esté lui tout l'or du monde n'eust peu empescher que richard son frere ne vous eust tranché la teste. Item pensez à la grande humilité qu'il vous a tousiours fait, à la fiance qu'il eut en vous quand il vous donna son cheual qui estoit le nompareil du monde. Si vous pensez bien à tout vous trouuerez que iamais homme ne vous fit si grande courtoisie que lui, & d'autre part ils sont vaillans cheualiers cõme chacun sçait. Ie vous iure, sire sur tous les saints qu'auant que preniés Montauban, lui & ses gens vous feront tel dommage que vous en serés longuement courroucé. Et encore deuez bien regarder comment nous gastõs les champs, & despendez vostre argent, mieux vaudroit pour l'honneur de vous qu'employassiez ce que despendez sur les sarrazins, que de les despendre contre les quatre fils Aimon. Car les sarrazins sont maintenant en repos & grand ioye, à l'occasion de cette guerre, car si la guerre leur est faillie, nous l'auons sur nous mesmes, laquelle est si cruelle & horrible que plusieurs nobles & vaillans cheualiers en sont morts. Charlemagne en fut fort ébahy, quand il ouyt le duc Naimes ainsi parler, & lui mua tout le sang & deuint tout passe comme vn drap blanc tant il estoit courroucé, & se mist à regarder Naimes de trauers, & luy dist par grande felonnie, duc Naimes, par la foi que ie dois à Dieu s'il y a si hardi qui iamais me parle de faire accord enuers les quatre fils Aimon iamais ne l'aimeray; car ie suis resout de n'en rien faire pour tel qui soit qui m'en puisse parler, & si les prendray quoy qu'il me couste, ou iamais d'icy ne partiray. Quand les barons l'ouyrent ainsi parler si fierement, ils en furent tous ébahis, & laisserent à parler de cette matiere. Quand Oger vit que tous les barons laisserent à parler, il commença à dire au Roi. Maudite soit l'heure que regnaut ne vous laissa coupper la teste par richard, car vous ne le menasseriez pas maintenant: quand il entendit ce qu'Oger luy disoit il baissa le chef, & puis dit Or sus barons ie vous recommande que chacun se mette en armes; car ie veux que Montauban soit assailli tout maintenant. Ce qu'ils firent. Quand ils furet appareillez, ils s'en vindrent par bonne ordonnance, portant eschelles & marteaux pour les murailles effondrer, & se presenterent au Roy pour accomplir sa volonté. Quand il les vit si bien apprestez, il leur commanda d'aller assaillir Mōtauban. Regnaut apperceuāt venir les ennemis appella son frere Alard & lui dit. Frere, ie vous prie que preniez boudie mon bon cor, & sonnez hautement, afin que nos gens s'arment; car voicy les François qui nous viennent assaillir, ce qu'il fit. Quand ceux du Chasteau l'ouyrent il en furent bien ébahis, & sans faire longue demeure s'allerent tous armer, & coururent en deffence sur les murailles. Les François arriuerent & se ietterent dedans les fossez & dresserent bien leurs eschelles contre la muraille, mais ceux de dedans se deffendirent fort vaillamment, & dōmagerent fort les François; car Regnaut & ses freres faisoiēt si bonne deffence que nul ne pouuoit soustenir leurs coups.

Telle resistance firent ceux de Montauban, qu'ils firent trébucher ceux qui estoient sur les eschelles. Lors quand le Roi vit cela, il connut bien que par force ne prendroit iamais Montauban. Il fit sonner la retraite, dont les François furent ioyeux, & vous dis que le roi laissa tel gage aux fossez, dont long-temps apres il en fut marry. Apres que les François furent retirez, le roy iura que iamais ne se partiroit de deuant Montauban qu'il ne l'eust affamé. Lors commanda qu'à chacune porte on y mist deux cens Cheualiers pour garder que nul n'en peust sortir. Regnaut voyant cela se mist à genoux, & ioignant ses deux mains vers le Ciel il dist. O mō Dieu qui en Croix souffristes mort & passion, ie vous supplie de permettre que nous ayons paix auec le Roy. Et quand

Richard ouy la priere de son frere, il lui dist. Frere, si m'eussiez creu maintenant fussions en paix, & Charlemagne eust esté bien ioyeux d'accorder pour sauuer sa vie, vous sçauez que nostre cousin le nous auoit rendu ceans prisonnier, a celle fin d'auoir paix auec lui, mais n'y auez voulu rien entendre, dont ie vous promets qu'il ne nous en prendra pas bien. Tant demeura Charlemagne au siege de Montauban, que ceux de dedans auoiét grand souffrances de viure; car qui pouuoit auoir vn peu de pain il le mussoit incontinét, pource qu'on n'en pouuoit trouuer pour or ne pour argent, tellemét qu'ils mouroient de faim par les rués, & musloit la viande a l'autre : le pere a l'enfant & le fils a la mere. Et fut contraint Regnaut de faire vn charnier pour enterrer les morts, Richard vit son frere regnaut en grand destresse, & luy dist. Frere, il nous va pis que iamais, mieux eust valu occire le roy, & nous ne fussiós pas en vne si grande pauureté, puis se mist a pleurer en disant. Helas! pourquoy plains-ie autruy, ie me deusse plaindre moy-mesme, puis qu'il me conuient mourir, & estre mis au charnier comme le plus petit. Maugis mon bon cousin où estes-vous maintenant, vous nous faillez bien au besoin, & si estiez ceans nous n'aurions garde de mourir, & ne douterions le roy. Ie sçay bien que vous trouueriez assez de viádes pour nous tous. Helas, il faut tous mourir de faim; car le roi nous haït plus que tous les payens & sarrazins, il ne nous faut pas attendre qu'il aye pitié de nous : car c'est le plus cruel roy du monde. Charlemagne sçeut par aucuns de ses gens la grande famine qui estoit dedans Montauban, dont il fut ioyeux. Il fit assembler tous ses barons & leur dist. Seigneurs, ceux de Montauban se rendront à moy malgré leurs dents, car la pluspart d'eux sont morts de faim Ie veux que Regnaut soit pendu, & ses freres aussi, mais auant ie veux que son frere richard soit traisné par vn roussin & si vous deffends à tous que nul ne soit si hardi de m'en parler au contraire de ma volonté. Quand le duc Naimes & roland, Oliuier, l'Archeuesque Turpin & Estou ouyrent ainsi parler le roy, ils furent tres-mal contents pour l'amour de regnaut, & ses freres. Ils baisserent leurs testes sans mot dire de peur d'encourir sa malle grace. Or durant le temps que Charlemagne estoit au siege de Mótauban, persecutant les quatre fils Aimon, leur pere estoit au party du roi, menant guerre contre ses enfans; car il les auoit foriurez cóme dessus auez ouy. Quád il ouyt les menaces que le roi faisoit à ses enfans, il en fut fort courroucé, car il sçauoit bié que si ses enfans mouroient, qu'il n'auroit iamais ioye, & quelque guerre qu'il leur menast, si les aymoit-il naturellement comme ses enfans, car nature ne peut mentir. Parquoy il ne se peut tenir de dire au roi. Sire, ie vous supplie de mener mes enfans a droit, car si ie les ay foriurez toutes-fois ils sont mes enfans. Taisez vous dist le roi, ie veux qu'il soit ainsi, car regnaut occit mon neueu que tant i'aimois. Puis il vit que les Barons parloient l'vn a l'autre, ausquels il dist, Seigneurs, laissez le murmure, car ie vous iure sur ma foi que ie ne laisserai pour homme du monde que n'en fasse a ma volóté. Parquoi ie vous commande qu'vn chacun de vous fasse faire des engins pour abbatre celle Tour & tout le surplus aussi, car en cette maniere nous les rendrons grandement ébahis, & vous mon neueu roland, des engins ferez faire sept. Oliuier en fera faire six, le duc Naimés quatre, l'Archeuesque Turpin & Oger autre quatre, & vous Duc Aimon vous en ferez trois. Comment pourray-ie ceci faire beau Sire Dieu, dist le Duc Aimon. Sire, vous sçauez qu'ils sont mes enfans & non pas enfans, mais les plus vaillans cheualiers du monde, & vous promets que si ie les voy mourir que ie forceneray de rage. Quand le roi ouyt ainsi parler le duc Aimon, il en fut courroucé, & se mist a ronger vn baston qu'il tenoit en sa main, puis il dist s'il y a aucun de vous qui ne fasse ma volonté, ie luy trencheray la teste de mon espée. Sire dist le duc Naimes, ne vous courroucez pas, car il sera faict ce qu'auez commandé tout à present. Adonc les barons firent faire des engins ainsi que le roy leur auoit commandé, lesquels furent vistement apprestez, & s'estoient engins pour ietter grand nombre de pierres, on les fit leuer contre le Chasteau, & le dommage eut grandement, tant que le cri fut grand parmi le Chasteau: car chacun s'alloit musser où il pouuoit, Ceux de Mõtauban endurerent cette perplexité iusques a ce qu'ils n'eurent plus que manger. Regnaut voyant vne telle extremité dist. O Dieu que pourray-ie faire: or voy-bien que plus ne peux resister: car ie ne sçay ou prendre des viures. Helas vray Dieu, ou est Maugis, que ne sçait-il mon affaire? Dame Claire oyant Renaut elle lui dist, Monseigneur & ansi vous auez tort de vous desconforter vous nous descouragez tous ceans. Et outre plus il y a encore plus de cent cheuaux ceans, ie vous prie qu'en fassiez tuer vn & nous le mangerons, puis elle tomba pasmée aux pieds de son mari de grande foiblesse. Renaut la redressa & la tint entre ses bras, quand elle fut reuenue tout en pleurant elle se print a dire. Helas Vierge Marie le cœur me faut tant i'ay faim. Helas mes enfans iamais ie n'eusse pensé que vous mourissiez de famine. Renaut fit tuer vn cheual qu'il fit appareiller pour en donner a ses gens. Tous les cheuaux qui estoient dedans Montauban furent mãgez l'vn apres l'autre excepté quatre, à sçauoir Bayard & les cheuaux de ses trois freres. Quand il n'y eut plus rien que manger Renaut dist à ses freres, que ferons-nous? il n'y a plus rien a manger fors que nos quatre cheuaux, faisons-en tuer vn, afin que nos gens mangent. Richard dist, ce ne sera pas le mien, & si vous auez faim de manger faites tuer le vostre, car le mien n'aurez-vous pas, & si auez mestier il vous appartient bien, par vostre orgueil nous sommes en ce point, pource que laissastes aller Charlemagne, & si m'eussiez creu cette meschanceté ne vous fust aduenuë. Cependant vint le petit Aymon qui dist a Regnaut en cette maniere. Mon oncle, la chose qu'on ne peut amender on la doit passer le mieux qu'on peut, trop est laid de reprendre les choses passées, mais faites ce que mon pere vous cõmande, s'il a failli à son attente, il l'a bien cher achetée. Richard eut grand pitié de son neueu l'oyant parler si sagement. Lors dist a Regnaut, faites tuer mon cheual quand il vous plaira & en donnez a Madame vostre femme, & a mes petits neueux; car mon neueu Aymon que voicy a bien gaigné a manger pour le bon conseil qu'il m'a donné. Frere dist Alard, faites tuer lequel il vous plaira, fors seulement bayard; car celuy ne mourra point, ce seroit trop grand dommage, ie vous iure que i'aymerois mieux mourir, que Bayard fust occis. Frere dist Richard, vous dites bien, lors on fit tuer le cheual de Richard & le mangerent. Regnaut voyant qu'il n'auoit plus que manger il estoit plus dolent que ses freres, & de sa femme que de luy-mesme. Lors il dist: Helas ie suis sans coup ferir, il m'eust valu mieux croire mon frere: car ie ne fusse pas en la misere ou ie suis. Or voy-ie bien que Charlemagne m'a tant chassé qu'il m'a mis en ses lacs & n'en peux echapper. Ie cõnois bien qu'a nul ne m'en dois plaindre, car moy-mesme ay fait la verge dõt ie suis battu, mais mõ repentir est trop tard. Rechard dist à son frere, que ferons-nous, il nous conuient rendre puisque nous ne sçauons plus que faire. Regnaut dist, frere, nous rendrons-nous au plus felon Roy du monde. Mangeons plustost non seulemét mon cheual bayard, mais mes propres enfans, pour tousiours durer & viure, attendant quelque secours ou moyen de respit: car i'ay ouy dire qu'vn iour de respit vaut aucunefois beaucoup. Frere, dist Alard, ie conseille que nous mangions Bayard auant, qui nous a tant de fois gardé de mort. Regnaut dist, frere voulez vous manger bayard qui est la meilleure beste du monde, ie vous prie qu'auát que l'occiez que vous m'occiez moy-mesme, car ie ne le pourrois voir mourir. Et quand vous m'aurez occis tuez hardiment bayard. Et si vous ne voulez ce faire, ie vous deffendray si cher comme vous m'aimez que vous ne le touchiez, car qui mal luy fera il me le fera. Et quand la duchesse ouyt ainsi parler regnaut elle ne sçeut que faire. Lors elle dist auec regret. Ha gentil duc debonnaire, que ferons nos pauures enfans, voulez-vous qu'ils meurent de faim par faute de vostre cheual, car il y a trois iours passez que rien n'ont mangé, en bref leur faudra la vie & moy aussi, car le cœur me faut par force de faim, & me verrez à present mourir si ie n'ay secours. Et quand les enfans ouyrent ainsi parler leur mere, ils dirent à Regnaut, pere pour Dieu liurez nous vostre cheual, car aussi bien mourra il de faim & vaut mieux qu'il meure que nous. Et quand les freres ouyrent ainsi parler leurs neueux. Richard dist à Regnaut. Ha gentil duc, pour Dieu ne souffrez que vos enfans, & madame vostre femme meurent de faim & nous aussi. Et quand Regnaut ouyt ainsi parler son frere le cœur lui attendrit, & cómença à pleurer & dist beaux freres puis qu'il vous plaist que bayard meure, ie vous prie que l'occiez. Et quand tous furent d'accord que bayard fust occis, ils vindrét à l'estable & le trouuerét qu'il getta vn grand souspir. Et quand regnaut vit ce, il dist qu'il s'occiroit luy-mesme auant que bayard eust mal, car plusieurs fois il l'auoit gardé de mort. Et quand les enfans de regnaut ouyrent ce, ils s'en retournerent à leur mere, en pleurant de la grand faim qu'ils souffroient. Quand regnaut vit que ses enfans s'en estoient allez, il vint à bayard, & lui donna vn peu de foin, car il n'auoit autre chose pour lui donner, & puis s'en vint à ses freres, & trouua Alard qui tenoit Aimon son neueu qui pleuroit, & richard tenoit Yon & Guichard tenoit la Duchesse qui estoit pasmée, & leur dist. Helas pour Dieu mercy, ie vous prie que vous preniez courage iusqu'à la nuit & ie vous promets que nous aurons a manger. Frere, dist Alard, il le nous cóuient souffrir vueille ou non Et tant attendirent les Cheualiers, que la nuict venuë regnaut dist, mes freres ie veux aller parler à nostre pere pour voir ce qu'il me dira, & s'il nous laira mourir de faim Frere dist richard, ie veux aller auec vous s'il vous plaist, & vous en serez plus asseuré Mon frere, dist regnaut, vous n'y viendrez pas; car i'y veux aller tout seul, & si ie ne vous apporte a manger ie vous deliureray bayard pour en faire a vostre volonté. Regnaut se fit tres-bien armer, & monta sur bayard, & sortit hors de Montauban le plus secrettement qu'il peut, & s'en alla au pauillon de son pere qu'il cónoissoit pour l'auoir veu de iour de dessus la grand tour Aduint qu'il trouua le duc Aimon son pere hors du pauillon seul qui estoit en espie, pour sçauoir s'il pourroit auoir nouuelles du chasteau de Montauban. Quand regnaut vit son pere, il luy dist. Qui es-tu qui vas seul a cette heure? Quand Aimon ouyt parler regnaut il le connut bien, & fut fort ioyeux, mais n'en fit nul semblant puis lui dist, mais toi qui es tu? qui vas a cette heure si haut monté. Quand regnaut ouyt parler son pere il le connut bien, & lui dist. Sire, pour Dieu ayez mercy de nous car nous mourons de faim, & tous mes gens sont morts & n'auons plus que bayard qui ne mourra, tant que ie viuray, car a moi & a mes freres a maintes fois sauué la vie. Helas pere, si ne voulez auoit merci de nous, aiez le de mes enfans. Mon fils dist Aimon, ie ne vous puis de rien aider, mais vous en allez, car ie vous ay foriurez & pourtant ne me pariureray pour chose qui soit au mõde, & de ce que ie ne vous puis aider i'en ay le cœur fort dolent. Mon pere dist regnaut, vous parlez mal ne vous desplaise, car si vous ne donnés secours, sçachés que dedans trois iours ma femme, mes enfans, mes freres & moi mourrons par force de famine, car il y a desia trois iours passés que nul de nous n'a rien mangé, & ne sçai quelle chose faire. Helas vous estes nostre pere, & si nous deués conforter, ie sçai bien que si le roi nous tient, il nous fera tous pendre, & ce ne vous seroit pas vn honneur, parquoi vous ne nous deués faillir, c'est la loy droicturiere. Mon pere pour Dieu ayés merci de nous, & ne tenés pas vostre courage contre vos enfans, ce seroit grande cruauté: aussi vous sçaués bien que Charlemagne a grand tort de nous persecuter ainsi. Aimon eut grand pitié du dueil de regnaut, puis le regarda en pleurant, & lui dist Beau fils vous aués dit verité, car le roi vous veut grand mal, & pour ce descendés & entrés en mõ pauillon, & prenés tout ce qu'il vous plaira, car rien ne vous sera caché, pourtant ie ne vous donnerai qui fausse mon serment, regnaut descendit a pied, & s'agenoüilla deuant lui en le remerciant humblement. Lors entra au pauillon & chargea Bayard de pain & de chair fraische & salée, or bayard en portoit plus que n'eussent fait dix autres cheuaux. Et quand la nuit fut venuë, Aimon qui ne pouuoit oublier ses enfans, dist à son maistre d'hostel. Vous sçauez comment i'ay foriuré mes enfans, dont i'en ay grand regret, car ils sont en grande pauureté & destresse, & encores que ie les aye foriurez, ie ne leur dois faillir nullement, nous auons trois engins que Charlemagne m'a fait faire pour les dommager dont nous les auons dommagez tant qu'auons peu: or il conuient maintenant que nous leur aidions, & ie vous diray comment. Faites que vous mettiez dedans les engins du pain, de la chair salée & de la fraische à grand planté au lieu de pierres, & faites ietter dedans le chasteau, car si ie deuois mourir de faim, si ne leur faudrai-ie iamais, tant que i'auray dequoy, & me repens du mal que ie leur ay fait: car tout le monde m'en deuroit blasmer & par raison. Sire, dist le maistre d'hostel, vous dites tres-bien vous en auez tant fait que chacun vous en mesprise grandement. Lors fit emplir les engins de victuailles, & commanda aux maistres des engins de les ietter dedans montauban.

Plusieurs de l'ost blasmoient le vieil Aimon de ce qu'il tiroit contre ses enfans, car ils cuidoient que ce fussent pierres. Le lendemain Regnaut trouua des viures à foison que son pere lui auoit fait ietter, dont il fut bien ioyeux, & dist. Beau sire Dieu, benist soyez-vous. Or vois-ie bien que celuy qui a en vous esperance ne peut en aucun mal venir, & puis appella ses freres & sa féme, & leur dist, mes freres, vous voicz comment nostre pere a eu pitié de nous. Charlemagne sçeut que le vieil Aimon auoit donné des viures à ses enfans, & incontinent lui dist. Aimon, comment estes-vous si hardi d'auoir donné à manger à mes ennemis, que ie hay mortellement. Or sçay-ie bien comment la chose en va, vous ne vous en pouuez pas honnestement excuser, mais ie m'en vengerai auant que la nuit vienne ; car vous en perdrez la teste. Sire, dist Aymon ie ne le veux point nier, mais ie vous dis que si vous me deuiez faire mourir & ietter dedans vn feu, que ie ne faudrai à mes enfans tant que i'aurai dequoi. Sire, mes enfans ne sont ny larrons ny traistres, ny meurtriers, mais sont les meilleurs cheualiers du monde & plus loyaux. Et ne les cuidez ia occire en telle maniere, vous auez trop longuement mené cette guerre, il vous deuoit suffire de ce qu'auez fait. Quand il ouyt ainsi parler Aymon il en fut dolent, & peu s'en faillit qu'il ne frappast Aimon. Le duc Naimes dist. Sire roy enuoyez Aymon, car trop l'auez tenu icy. Vous pouuez bien sçauoir qu'Aymon ne souffriroit pas que ses enfans fussent destruicts, & pource vous ne l'en deuez blasmer. Charlemagne luy dist. Puis que vous l'auez iugé vous n'en serez pas desdy. Et se tourna deuers le duc Aimon, & lui dist : or uidez de mon ost ; car vous m'auez fait plus de dõmage que de profit. Sire dist Aimon, volontiers feray vostre commandement. Et lors monta a cheual & dist au douze pairs de France. Seigneurs, ie vous prie tous que mes enfans vous soiét recommandez. Seigneurs dist le roy, ie commande que fassiez desfaire tous vos engins ; car par eux i'ay perdu le Chasteau de Montauban. Et par ainsi Regnaut demeura longtemps en bonne paix, mais quand il eut assez duré, les viures commencerent à faillir, parquoy il dist, beau sire Dieu, que feray-ie, ie connois qu'au long aller nous ne pouuons tenir & n'aura Charlemagne mercy de nous. Helas Maugis que n'estes-vous icy pour nous empescher de souffrir tant de peine. Ainsi que Regnaut se complaignoit en soi-mesme : voicy venir Alard qui estoit si foible qu'à peine se pouuoit-il soustenir, si dist à Regnaut Pour Dieu sire, faites occire Bayard car nous ne pouuons plus viure sans manger. Regnaut vint à Bayard pour l'occire. Quand Bayard le vit il commença à mener grand ioye. Regnaut lui dist. Ha Bayard bonne beste si i'auois cœur pour vous faire mal ie serois bien cruel. Quand Yonnet l'vn de ses enfans entendit ce, il dist à son pere. Sire qu'attendez-vous a tuer Bayard ; car i'enrage de faim, & si ie n'ay quelque chose à manger en bref vous me verrez mourir, mon frere & ma mere ; car nous ne pouuons plus viure. Quand Regnaut ouyt son fils ainsi parler il en eut grand pitié, & d'autre part il n'osoit tuer Bayard qui lui faisoit grand feste. Lors commença à penser cõment Bayard ne mourroit point, lors demanda vn bassin & saignit Bayard au costé, lequel ietta grand sang. Quand il eut assez saigné, Regnaut banda la playe, & Alard print le sang, & le porta habiller, quand il fut bien cuit, ils en mangerent chacun vn petit, qui leur donna fort grand substance, regnaut & toute sa compagnie demourerent bien quatre iours qu'ils ne mangerent autre. Au cinquiesme iour on le cuida resaigner, mais il estoit si mal qu'il ne iettoit point de sang. La Duchesse se print à pleurer, & dist, Sire pour Dieu puisque vostre cheual ne rend plus de sang, faites-le tuer & vos enfans en mangerons, vous & vos freres & moy aussi, autrement nous mourrons de malle famine. Dame, dist regnaut, ie n'en feray rien ; car bayard nous a fait tousiours bonne compagnie à la vie, & aussi il nous la fera a la mort, ça, nous mourrons tous deux ensemblement.

Comme Regnaut, & les siens sortirent par dessous terre de Montaubã estant affamez par le siege, & s'en allerent à Dordonne, & la derechef Charlemagne les alla assieger.

Chapitre 26.

OR auoit leans vn hõme fort ancien qui dità Regnaut, sire ie voy que sommes tous morts de famine si Dieu na pitié de nous. Ie vous veux monstrer vne voye par ou pouués sortir de ceans à seureté sans le sçeu de Charlemagne. Et deuez sçauoir que ceste place a esté autrefois bien fermée & le Seigneur fit la faire vne voye sous terre qui va iusques au bois de la serpente. Faictes fouir la ou ie vous monstreray, & vous la trouuerez. Regnaut en fut ioyeux, & dit. Or ay ie trouué ce que ie desire car ie m'enïray à Dordonne ou ie seray à seureté. Et lors le fit mener au lieu qu'il auoit dit, & fit fouir, & trouua la caue. Lors fit sceller bayard, puis se mit dans la voye de la caue luy sa femme, & ses enfans, & tous ses gens, grand nombre de torches fit allumer Regnaut, quand ils furent dedans pour voir plus clairemẽt, puis ordonna son auant-garde de ce peu de gens qu'il auoit, & luy auec ses freres, & ses gens faisoit l'arriere garde. Quãd Regnaut eut bien ordonné son affaire, ils se mirent en chemin deuers la caue qui estoit grande, & plantureuse, & quand ils eurent cheminé vne longue espace de temps il s'arresta, & dit à ses freres. nous auons tres-mal fait, car nous auons laissé le roy Yon en prison, certes i'aymerois mieux mourir que de le laisser ainsi, car il mourroit de famine comme vn loup enragé, & seroit grand peché à nous. Par bien dit Richard il l'a bien desseruy: car d'vn homme qui est traistre on n'en doit à point auoir pitié. Regnaut s'en retourna pour l'oster de prison, & l'emmener auec luy. Or estant à la fin de la caue ils se trouuerent au bois de la serpente droictement au point du iour. Ils estoient bien ioyeux de ce qu'il estoient eschappez de Charlemagne. Puis Regnaut regarda autour de luy, & cogneut bien ou il estoit, si appella ses freres, & leur dit, il me semble que nous sommes pres de l'Hermitage de Bernard mon bon amy. Frere dit Alard vous dites verité : mais que ferons nous; Regnaut dit, ie conseille pour le plus profitable que nous y allions, & y demeurions iusques à tant que la nuict soit venuë, & nous en irons puis apres à Dordonne, car de iour ie ne conseille pas que nous y aillons, & d'autre-part ne peut-estre que l'hermite n'ait quelque chose à mãger que donnerons à ma femme & à mes enfans. Ils trouuerent l'hermitage, mais en allant parmy le bois ils s'escarterent, & comme bestes sauuages mangeoient l'herbe tant auoient faim. Regnaut leur dit. Seigneurs ce que vous faictes vous pourroit bien porter dommage de vous separer ainsi, ie vous prie que chacun se ralie, & allons en l'hermitage, car nous y trouuerons Bernard l'ermite qui nous fera bonne chere. Regnaut heurta à la porte, & Bernard luy vint ouurir en embrassant. Regnaut disant. Seigneur, soiez le bien venu, d'ou venez vous, & comment vous va, Bernard i'ay laissé Montauban par force de faim, & m'en vais à Dordonne car ie ne puis autre chose faire pour le present ie vous prie que si auez à manger, qu'en donniez pour Dieu à ma femme & à mes enfans, car ils sont affamez. Bernard en eut pitié pour la destresse qu'il vit en luy, & ses gens, & d'autre part il fut ioyeux de le voir hors du danger de Charlemagne Si s'en vint à la duchesse, & luy dit, Dame soyez la bien venuë, ne craignez point car vous estes en lieu ou aurez repos & ioye. Lors entra en sa chambre, & apporta pain & vin, & ce que Dieu luy auoit donné puis s'assit pres de Regnaut, & luy dit. Seigneurs prenez en gré s'il vous plaist les biens que Dieu m'a donné grand mercy dit Regnaut voicy bõnes nouuelles pour nous. Tout ce iour demeurerẽt auec l'hermite, puis quand la nuict fut venuë il dit à l'hermite qu'il s'en vouloit aller, lequel luy donna trois cheuaux, dont la duchesse en eut vn, & les enfans les deux autres & se mirent en chemin vers Dordonne. Quand ceux de la cité sçeurent que leur Seigneur estoit venu que tant auoient desiré, ils le receurent honorablemẽt, & le conduisirent iusques à la forteresse, puis les bourgeois menerent grand feste parmy la ville. Adonc tous les barons du pays vindrent incontinent faire hommage, cõme à leur prince, & seigneur, Charlemagne cheuauchant autour de Montauban, il ne vit personne sur les murs comme auoit accoustumé. Il enuoya querir tous ses barõs, & leur dit. Seigneurs il y a bien huict iours que ie n'ay veu personne dessus les murs de Montauban, parquoy ie croy que Regnaut soit mort, & tous ses gens. Sire dit le duc Naymes il seroit bon qu'on sçeut la verité. Charlemagne monta à cheual, & tous ses Barons, & s'en allerent deuant Montauban, & venant à la porte firent semblant d'assaillir le chasteau mais nul n'apparoissoit sur les murailles du chasteau, or a pẽsa proprement que Regnaut, & ses gens fussent morts de faim. Lors fit apporter vne eschelle bien haute, & la fit apposer contre les murailles Roland monta le premier, puis Oger, Oliuier & le duc Naymes. Quand ils furent sur les murs ils regarderent dedans, & ne virent personne si descendirent dedans, & ouurirent les portes, & firent entrer le roy, & ses gens Lors il dit que tout cela auoit esté fait par l'art de Maugis, & qui les auoit fait tous sauuer. Le Roy Charlemagne cheuaucha parmy le chasteau de Mõtaubã pour trouuer Regnaut ou aucun de ses freres. Et enfin il trouua le chemin par ou Regnaut, & ses gẽs s'en estoient allez il vit la caue, & en fut fort esbahy Lors appella Oger, & luy mõstra la voye par ou ils estoient sortis, & dit, tout ce cy a fait Maugis, Sire dit le duc Naymes, vous blasmez Maugis mais ceste caue demõstre estre faite de plus de cent ans. Charlemagne dit, or tost cherchez ceste caue pour voir ou elle va, car ie ne seray iamais aise que ie ne le sache. Rolãd fit allumer grand nombre de torche pour voir clair & entra dedans auec grand nombre de frãçois, & tant allerent par icelle qu'ils se trouuerent au bois de la serpente alors dit a ses gens. Seigneurs il me sẽble que d'aller plus auant ce seroit grand folie. Sire dirent-ils, retournons deuers vostre oncle pour luy dire ce qu'auons trouué en ceste caue. Charlemagne demanda à son neueu, auez vous point trouué l'issue de la caue. Sire dit Roland, regnaut & ses gens s'en sont allez ils emmeine bayard voicy les pas tous formez. Le roy en fut fasché & à mesme temps enuoya des messagers par tout le pays pour auoir nouuelles de Regnaut & ses freres. Il commanda que son ost allast loger à montauban & la y demeurerent six iours.

Lors les barons menoient grand ioye de ce que regnaut & ses freres estoiẽt échappez. Si vint vn messager au roy & luy dit. Sire i'ay veu les quatre fils Aymon menant grand ioye en cõpagnie de barons & de cheualiers qui tiennent grand court dedans dordonne, la ou il faict de riches dons à chacun & suis fort esmerueillé ou il a prins si grand tresor, il a fait vne grande assemblée de gens de guerre pour se deffendre à l'encontre de vous, si les allez assaillir. Le Roy charlemagne iura qu'il ne coucheroit iamais en lit qu'il n'eust assiegé Dordonne. Il commanda que chacun se mist en chemin deuers Dordonne, incontinent il se mirent en voye & tant cheminerent qu'ils arriuerent a mont-orgueil qu'ils estoit assez prés de Dordonne, tant qu'on pouuoit voir les cloches. Ceste nuict y logea l'ost de Charlemagne, auquel il fit faire bõ guet toute la nuit. Quand le iour fut venu, il fit mettre ses gens en ordonnance & se mit à cheuaucher deuers Dordonne.

Quand regnaut apperçeut qu'on l'assiegeoit il iura qu'il ne feroit pas comme à mõtanban, mais qu'il iroit assaillir charlemagne, & que s'il pouuoit tomber entre ses mains qu'il n'en auroit pitié cõme il auoit eu autrefois. Frere dit Richard maintenant vous parlez en cheualier, & ie iure ma foy qu'auparauãt qu'il nous assiege i'en occiray plus de cent & si Dieu ne nous faille nous le ferons mal content. Regnaut fit sonner bondie son bon cor & fit armer ses gens, il sortirent de la cité puis ordõna ses batailles & dit, Mes freres auiourd'huy est le iour que nous mourrons tous, ou ferons tant que finirõs la guerre parquoy ie vous prie que chacun se monstre vaillant cheualier, car i'ay en vous toute mon esperãce. Frere dit Alard nous ferõs nostre deuoir & vous mettez deuant quand il vous plaira. Regnaut picqua bayard & se mit dedãs ses ennemis. Le roy Charlemagne le voyant venir en si belle ordonnance il en fut ébahy & dit. Hé Dieu, ou ont-ils si tost amassez tant de gens : car ils ont autant que iamais, si ie le peux tenir i'en feray la iustice. Il fit ordonner ses batailles & monta à cheual. Regnaut voyãt que les deux osts s'approchoiẽt, il dit à son frere richard qu'il vouloit parler au roy pour sçauoir s'il luy vouloit pardonner son maltalãt. Frere dit richard, vous ne valez pas vn bouton, car le cœur vous est desia failly. Va meschant dit regnaut, i'y veux aller, & s'il me refuse la paix, ie vouë à Dieu que iamais ne l'en requerreray.

Frere dit Alard, vous parlez sagement, lors regnaut picqua bayard & courut vers charlemagne auquel il dit. Sire, pour dieu si c'est de vostre plaisir, souffrez que nous ayons paix auec vous, & que ceste guerre qui à tant duré prenne fin, ie feray tous ce qu'il vous plaira, & vous donneray mon bon cheual Bayard. Va glouton dit Charlemagne, fuys de deuant moy, que si ie vous peux tenir ie vous feray mourir de male mort. Si dit Regnaut, non ferez si Dieu plaist, car bien nous deffendrons. Frappez vassaux dit le roy, ie ne vous prise point si ce glouton m'eschappe. Lors Regnaut picqua bayard, & courut sur vn Cheualier qu'il frappa si rudemét en la poictrine qu'il l'abbatit mort a terre, puis s'en alla vers ses gens.

Quand Charlemagne vit ce, il cria a haute voix. Frappés seigneurs maintenant ils seront desconfits. Quád Roland ouyt ainsi crier Charlemagne, ils coururent tous apres Regnaut mais ii ne le peurent atteindre. Quand Richard vit venir son frere il luy vint à l'encontre, & luy dit. Frere, quelles nouuelles apportez vous aurons nous paix. Frere pensons de faire le mieux que nous pourrons, car nous n'aurons pas la paix Dieu nous benisse de ces bonnes nouuelles, car ie pense auiourd'huy faire telles chose, dont le Roy sera courroucé. Frere dit Regnaut, ie vo⁹ prie de vous monstrer vaillans contre nos ennemis. Quand Charlemagne vit qu'il estoit temps de frapper il appella le duc Naymes hastiuemét, & luy dit Naymes tenez mon Oriflan, & pensé de faire comme bon cheualier, en gardât mon honneur Sire dit-il, bien me greue que n'auez faict autrement, c'est de n'auoir donné paix, car la guerre a trop longuement duré Naymes ie vous commâde que de ce ne me parlez, car tant que viuray ils n'auront paix à moy Regnaut voyant l'oriflan il s'en alla en la plus grande presse, & frappa vn Cheualier si durement qu'il le ietta mort a terre, puis derechef frappa sur ses ennemis sans cesser, & en ietta de sa lance iusques à quatre, & au troisiesme coup brisa sa lance en trois, pieces, puis mit la main à l'espée, & frappa vn cheualier si rudement sur son heaume qu'il le fendit iusques aux dents qui en frappa vn autre à qui il fit voler la teste ius des espaules. Quâd il eut fait ces beaux coups il cria Dordonne tant qu'il peut pour esbahir ses gens, puis il dist. Or a eux francs cheualiers, car auiourd'huy vangerons la honte que Charlemagne nous a fait si longuement, & sans raison.

Quand Alard, Guichard, & Richard, ouyrent ainsi parler Regnaut, il se mirent à courir sur leur ennemis par telle maniere qu'ils abbatirét chacun sept Cheualiers de celle atteinte. Qui lors fut illec il eust veu noble cheualerie d'armes au quatre fils Aymon, car depuis qu'ils furét assemblez les gens de Charlemagne ne peurét durer auec eux Regnaut & ses freres les alloient abbatant comme bestes si que la plus part furent desconfits. Le roy courut sur les gens de Regnaut, & frappa vn cheualier si durement qu'il l'abbatit mort à terre, dont la lance vola en pieces. Lors mit la main à son espée nommée ioyeuse & en fit merueille, si que les gens l'en loüerent, & puis se porta si vaillamment, & courageusement que les gens de Regnaut furent côtrains de fuyr. Quand Regnaut apperçeut que ses gens se retiroient, il vint à son enseigne & luy dit. Mon amy, cheuauchez vers Dordonne le plus sagement que pourrez, car trop nous sommes combatus il est temps de nous reposer. Sire dit le cheualier, bien feray vostre commendement Et incontinent se mit en chemin vers Dordonne. Lors Regnaut appella ses freres, & leur dist mes freres tenons nous derriere car autrement sômes perdus Frere dit Richard ne doutez de rien. Quand Charlemagne vit que Regnaut s'en estoit allé auec sa côpagnie, il cria Apres seigneurs apres car maintenant sôt descôfits, par icelle parolle maints cheualiers perdirét la vie, car tel eschauffa Regnaut qu'il s'en repentit cherement pource que luy, & ses freres en firent mourir plus de cent en despit du Roy : luy & ses freres entrerent à Dordonne. Richard frere de Regnaut iousta à Richard duc de Normandie aupres de la porte de Dordonne, ainsi qu'ils vouloient entrer dedans, la fut abbatu Richard de Normandie, lequel Richard frere de Regnaut retint malgré les gens du Roy. Regnaut fit fermer les portes, puis s'en allerent desarmer car ils en auoient besoin, Et quand Charlemagne vit que les quatre fils Aymon s'estoient sauué, & qu'ils auoient prins Richard de Normandie prisonnier qui estoit l'vn des douze Pers, il en fut tant dolent que nul ne pouuoit plus estre, car il auoit peur que Regnaut ne le fit mourir. Quand il vit qu'il ne sçauoit plus que faire, il commanda qu'on assiegeast la Cité de Dordône, laquelle chose fut incontinent faicte, lors iura Charlemagne que de la ne partiroit iusqu'à-ce qu'il eut prins la Cité, & les quatre fils Aymon fait pédre honteusemét. Sire dit Roland, vous sçauez que ie suis celuy qui pis à fait aux quatre fils Aymon, iamais ne vous parlay de paix entre vous & eux : mais desormais raison me commande que ie vous en doiue parler. Sire vous sçauez bien qu'il y a quinze ans que vous auez guerroyé ces quatre cheualiers & auõs tousiours eu le pis de la guerre, & non sans cause, car Regnaut, & ses freres sont trop vaillans, & ne sont pas legers à desconfire comme chacun le sçait. Et vous promets que si eussiez autant guerroyé les Sarrazins que vous fussiez Seigneurs d'vne grande partie, & a plus grand honneur, & moins de dõmage. Et qui pis est vous sçauez que Richard de Normandie, l'vn des bons cheualiers que vous eussiez est prins, & si vous en aduient des honneur il sera bien employé, car si Regnaut le fait occire, vous en aurez honte, & dommage; & en sera la France troublée : car Richard de Normandie a grands amis. Et vous dy que si i'estois au lieu de Regnaut ie l'occirois, puis que ie ne puis auoir paix auec vous. Pourquoy sire si me voulez croire pour vostre honneur & profit, vous manderez à Regnaut qu'il vous rende Richard de Normãdie tout armé sur son cheual, & vous ferez accord auec luy, & vous promets sire qu'il le fera volontiers, & tout ce qu'il vous plaira luy commander, & à tous ses freres aussi. Roland dit Charlemagne me voulez-vous autre chose dire. Non dit Roland. Et vous iure sur ma foy que les quatre fils Aymon n'auront iamais paix auec moy. Et vous dy que ie ne crains, & ne redoute le duc Richard, car Regnaut se laisseroit auant creuer le yeux que de luy faire aucun mal.

Apres que Regnaut, & ses freres, & tous ses gens furét arriuez dedans Dordonne, il ordonna son guet dessus les murs de la cité puis fit venir le duc Richard de Normãdie, & luy dit. Richard, vous sçauez bien le tort que Charlemagne a de moy, & de mes freres sans raison, parquoy ie vous dy que si vous ne faites la paix qu'en nul de vos membres ne vous fiez car ie vo⁹ les feray tous decouper. Sire dit le duc ie suis en vostre pouuoir, & pouuez faire de moy à vostre bon plaisir. Vous m'auez prins de guerre, & non autrement, si vous me faicte outrage vous en aurez des-honneur toute vostre vie, & veux que vous sçachiez que tant que ie viuray ie ne faudray à Charlemagne pour doutance de mort, Regnaut cõmanda qu'il fut mené en la châbre, & qu'il fut bien gardé, & courtoisement seruy de tout ce qu'appartenoit à son estat, & que tout ce qu'il demanderoit luy fut baillé. Pendant que Charlemagne estoit deuant Dordõne le roy Yon de gascõgne tomba malade d'vne grande maladie, & se confessa de tous ses pechez, & pri nostre Seigneur deuotement qu'il luy plust auoir pitié de luy, & luy pardonner ses pechez.

Comme Maugis estant en chemin pour aller voir Regnaut occides brigands qui auoient volé deux marchands, qui par son moyen recouvrerent leurs biens.

Chapitre 27.

MAugis ayant longuement demeuré en son. Hermitage en contemplation il s'endormit, si luy fut aduis qu'il estoit à Montauban, & y voyoit Regnaut & ses freres qui venoient au deuant de luy, & se complaignoient à luy de Charlemagne qui leur vouloit prendre Bayard, mais Regnaut l'auoit pris par le frain, & ne le laissa pas mener, Maugis eut si grand douleur en son songe qu'il s'en esueilla tout furieux, & se leua incontinent. Lors iura que iamais de sa vie ne cesseroit iusques à ce qu'il eut veu Regnaut, & ses freres ses cousins. Lors print sa chappe & son bourdon, & se mit en chemin, tellement qu'il se trouua enuiron l'heure de nonne en vn grand bois la ou il trouua deux pauures marchans que les brigands auoient destroussez qui fort se lamentoient. Lors s'en vint à eux, & leur dit Messeigneurs, qu'est ce que vous auez qu'ainsi vous tourmentez: bon hom me dit l'vn ces deux marchans, cy-deuant y a des larrons qui nous ont destroussez des draps que nous portions vendre, & ont tué vn de nos compagnons, pource qu'il parla à eux trop rudement, Maugis en eut grand pitié, & leur dit, venez auec moy & ie prieray les larrons de par nostre Seigneur qu'il vous rendent le vostre, & s'il ne le font ie me combattray a eux si rudement que ie sçauray de mon bourdon s'il ont dure teste, Quand les marchans ouyrent ainsi parler Maugis ils le regarderent. Lors l'vn deux luy dit, ils sont sept, & vous estes seul sans armes, & ils sont armez, & d'autre part & à peine pouuez vous aller tenir vostre baston. Taisez vous dit l'autre, laissez aller ce fol, car il ne sçait qu'il dit. Voyez comment il croisse la teste, tant il est affolé. Apres luy dirent. Frere passe ton chemin, & nous laisse en paix, ou ie te donneray tel coup que tu le sentiras. Maugis luy dit. Frere tu as grand tort: ie ne te puis faire bien par force. Lors se partit Maugis des marchād, & tant chemina qu'il trouua les larrons, & leur dit. Seigneurs, Dieu vous gard, ie vous prie, dites moy pourquoy vous auez pris le bien de ses marchands, vous sçauez bien qu'il n'est pas vostre parquoy ie vous prie de leur rendre leur marchandise, & Dieu vous en sçaura bon gré. Quand les larrons ouyrent ainsi parler Maugis, ils en furent courroucez. Lors parla le maistre des larrons, & dit à Maugis. Va t'en fils de putain ou ie te donneray coup de pied que te creueray le vêtre. Quand Maugis vit que ce larron ne craignoit Dieu ne sa mere, il en fut fort fasché si haussa son bourdon, & en frappa le larron sur la teste qu'il le fit tomber. Quand les larrons virent leur maistre mort ils coururent tous sur Maugis pour le tuer: mais il les mit en tel point auec son bourdon qu'il en tua cinq, & les autres deux se mirent en fuitte parmy le bois. Quand il vit ce, il les chassa plus auant, & leur cria à haute voix. Ha mauuais larrons tournez arriere, & rendez tout le larrecin. Les marchans ouyrent crier Maugis, vindrent incontinent vers luy, & trouuerent que les larrons estoient morts, lors dirent l'vn à l'autre, voicy vn tres-bon pelerin. Les marchans vindrent à Maugis, & s'agenouillerent deuant luy, criant mercy de ce qu'ils l'auoient blasmé à tort. Seigneurs dit-il, leuez vous, prenez vos bagues, & vous en allez à Dieu, & le priez pour moy. Mais auant que ce faire d'vne chose vous veux prier, c'est que me disiez nouuelles de Charlemagne s'il à prins Montaubã, & les quatre fils Aymon qui estoient dedans. Sire dirent les marchands il à bien pris Montauban, mais non pas les quatre fils Aymon, ne leurs gens, car ils s'en estoient allez par vne caue sous terre à Dordonne, la les à derechef assiegez cõme l'on dit & ne peut auoir paix ny accord auec eux Mais entendant ces paroles, dit adieu marchands, & print sa voye vers Dordonne, & tant alla qu'il arriua en l'ost de Charlemagne puis s'adressa vers la cité, & faisoit semblant d'estre foible s'appuyant sur son bourdon. Quand les gens de Charlemagne virent Maugis, ils disoient l'vn à l'autre Ce pelerin va bien laschemẽt, il n'est pas pour aller gueres loin. Par mon sermẽt dit vn autre ce pourroit bien estre Maugis qui est ainsi deguisé pour nous deceuoir. Non est dirent les autres il est mort. Ainsi qu'il disoient ces paroles Maugis s'approcha de la porte, & trouua la maniere d'entrer en demandant du pain pour Dieu.

Quand il fut dedans il s'en alla au palais ou il trouua Regnaut qui tenoit sa court, Maugis entra dedans la grand sale ou il trouua Regnaut, & ses freres, & Dame clere & leur deux enfans, & autre cheualiers qui estoient à table pour disner. Maugis s'appuya à vn grand pillier qui estoit au milieu de la salle deuant Regnaut, & ses freres, ses cousins, lesquels il aymoit plus que chose du mõde. Le seneschal apperçeut Maugis cuydant que ce fut vn hermite, il cõmãda qu'il fut seruy au nom de Dieu, qu'on luy portast du pain, vin & chair. Quand il vit la viande il dit. Messieurs ie vous supplie au nom de Dieu me faire opporter du pain noir, & de l'eau en vn hanap de bois, & lors ie feray comme il appartient, car ie n'oserois d'autre viande vser. Ce qu'on fit. Quand Maugis eut ce qu'il demandoit, il print son pain noir, & en faisoit des souppes dedans vn hanap de bois, & en mangeoit de bon appetit. Regnaut voyant ce pauure homme si maigre, & si passe il en eut pitié, si print vn plat de venaison, & luy enuoya par vn seruiteur, lequel le presenta à Maugis disant. Tenez preud'homme voicy que le duc vous enuoye, Dieu luy rende dit Maugis. Lors le print, & le mit deuant soy, mais il n'en mangea point.

Regnaut regarda tant Maugis qu'il en laissa le manger. Quand les tables furent leuées il se leua, & les autres s'en allerẽt armer pour se mettre en deffence comme ils auoiẽt accoustumé Quand il vit que chacun s'en estoit allé il s'en vint à Maugis: &

luy mit ses bras au col, & luy dit. Beau cousin ie vous prie que par la reuerence du Dieu que vous seruez que me dittez si vous estes Maugis ou non, car vous luy ressemblez fort. Maugis ne se peut plus celer, mais luy dit hautement. Mon cousin ie le suis sans doute qui vous suis venu voir, & suis bien ioyeux quand ie voy que vous, & vos freres estes en bon point. Regnaut luy dit, cousin ie vo⁹ prie que vueillez oster ceste chappe que vous portez, car ie n'ay yeux qui s'esiouyent de vous regarder en ce pauure habit. Et lors Maugis luy dit, cousin ne vous desplaise. Vous deuez sçauoir que i'ay fait veu que iamais ne mãgeray sinon pain, & herbes sauuages, & ne boiray iamais que de l'eau tant seulement, & iamais ne vestiray autre drap. Ie suis donné totalement à nostre Sauueur, & à sa glorieuse mere, pour mettre mon ame à salutation.

Quand il ouyt Maugis ainsi parler il se pensa que ce n'estoit point Maugis, car il ne le cognoissoit point bien, pource qu'il estoit si empiré de sa personne, si commença fort à le regarder, & ne l'eust iamais cogneu s'il n'eust esté vne petite playe qu'il auoit pres de l'œil. Quãd il l'eust bien cogneu il luy fit grand feste, Lors appella ses freres, & leur dit venez auant mes freres si verrez nostre cousin Maugis, quand Alard, Guichard & Richard ouyrent ces paroles ils tressaillirent de ioye. Lors coururent tous à Maugis, & l'embrasserét doucement. Quand la duchesse sçeut que Maugis estoit venu, incontinent elle le courut baiser, & embrasser plorant de ioye. Par toute la cité fut sçeut la venuë du vaillant Maugis dont plusieurs gens le vindrent voir, mais il estoit si changé que c'estoit pitié à le regarder, Regnaut dit à sa femme. Dame allez luy querir du linge. Maugis dit. Sire ie vous dy en verité que i'ay iuré que iamais ne porteray souliers ne vestiray fin drap, ne linge, mais faictes moy tãt de bien s'il vous plaist au non de Dieu que me donniez vne chappe, & vn large chapperon, & vne eschappe d'vne vache, & vn bon bourdon ferré, vous m'auez bien seruy, & quand vous m'aurez ce fait, ie vous recommanderay à Dieu, & m'en retourneray. Ie ne suis icy venu que pour vous voir car i'en auois grand desir. Regnaut fut bien dolent quand il ouyt ainsi parler Maugis, & peu s'en faillit qu'il ne cheust pasmé à terre. Cousin dit Maugis, laissés vostre douleur, car ie me suis donné à Dieu pour mettre mon ame à salut, & m'en veux retourner outre mer pour seruir Dieu au sainct Sepulchre en Hierusalem trois ou quatre ans, & si Dieu me dõne la grace que ie puisse la venir : de seruir mettray toute ma peine, puis vous retourneray voir, & apres ie m'en iray à mon hermitage, & viuray de racines de bois, comme ie viuois parauant que vinsse icy. Regnaut dit. Beau cousin, pour Dieu prenés vn bon cheual, & de l'argent, car i'en ay assé. Taisez vous dit Maugis ie n'en prendray point, car quand i'auray du pain c'est assez, mon esperance est en Dieu, auquel ie prie qu'il me doint retourner sain, & sauue. Quãd ce vint le lẽdemain que Maugis eut toutes ses besongnes il alla ouyr Messe, & print congé d'vn chacun, & s'en alla. Regnaut le conduit iusqu'a la porte de la Cité : puis le baisa en pleurant, & ses freres aussi, & Dame clere, & ses enfans. Maugis les recommanda à Dieu, & s'en alla mais peu apres il fut enuironné des gens de Charlemagne, & l'vn disoit à l'autre: Voicy l'Hermite que nous vismes hier passer, mais il est mieux vestu qu'il n'estoit. Ce pourroit bien estre Maugis qui nous à tant de fois trompé: certes dirent les autres c'est luy vrayement, tuons le, & nous ferons bien. Nous ferons dirent aucuns, celuy a passé cent ans il ne

peut

peur qu'il ne soit preud'homme, car il vit fort sainctement comme doit faire vn hermite.

Comme le douze Pairs de France prierent Charlemagne de faire paix auec Regnaut pour auoir leur compagnon Richard de Normandie craignant qu'il ne fust pendu. ch. 28

CHarlemagne estant au siege de Dordonne bien fasché pource qu'il ne pouuoit auoir Richard de Normandie, si fit venir ses Barons & leur dist, seigneurs ie voy bien qu'il me va meschammẽt car Regnaut ne m'a point enuoyé Richard de Normandie. Oncle dit Rolãd ie m'esmerueille fort de ce que vous dites, bien nous monstrez que vous estes sans conseil iamais ne verrez Richard si vous ne pardonnez à regnaut & à ses freres, par plusieurs fois il s'est vers vous humilié & iamais ne l'auez voulu escouter, considerez bien la courtoisie qu'il vous fit quand il vous tenoit à sa volonté dans Montauban lors qu'il vous deliura, & vous serez enuers luy autrement que ne faites, mais puis qu'il ne peut faire aucun accord auec vous, il vous fera du pis qu'il pourra & à nous aussi, & bien en pouuez apperceuoir tous les iours l'experience par le dommage qu'il nous fait chacun iour, il vous retient le meilleur cheualier que vous ayez, & vous dis que si Regnaut ne l'a fait mourir qu'il a fait la plus grande debonnaireté que fit iamais homme, ie croy plustost qu'il soit mort qu'autrement car nul ne sçait de sa mort ou de sa vie, Charlemagne cogneut bien qu'il disoit vray & commença à souspirer apres ces parolles s'aduança l'Archeuesque Turpin, le Duc Naimes & Oger, qui dirent : sire Roland vous dy verité & a raison d'estre fasché contre vous.

Quand Charlemagne entendit ainsi parler ces Barons il en fut tout esbahy, alors il appella le Duc Naimes, l'Archeuesque Turpin, Oger & Estou & leur dist seigneurs, ie vous prie que vous alliez à Dordonne & dites à Regnaut qu'il me rende le duc Richard de Normandie & quand il me l'aura rendu qu'il me rende Maugis & puis il aura paix auec moy & luy rendray sa terre & tiendray ses deux enfans auec moy tout le temps de ma vie.

Cher sire ce dist alors le duc Naimes, vous nous en voyez pour neant car ie sçay bien que Maugis s'en est allé il y a plus de trois ans, & quand Regnaut le voudroit liurer il ne sçauroit car il ne sçait ou il est allé, Naimes, dist alors Charlemagne

S

vous verrez ce que regnaut dira, & ſçaurez ce que Richard de normandie fait. Le duc naimes dit, puis qu'ainſi eſt qu'il vous plaiſt que i'y aille il me plaiſt bien, mais ie prie noſtre Seigneur qu'il luy plaiſe que nous en retournions ſains & ſauue de nos perſonnes ſans eſtre des-honorez. Quād les barons virēt que charlemagne vouloit qu'ils allaſſent à dordonne faire leur meſſage, ils n'oſerent onc contredire.

Se mirent incontinēt en chemin & vindrent à Dordōne & chacun d'eux portoit en ſa main vne branche d'oliues en ſigne de paix. Quand ils furent à la porte de Dordōne elle fut ouuerte, & puis s'en allerent au palais, le duc naimes qui eſtoit le premier ſalua regnaut honorablement en diſant, Sire regnaut charlemagne vous mande par nous que luy rendiez richard de normandie, & maugis, dequoy il a ſi grand deſir & que vous aurez à luy paix, & vous rendra toutes vos terres & tiendra vos deux enfās auec luy en ſa cour & les fera cheualiers. Seigneurs dit Regnaut vous ſoyez les tres bien venus: comme les cheualiers du monde que ie dois aymer. Ie m'eſmerueille de charlemagne que cecy me mande, car chacun ſçait que ie n'ay point maugis, mais ie l'ay perdu par luy. Et pleſt à Dieu que ie tinſſe icy charlemagne entre mes mains comme ie tiens richard de normādie: car s'il ne me vouloit donner paix, ie vous promets qu'il me laiſſeroit ſa teſte en gage, ie ſerois vengé de tous les outrages qu'il m'a faits ie penſois qu'il fuſt plus courtois qu'il n'eſt. Si i'euſſe ſceu qu'il fuſt ſi aigre ſur moy, ie me fuſſe vengé de luy, mais mon repentir eſt trop tard ie vous prie que vous en alliez & dites à voſtre Roy que n'ay point maugis mais que l'ay perdu par luy, & d'autre part ſi ie l'auois il ne l'auroit pas. Et pource que i'ay perdu par luy maugis, ie feray pendre richard ſur cette porte la en deſpit de luy, & autre reſpit n'aura de moy, & vous défend que ne veniez plus ceans ne homme qui ſoit de charlemagne, car ie vous promets que tous ceux qui viendront ie leur feray trancher les teſtes.

Les barons le voyant ſi courroucé n'oſerent plus demeurer, mais prindrent congé de luy & s'en allerent en l'oſt du roy qui les attendoit, qui leur diſt, ſeigneurs quelles nouuelles apportez vous: auez vous richard de normandie, ſire dit le duc naimes, regnaut mande que n'aurez maugis, car il l'a perdu par vous, & pour vengeance de ce il vous mande qu'il fera demain pendre richard ſur la grand porte, & pareillement fera de tous vos gens tant qu'il en pourra tenir, & dit de plus que s'il vous tenoit & ne luy donniſſiez paix vous y lairriez la teſte pour gage, Roland diſt à ſon oncle Sire ne vous deſplaiſe de ce que ie vous diray.

Nous trouuons en la ſaincte eſcriture que Dieu maudit le fruict qui n'eſt iamais meur. Ainſi vous aduiendra qui ne voulez meurir, ne condeſcendre à nulle paix auec les quatre fils aymon qui tant de fois vous ont prié ſi humblement, donc ie vous iure que ſi richard eſt pendu qu'en perdrez honneur toute voſtre vie. Charlemagne luy dit. Vous me penſez eſpouuanter par paroles, ie ne ſuis pas enfans pour ainſi m'amuſer, & vous dy que ſi regnaut eſtoit ſi hardy de faire aucun mal au duc richard ie le pendrois de ma main luy & ſon lignage. Naimes voyant le roy ſi courroucé, il luy dit. Sire nous ſommes tous esbahis de ce que nous menaſſés d'vne part, & d'autre, & ne m'eſmerueille point ſi Regnaut eſt courroucé, & pource qu'eſtes cauſe qu'il a perdu maugis & vous promets que pour le dueil qu'il en a, il fera pendre le duc richard & a vous meſmes trencher la teſte s'il vous tenoit. S'il pend Richard nous n'en ſommes pas cauſe, pource que ſi fort nous menaſſés, parquoy ie conſeille à tous mes compagnons qui sommes du parentage de regnant que nous en allions, & que nous vous laissions faire la guerre contre les quatre fils aimon. Les autres pers dirent naimes dit tresbien. Dolent fut charlemagne d'ouyr ses paroles & se tint tout coy sans mot respondre. L'ost fut esmeu à cause qu'ils auoient peur que regnaut ne fist pendre Richard de normandie. Et ce mesme iour regnaut appella ses freres & leur dit. Il nous va tres mal de ce que ne pouuons auoir paix à charlemagne, & puis qu'il est ainsi, ie le feray courroucer, car ie suis seur que s'il nous tenoit, il n'auroit nulle pitié de nous, parquoy tout a present ie pendray le duc richard, dont ie suis seur que le roy forcenera quand il le verra.

Frere dit alard, ie vous prie que faciez ce que vous dites, & moy mesme le pendray, s'il vous plaist, frere dit regnaut, ie le veux bien, il faut faire les fourches sur la grand tour du portail, afin que charlemagne le puisse voir. Roland le vit le premier & se print à crier tant qu'il peut. Sire regardez comme on pend richard à grand honte mal a employé le seruice qu'il vous a faict car vous luy rendez bon guerdon, & monstrez bon exemple à tous ceux qui vous seruent. Helas dit oliuier, or sera pendu le duc richard à grand des-honneur. Taisez-vous, dit le Roy, ils le font pour m'esprouuer, afin qu'ils ayent paix auec moy, pource ne l'auront ils pas, & vous promets qu'ils ne luy oseroient faire mal.

Oliuier qui auoit la chose au cœur vit qu'on dressoit l'eschelle, & dist à roland. Ha mon amy, voila l'eschelle dressée, mal à employé son seruice, Regnaut appella dix de ses gens & leur dit, allez moy querir le duc richard de normandie, car ie veux qu'il soit pendu tout à present. Lors s'en allerent & le trouuerent qu'il ioüoit auec yonnet le fils de regnaut, si le prindrent & dirent, Sire venez auant, car regnaut commande que soyez pendu incontinent, le duc richard les regarda de trauers & ne leur daigna respondre, mais dit mon amy hastez vous de iouer car il est temps de manger. Quand les gens de Regnaut virent qu'il ne respondoit mot, ils commencerent à le prendre l'vn deça l'autre delà disant leuez vous richard, car en despit de charlemagne qui tant vous ayme serez pendu.

Quand ils vit qu ils le tenoient par le bras, il tenoit en sa main vne dame d'yuoire de quoy il vouloit matter yonnet, si en donna à vn de ses sergens parmy le front qu'il le ietta à ses pieds, puis print vn roy, & en frappa vn autre si rudement qu'il luy froissa la teste & tomba mort, & les autres se mirent en fuite. Adonc le duc richard leur dit, Allez ribaux, dieu vous maudie, iamais ne puissiez-vous retourner, puis il dit à yonnet qui estoit tout esbahy. Iouez mon enfant, car vous serez matté. Ie croy que ces truans estoient yures, qu'ainsi me vouloient mener, mais malheur en est prins. Quand yonnet l'ouyt ainsi parler il ne luy osa contredire, si ioüa de son roc pour se garder de matter, mais il ne peut. Quand il eut matté yonnet il appella vn seruiteur & luy dit, va prendre ses vilains qui sont morts & les iette par ses fenestres. Le seruiteur fist son commandement, car il ne luy osa contredire de peur qu'il auoit qu'il ne luy fist comme aux autres, lesquels auoit veu tuer en sa presence. Alar estoit hors du chasteau attendant le duc richard pour l'aller pendre, il vit comme on iettoit les morts par les fenestres de la tour, dont il fut fort courroucé, il s'en alla à regnaut & luy dit. Frere ie connois que le duc richard ne se veut laisser prendre, il coustera cher auant qu'il soit pris, voyez comment il a tué vos gens & comment il les a ie.tez par les fenestres, frere, dit Renaut, le duc Richard est fort à douter, allons à l'aide de nos gens, autrement ils sont en danger. Les sergens qu'ils auoient enuoyez pour l'emmener dirent à Regnaut. Sire le duc Richard ne sera pris sans meslée: car il a mis à mort trois de nos compagnons & nous mismes en fuitte, & le laissasmes iouer auec yonnet, regnaut iura que s'il n'auoit paix auec Charlemagne que richard seroit pendu quoy qu'il en deust arriuer. Lors il alla vers luy & dit pourquoy auez vous tué mes gens, Cousin dit le duc richard, il est vray qu'ils vindrent dix ribaux mettre la main sur moy, & dirent que vous l'auiez commandé, ce que ie ne pouuois croire, ie le fis sortir de ceans à grand haste, & en occist ie ne sçay cōbien: ie ne vous eusse pas fait telle honte, quād vous eusse tenu cōme me tenez, dont si i'ay rien mespris ie suis prest de l'amender. Richard vous direz ce que voudrez: mais si ie n'ay auiourd'huy paix auec charlemagne ie ne laisseray pour chose que disiez ne pour homme du mōde que ne vous face mourir honteusemēt. Ie n'ay pas peur que fassiez ce que vous dites dit-il pendant que charlemagne sera en vie regnaut luy dit, vous sçaurez que ie sçay faire. Lors le fit prendre & lier estroitement & mener ou les fourches estoient dressées & luy dit, richard pensez deux choses faire que i'aye paix auec le roy ou que l'abādonniez car si l'vn des deux ne faites, vous vous en repentirez. Le duc richard respondit pensez vous que pour doutance de mort ie renonce charlemagne qui est mon souuerain seigneur. Ie ne le feroye iamais, s'il a tout de moy il le trouuera au bout du iugement, mais si vous voulez bien faire prestez moy vn messager.

Regnaut appella vn de ses gens auquel il dict, allez faire le message que vous dira le Duc richard Mon amy vous yrez vers le Roy, & direz de ma part que luy supplie comme à mon souuerain seigneur, que si iamais il m'aima qu'il pardonne à regnaut & s'il luy à rien meffait ie le prendray sur moy qu'il l'amendera au dire des douze pers & s'il ne veut faire qu'il regarde par deca, & il me verra pendre honteusement. Et aussi tu diras à Roland & aux douze pers que si oncques m'ayme qu'il demonstrent au Roy qu'il luy sera grand honte, incontinent le messager s'en alla en l'ost du roy qu'il trouua en son pauillon, & dit, Sire, le duc richard de Normandie se recommāde bien à vos bōnes graces & vo⁹ supplie tres humblement que si vous l'aimez qu'a present le luy monstriez car il en a bien mestier pource que si regnaut n'a paix auec vous, moy retourné, vous verrez pendre ledit duc honteusement & voyez les fourches dessus le portail. Puis retourna deuers les douze pairs, premieremedt à roland & puis aux autres & leur dit Seigneurs le duc richard de normandie vous prie tous en general si iamais l'aimastes, que priez le roy qu'il face paix auec regnaut, ou autrement il est mort sans nulle misericorde.

Adonc roland dit au Roy Sire pour dieu ne souffrez que soyez blasmé bien sçauez que le duc richard est tant noble cheualier & vous a seruy à toutes vos affaires sans point faillir. Helas faites paix à regnaut pour recouurer vn tel cheualier, car grand honte sera a vous si le laissez ainsi mourir Lors le duc Naimes, oger, l'archeuesque turpin, Estou & oliuier commencerent à dire, Sire si vous ne faites paix à Regnaut pour recouurer nostre compagnon le duc richard de normandie vous y perdrez, car en peu de tēps vous verrez destruire vostre terre deuant vos yeux. L'empereur voyāt les barons si esmeuz pour richard de normandie & qu'ils accordoient tous à faire paix il cuida tout vif enrager.

Lors iura par grand ire, que iamais regnaut n'auroit paix auec luy s'il ne luy dônoit Maugis pour en faire à sa volonté, puis il dit au douze pers mes amis n'ayez doute du duc Richard car Regnaut se laisseroit auant tirer vn de ses yeux qu'il luy fit vilé-nie, oliuier dit, Sire vous nous auez bien payez de cela, pourquoy ne le feroit pédre, Regnaut: ie le cognois de telle facon que s'il vous tenoit il vous feroit pendre vous mesme. Sire oliuier, dit le messager croyez que regnaut ne cessa auiourd'huy deprier richard qu'il fotiurast le Roy & luy sauueroit la vie mais il n'en voulut rien faire & à dit grosses parolles à Regnaut.

Alors le messager dit au Roy Sire, s'il vous plaist donnez moy cógé & me dites que ie diray au duc richard. Amy dit le roy, vous luy direz de par moy qu'il n'aye doute de rien car regnaut n'oseroit estre si hardy de luy faire aucun mal Le messager qui estoit sage cheualier luy respondit, Sire trop estes orgueilleux & croyez que regnaut prise bien peu vostre orgueil, & vous dy qu'Alard attend mon retour & ne prédroit pas cent mil escusqu'il ne pédist richard luy mesme. Roland comme vn hôme des-pité apres auoir parlé aux autres pers dit au Roy sire ie m'envay hors vostre seruice sans prendre congé de vous, puis dit à oger, que ferez vous, allons nous en, & lais-sons ce diable icy, car il est tout asseuré en son obstination pour ce que luy auons tát obey, & tant de fois prié & supplié il s'en tient fier. Par mon chef dit Oger, Roland vous dites vray. Ie n'y demeureray iamais en ma vie: mais ie m'en iray auec vous s'il vous plaist, & ne vous laisseray pour homme du monde, puis qu'il souffre qu'vn si vaillant homme soit pendu qu'il aimoit tant, bien le souffriroit-il de nous, c'est vn homme qui na de luy ne amour ne pitié.

quand oliuier entendit ces parolles, il se leua & leur dit Seigneurs ie m'en veux al-ler auec vous, car i'ay icy trop demeuré, & moy aussi dit le duc naimes, & pareillemét dit Estou, quand l'archeuesque turpin vit cela, ietta vn grand souspir, & dit, sire il vous fait tres mal seruir: car pour bon seruice vous rendez mauuais guerdon comme bien monstrez l'exemple au duc richard qui vous a si loyaument seruy parquoy si i'y demeure plus ie suis à honte mis Charlemagne leur dit. Seigneurs n'ayez doutance de rien, car le duc richard n'aura nul mal. Sire dit le duc naimes vous auez tort de ce le dire, car fol ne croit tant qu'il a pris. Pensez vous nous abuser par vos paroles nous voyons les fourches leuée pour pendre nostre cópagnon parquoy ie dis que ie ne veux plus demeurer auec vous. Quand Naimes eut ce dit il sortit hors du pauillon du roy & pareillement tous les autres pers auec luy, s'en alla en sa tente laquelle il fit abbatre incontinent. Quand ceux de l'ost du roy veirent ce, ils furent si esmeus en peu d'heure, qu'il ne demeura en l'ost vn seul baron ne cheualier, sinon les pau-ures simples gentils hommes & menuës gens, roland fremit & alla auec les autres à celle heure fut appetissé l'ost de plus de quarante mille homme. Quand le messager qui auoit esté enuoyé deuers charlemagne fut retourné regnaut luy dit. Dites moy que vous a il dit, sire dit le messager, vous auez failly à auoir paix, car il n'en veut rien faire, mais vous mãde par moy que vous ne soiez si hardy sur les yeux de vostre teste de faire mal au duc richard. Et quand il eut ce dit, il se retourna deuers le Duc richard, & luy dit, sire duc, or pouuez vous cognoistre comment le Roy vous ayme, sçachez que nul secours n'aurez de luy & pour l'amour de vous rolád & tous les pers se sont courroucez à luy & pouuez bien connoistre commét ils ont deffait leur tenres, ie suis seur que la plus part de l'ost s'en ira, il n'est demeuré que ganelon & son lignage, car leurs tentes sont dressées, regnaut entendant que pour l'amour du duc richard, les pers de france auoient abandonné le roy, il luy dit Cousin ie vous prie qu e me pardonniez la grand vilennie que vous ay faicte. Regnaut dit, Richard ie ne vous en blasme pas, mais ie donne le blasme au roy.

Comme les douze pers de France abandonnerent tous l'Empereur charlemagne, pource qu'il ne voulut faire paix auec les quatre fils Aymon, & comme il les renuoya appeller, leur promettant faire ce qu'il voudroient.

Chapitre 21.

L'Empereur charlemagne voyāt ses barons s'en aller il fut dolent, & tenoit vne demie lance en sa main qu'il se mit à ronger par felonie, puis appella vn cheualier auquel il dit. Or tost monte à cheual & courez apres roland & les autres barons, dites leur qu'ils mevienne nt parler par tel conuenant que ie feray ce qu'ils voudrōt, & que ie pardōneray à regnaut mon maltalent, beniste soit l'heure que nostre seigneur vous a donné ceste volōté puis courut àpres les pers de france. Adōc regnaut estoit sur le portail de dordonne auec le duc Richard lequel apperceut le cheualier qui alloit apres les pers & dit au duc Richard. Cousin ie vois vn Cheualier qui court apres les douze pers pour les faire retourner. Nous auōs auiourd'huy paix s'il plaist à Dieu. Sire dit le duc Richard vous aurez auiourd'huy bonne paix malgré ceux qui la veulent destourner, bien dois aimer mes compagnons. Sçachez que le cheualier cheuaucha si vistement qu'il attaignit Roland & ses compagnons, il dit. Seigneurs le Roy vous mande que vueillez retourner, & pardonnera tout son maltalent à Regnaut pour l'amour de vous, pour dieu retournez tost, car oncques puis que partistes de luy il ne cessa de pleurer, naimes dit Roland, retournons ie tiens la paix faicte, ceste douloureuse guerre finira, qui à si longuement duré. Naimes oyant ainsi parler Roland, il en fut bien ioyeux, & se mirent à retourner deuers le Roy, Quand Regnaut apperçeut les pers qui retournoient il les monstra au duc Richard luy disant, cousin ie croy que la paix sera faicte auiourd'huy. Lors les barons d'vne part & d'autre furēt ioyeux de ce que dieu auoit permis que la paix fust faicte. Quād charlemagne vit ses barons qui reuenoient, il leur vint à l'encontre, & leur dit, ma foy messieurs vous estes remplis de grand orgueil, quād vous faites faire la paix outre ma volonté, i'ay tant en haine regnaut que pour rien ne le pourrois voir que ie ne fust tousiours faiché à cause de son orgueil, & pource si vous voulez que i'aye paix auec luy ie veux qu'il s'en aille de la la mer pauurement vestu, & veux qu'il me rende bayard & ie rendray à ses freres leurs terres & heritages, pourtant s'il le veut faire ie m'accorde à la paix autrement non, car ie promets à Dieu que iamais ne feray autre chose & pource regardez bien entre vous qui fera le message, sire dit N'aimes, i'iray volontiers si c'est vostre plaisir. N'aimes dit Charlemagne, il me plaist bien, incontinét le duc N'aimes s'en alla à Dordonne. Quand regnaut veit le duc Naimes il le connut bien & luy vint à l'encontre, aussi fit le duc Richard & tous les freres de regnaut.

Quand le duc naimes vit venir les nobles barons au deuant de luy, il mit pied a terre & puis les accola doucement, quand il les eut saluez il dit, Regnaut Charlemagne m'enuoye à vous & vous mande salut, Dieu le luy rende par sa grace & bien dit Regnaut, n'auray-ie point de paix, ouy dit le duc N'aimes sur ce que vous diray, c'est que vous en yrez outre mer pauurement vestu querant vostre vie, & il donnera vos heritage à vos freres. Duc Naimes dit Regnaut, vous soyez le bien venu, ie vous promets que ie feray le commandement du Roy, & s'il veut i'en feray encore plus & suis bien content de partir demain s'il luy plaist. Regnaut ayant accordé ce que le duc Naimes luy auoit dit, il print bayard & le bailla au duc Naimes, puis print sa banniere & la mit sur la grand tour en signe de paix.

Le roy voyant ladite banniere la monstra à Roland qui dist, ha Dieu que Regnaut est de bien noble nature d'auoir fait paix en cette maniere, benist soit Iesus qui luy a donné la volonté d'aller au sainct sepulchre dont ie le plains bien Roland dist Oger Regnaut est vn agneau plein d'humilité, & en luy est ce qu'en vn bon cheualier doit estre. Cependant le duc Naimes emmena bayard & le presenta au Roy disant, sire Regnaut est tout prest de faire ce qu'auez commãdé, & partira demain s'il plaist à dieu, bien dist le Roy, or me dites ou est le duc Richard, ie le veux sçauoir, sire il est en bon point & demeure auec Regnaut car il le veut conduire quand il s'en ira.

Cependant Regnaut fit grand chere auec ses freres & leur dist, seigneurs, ne soyez en mal aise de ce que ie m'en vay, car la paix que i'ay faite c'est plus pour l'amour de vous que pour moy, ie vous prie de vous bien maintenir iusques à ma venuë, apres il se vestit d'vne serge violette & chaussa de gros souliers & se fit apporter vn gros bourdon pour porter en sa main, & vint vers la duchesse, laquelle le voyant ainsi accommodé cheut toute pasmée, Regnaut la releua & luy dist, dame ne soyez en mal-aise car ie reuiendray tost s'il plaist à Dieu, mes freres demeureront auec vous qui vous seruiront comme leur dame, ie suis ioyeux de cette paix qu'il m'est aduis que ie suis désia retourné, ie prie nostre seigneur Iesus-Christ qu'il vous deffende de mort soudaine & d'encombrier, & la baisa en plorant, & se partit. La duchesse le voyant en aller luy dit Monsieur le nompareil du monde à Dieu soyez vo⁹, helas iamais ne vous verray, alors elle alla en sa chambre & print toutes ses robbes & les ietta au feu, puis print sa robbe violette ainsi comme auoit fait son mary & la vestit & dist que iamais n'en vestiroit d'autre iusqu'a ce que son mary fust de retour de là ou il estoit allé, Regnaut se mit en voye, richard ses freres & ses gens le conduisirent vn long chemin tant que Regnaut dist, Seigneurs ie vous prie humblemét que vous en retourniez car tant que ie feray auec vous ie ne pourray estre aise, allez vous en au nom de Dieu & reconfortez la duchesse, & vous mes freres ie vous la recommande & mes enfans aussi apres que regnaut eut pris congé d'eux, Alard luy dit mon cher frere ie vous prie humblement de retourner en bref, car il me fait si grand mal de vostre departie que peu s'en faut que ie ne meure, & vous dis pour vray que ie ne bougeray de ce val que vous ne soyez retourné. Quand alard eut ce dit il accolla son frere & print congé de luy menant grand dueil, puis le duc Richard de Normandie pareillement auquel regnaut dist, mon cousin ie vous recommande mes freres, ma femme & mes enfans, car ils sont de vostre sang bien le sçauez. Regnaut dist le Duc Richard, ie vous iure comme cheualier que ie leur ayderay contre tous excepté le roy, & d'eux ne vous souciez car ils n'auront faute de rien.

Comme richard de Normandie presenta au roy les trois freres de Regnaut & comme apres que le siege fut leué le cheual Bayard fut ietté en la riuiere vne pierre au col & Maugis & Regnaut s'en allerent en Hierusalem contre les Perses.

Chapitre 30.

QVand Regnaut fut party, Richard & ses trois freres appresterent pour aller trouuer Charlemagne, apres qu'ils furent prests ils sortirent de Dordonne & allerent au pauillon du roy, lequel fut ioyeux quand il les vit, & commanda à tous ses barons qu'ils allassent au deuant: hé Dieu dit Roland, voicy les trois freres fort dolents que le duc richard ameine, quand ils furent deuant le Roy ils s'agenouillerent puis Alard luy dit. Sire, Regnaut nostre frere se recõmande à vostre bonne grace & vous saluë comme son souuerain seigneur & vous enuoye le duc Richard de Normandie lequel voicy & vous supplie que nous ayez pour reccommandez, car il est allé outre mer pour accomplir vostre commandement.

Amis dist le roy, vous soyez les tres-bien venus, puis qu'il plaist à Dieu que soyons bons amis ie vous feray du bien comme il appartient à tels cheualiers que vous estes, & si Dieu me fait la grace de voir retourner regnaut ie l'aimeray autant comme roland mon neueu, car il est remply de grand valeur,

Apres qu'il eut parlé aux freres de regnaut il alla baiser Richard, puis luy demanda qu'elle quelles prisons quelles viandes Regnaut vous a donné. Sire, ie ne fus iamais en lieu ou ie fusse si honorablement traicté. Alors le roy commanda que chacun deslogeast, & s'en alloient deuers Liege. Quand le roy fut sur le pont de meuse, il se fit amener Bayard le bon cheual de regnaut, quād il le vit il luy dict. Ha Bayard tu m'as maintefois courroucé mais ie suis venu à point pour m'en venger. Lors luy fit lier vne pierre au col, & le fit ietter du pont en bas dans la riuiere de meuse. Et Bayard alla au fond, quand le roy vit ce il eut grand ioye, & dit. Ha bayard or ay ie ce que ie demande, vous estes mort, si vous ne pouuez tout boire, Bayard frappa tant des pieds sur ladite pierre qu'il la froissa, & reuint dessus. Et quand il fut dessus leau il passa à nage d'autre part de la riuiere. Et quand il fut sur la riuiere il se mit à hannir hautement, puis se mit à courir si roidement qu'il sembloit que la foudre le chassast, & entra en la forest d'ardenne. Charlemagne voyant que Bayard estoit eschappé il en eut grand dueil: mais tous les barons en furent bien ioyeux, beaucoup tiennent en ce pays que Bayard est encore enuie dans le bois d'Ardenne, mais quand il voit homme ou femme il fuit, si que nul ne le peut aprocher. Apres toutes ces choses le roy appella ses barons & leur donna congé d'eux en aller chacun en sa maison, dont furent bien ioyeux, car ils desiroient retourner en leur pays voir leur femmes & enfans. Regnaut arriua à Constantinople, & se logea chez vne femme de saincte vie, laquelle le seruit le mieux qu'elle peut, & luy donna à manger de ce que Dieu luy auoit donné, & puis laua ses pieds comme aux autres pelerins auoit accoustumé, & le mena en sa chambre & luy dit, bon homme vous coucherez icy, car en mon autre chambre ne pourriez dormir, car il y a vn pelerin qui est bien malade. Dame ie vous prie que me vueillez monstrer le pelerin qui est ceans si fort malade. Volontiers dit la Dame ie vous promets qu'il y a grand pitié en luy. Lors elle le mena là ou estoit le pelerin couché, regnaut cogneut bien que c'estoit maugis, dont il fut mout ioyeux, si commença à luy dire. Amy, comment va vostre personne.

Et quant maugis l'ouit ainsi parler il sortit hors du lict comme si iamais n'eust eu mal, & le baisa puis luy dit. Comment vous va & qu'elle aduenture vous a icy amené en si pauure habit, dites le moy & si vous auez eu paix auec Charlemagne. Cousin ouy, par telle maniere que ie vous diray. Lors luy comta toute la maniere comme dessus auez ouy, & tout le traicté qu'il auoit eu auec luy sans laisser vne parolle. Quand maugis entendit ces parolles il en fut bien ioyeux, si en loua nostre Seigneur & puis le baisa derechef & dict. Cousin, ie suis guery par vos bonnes nouuelles que m'auez dictes, & pource nous nous enirons ensemble & ne mourrons point de faim, car ie suis maistre trucheux, & moy aussi dit regnaut. Quand la dame vit que les pelerins se faisoient si grand feste, elle pensa bien qu'ils ne pouuoient estre qu'ils ne fussent de grand lignage, & qu'ils auoient eu quelque grande affaire: si leur dict, ie voy bien que vous vous entrecognoissez, ie vous prie que me disiez qui vous estes, & d'ou vous venez. Dame sçachez que nous sommes deux pauures gentils-hommes qui sommes bannis de France, si nous conuient aller en tel habit que voyez outre la mer, & sommes cousins germains, & ferons nostre voyage ensemble s'il plaist à Dieu. La dame en eut mout grand ioye. Lors fit venir des viures à grand planté. Maugis qui si longtemps auoit qu'il n'auoit beu vin, il en beut celuy soir pour l'amour de Regnaut.

A bref parler, nul ne pourroit penser ne dire la grand feste que les deux cousins se firẽt l'vn l'autre. Et quãd le iour fut venu Regnaut & Maugis se leuerent & prindrent congé de la bonne dame & se mirent en chemin. Sçachez que tant allerent les deux pelerins qu'ils arriuerent vne lieue pres de Ierusalem, tant qu'ils pouuoient bien voir le temple & la tour de Dauid, & la plus part de Ierusalem. Quand Regnaut & Maugis virent ce ils en furent fort ioyeux, & en rendirent graces à Dieu de ce qu'ils estoient venus iusques à la saincte cité. Quand ils eurent fait leurs prieres ils se mirent en chemin pour aller dedans Hierusalem, mais ils n'eurent gueres allé qu'ils apperçeurent vn grand camp autour de la cité tout droict deuãt la cité de Dauid, où il y auoit maints pauillons & tentes des chrestiens qui la estoient pour desconfire l'admiral de Perse qui tenoient par force Hierusalem. Regnaut s'arresta & dit à Maugis. Cousin qu'elles gens sont-ce en ce grand camp: sont ils sarrazins ou Chrestiens. Seurement dit Maugis ie n'en sçay rien, ie suis esmerueillé que peut estre. Ainsi que Regnaut & Maugis parloient il arriua vn vieil homme à cheual qui venoit de l'ost. Regnaut luy dist. Bon homme dictes moy s'il vous plaist qu'elles gens sont ce qui sont deuant la saincte cité. Pelerins dit le vieil homme, ce sont les Chrestiens qui ont assiegé Hierusalem & ne la peurent prendre.

Or me dictes dit Regnaut, qui est dedans Hierusalem. Sçachez dit le bon hõme que c'est l'Admiral de Perse qui l'a prise par trahison. Et comment l'a il prise dit regnaut. Vous deuez sçauoir dict le bon homme que l'admiral se vestit en habit de pelerin & mout d'autres gens auec luy & entrerent dedans Hierusalẽ l'vn apres l'autre, & quand ils furent dedans, ils sonnerent vn cor hautement & mirent la main aux espées & se combatirent asprement & se rendirent maistres de la cité auant que le Roy Thomas fut armé ne ses gens, lequel s'est sauué auec ce peu de gens qui luy sont demeurez, & le pays s'est incontinent esmeu, tant que les Persans sont estroitement assiegez dedans la cité & espere on, auec l'aide de Dieu, qu'en peu de temps la cité sera prinse. Or me dictes, dit Regnaut, ceux de dedans la cité sortent ils souuent sur les chrestiens. Ouy dit le bon homme car ils sont grand nombre, & ce qui plus nous greue, c'est que nos gens n'ont point de chef.

Quand Regnaut ouyt ces paroles il commença à sousrire, & dit. Ha bon-homme, nous y allons pour voir qu'il aduiendra. Ils s'en allerent dedans l'ost. Chacun regardoit Regnaut qui estoit vn si beau pelerin, & luy regardoit ça & la, & ne sçauoit ou se mettre, puis dit à Maugis. Cousin il nous conuient trouuer moyen d'auoir quelque logette là au coin de ce mur. Maugis ne cessa iusques à ce qu'il eust faict vne petite loge. Cependant l'admiral de Perse sortit hors de Hierusalem auec trois mille combatans. Quand le comte de Rames, & Galerant de Sagette & Geoffroy de Nazareth virent ce ils coururent tous aux armes, & firent vne telle escarmouche sur les persans qu'il leur conuint prendre la fuite, & sur tous autres Geoffroy de Nazareth ne rencontroit Persan qu'il ne mist mort par terre. L'admiral print vne lance & courut contre luy, Geoffroy courut sur luy asprement, & se donnerent de grands coups contre leurs escus que leurs lances rompirent, & de la course des cheuaux se rencontrerent & donnerent de si grands coups qu'il conuint à l'admiral tomber par terre, mais Geoffroy de Nazareth demeura à ces arçons. Quand l'admiral se vit ainsi à terre il en fut fort dolent, si se dressa pressement & mit la main à son espée & fit vn grand semblant de se deffendre. Geoffroy se retourna devers l'admiral, & frappa de son espée si grand coup sur son heaume qu'il l'estonna. Quand il l'eut frappé & qu'il vit ne faisoit semblant de se deffendre, il le print par son heaume & le voulut emmener. L'admiral se voyant prins il cria Perse hautement & ses gens coururent au lieu ou il estoit, & a forces d'armes le deliurerent des mains de geoffroy & l'emmenerent.

Regnaut dit à Maugis. Helas cousin, si i'auois mes armes ie irois volontiers secourir nos gens, car c'est la chose au monde que plus i'ay desiré de porter armes en la terre saincte contre les sarrazins. Helas que n'ay-ie bayard & flamberge ma bonne espée, car ie ferois auiourd'huy chose dont Dieu nous sçauroit bon gré. Cependant le comte de Rames, Geoffroy & le comte de Iaffes firent grand meurtre de Turcs & de Persans.

Quand l'admiral ouyt ce il fut dolent. Si fit incontinent sonner la retraicte pour retourner deuers la cité de Hierusalem. Et quand les chrestiens virent que les Sarrazins estoient desconfits ils les chasserent rudement, & en tuerent grand nombre. Quand le comte de Iaffes vit ce, il s'en alla au portail sainct Estienne, & se tint illec, quand les Turcs venoient pour se sauuer dans Hierusalem il leur couroit au deuant. Quand l'admiral vit ce il en fut fasché, si se destourna son chemin vers la porte Fore, & aduint que les Turcs fuyans passoient deuant la loge de Regnaut & pour la force de la presse des cheuaux ils mirent sa loge par terre, il en fut dolent. Lors regarda entour soy & ne trouua autre chose pour combatre sinon vne fourche qui soustenoit leur loge, qui estoit grande & grosse, il l'a print à deux mains & monta sur vn mur qui estoit sur le chemin & ainsi que les Turcs passoient, les brides aualées, Regnaut les abbatoit a tout ceste fourche deux à deux comme des pourceaux. Et a dire verité il en tua celuy iour plus de cent. Maugis print son bourdon & vint sur ledit mur decoste luy & commença à frapper si grand coups que ceux qu'il attaignoit il les iettoit par terre. Sur cela arriua le comte de Rames & Geoffroy qui suiuoient les sarrazins en diligence & virent la grande quantité que Regnaut & Maugis auoient tuez sur le chemin, & comment celuy qui tenoit le gros leuier estoit grand homme & vaillant, l'autre qui portoit le bourdon pareillement. Regardés comment le chemin est couuert de payens. Ie croy que ces deux sont associez. Ha Dieu dit Geoffroy ie m'esmerueille qu'elles gens ce sont, Dieu nous les a enuoyez pour nostre sauuement, car ie cuide qu'ils sont tous desarmez & ne craignent point la mort. Sire dit le comte de Rames quoy que s'en soit ils sont vaillans, ils ont bien greué nos ennemis, ne seray point aise que ie n'aye parlé à eux pour sçauoir qu'ils sont, & d'où ils viennent. Quand Regnaut vit que les sarrazins furent tous passez il ietta son leuier apres leurs talons, car il ne leur sçauoit autre chose faire, puis se rauisa tout promptement & descendit du haut en bas du mur, & dit qu'il ne le vouloit pas perdre, car il en referoit sa loge qui estoit abbatuë. Il le reprint & s'en retourna luy & Maugis pour refaire leur loge.

Cependant le vaillant comte de Rames s'en retourna pour parler à eux, si les trouua qu'ils faisoient leur loge. Lors se print à regarder sans dire mot. Quant il vit qu'ils estoient si grands & si bien taillez, principalement Regnaut, il luy dict. Mon amy ie vous prie de me dire la verité de ce que ie vous demanderay, & par la foy que vous deuez au temple que vous venez adorer, c'est que vous me disiez vostre nom & qui vous estes, & de qu'elle terre, & pourquoy vous estes si pauurement habillé. Sire dit regnaut, mon estre & mon nom vous diray tres volontiers. Scachez que i'ay nom regnaut de montauban, donc Charlemagne m'a deietté en tres grand tort. Le duc Aymon estoit mō pere, ie suis venu en la terre Saincte pour seruir nostre Seigneur contre ses ennemis, car ainsi le m'a commandé Charlemagne mon souuerain seigneur quand ie fis paix à luy, & qui pis est il m'a esté force d'y venir en ce pauure habit comme vous me voyez cherchans mon pain, à la quelle chose ie n'ay voulu aller au contraire pour auoir paix, Le comte de Rames fut bien ioyeux ioignans les mains vers le Ciel disās. Ha noble cheuallier Regnaut le meillieur cheuallier dumōde tenez mon hommage, car ie me donne à vous & tous mes biens. Regnaut luy dit. Leuez vous car vous me faite outrage. Par bieu dit le comte, iamais ie ne me leueray que ne me donniez vn don. Sire dit regnaut ie vous le donneray volontiers & de bon cœur. Grand mercy dit le comte. Lors se leua & luy dit, est il vray que vous uez paix auec Charlemagne. Helas ou sōt vos freres les vaillans chenaliers, & maugis vostre bon cousin ou vous auiez si grand fiance & vostre bon cheual bayard. Sire dit regnaut: mes freres sōt demeurez en France auec ma femme & mes enfans, & leur a le Roy donné nostre heritage, & voiez cy Maugis mon cousin. Quand le cōte ouyt la verité il en fut ioyeux & commença à crier à haute voix.

Ha comte regnaut vous soiez le bien venu comme le plus vaillant du monde: loué soit Dieu, qui vous a conduit par deça. Ie vous prie de receuoir mon hommage, si sauuerez l'honneur du Roy Thomas qui est prisonnier la dedans à ces felons mescreans qui l'ont prins depuis que sommes icy deuant: car si vous estes icy nostre cōducteur, ie ne fais nul doute qu'en brief n'ayons ierusalem, & sera le Roy Thomas deliuré. illec arriuerent tous les Barons de Surie qui furtent for ioyeux de la venüe de Regnaut de montauban, auquel ils firent grand recueil & bonne chere. Et à bref parler luy prierent tous qu'il fust leur Seigneur & guide comme auoit fait le Comte de Rames.

Quand Regnaut vit que tous les Barons de Surie le prioient tant de receuoir leur hommage, il leur dit Seigneurs, puis qu'il vous plaist de me faire cest honneur ie le qréd sauue l'honneur du Roy Thomas qui est vostre Roy & souuerain seigneur. Sire dirent les Barons, nous le voulons ainsi. quand il les eut receus le Cōte s'agenouilla deuant luy, & luy dict. Sire ie veux que me donniez le don que m'auez octroyé. Sire dict Regnaut, dictes ce qu'il vous plaira, car vous l'aurez C'est que vous veniez loger en mon pauillion & que ne prandrez rien d'autruy fors que du mien, & si vous voulez, ie vous feray deliurer tout ce que vous demanderez. Grand mercy dit-il de l'honneur que vous me faites de ces beaux dons, car il ne sont pas à refuser. Le Comte prit Regnaut par la main & le mena dans son pauillon, les Barons prindrent congé de luy, & s'en retournerent chacun en son pauillion, louant Dieu de ce qu'il leur auoit enuoyé vn si bon chef. Le cōte fit venir de beaux cheuaux & tous habillemens de diuers couleurs bien fourrez. plusieurs hauberts, & maintes bonnes espées & plusieurs vailleaux d'Or & d'Argent, & tout ce fit presenter à Regnaut: mais il n'en voulut point, sinon qu'vn cheual, vn haubert & vne espée & tout le demeurant fit departir aux pauures Cheualiers. Le Comte luy dit. Sire prenez autres vestemens, car vous sçauez qu'il n'appartient point a noble homme comme vous estes d'aller en ce point & en ce pauure habit. Sire dit Regnaut, pardonnez moy s'il vous plaist car iamais ie ne vestiray autre habit que celuy que i'ay, que ie n'aye baisé le S. Sepulchre ou Dieu fut mis au depart de la Croix, le Comte commanda qu'on mist les tables pour soupper.

Quand ils eurent souppé le Comte appella Galerand & Geoffroy & le Comte de Iaffes & leur dict. Or Seigneurs pensons de louer Dieu puis qu'il nous a enuoyé tel secours de Regnaut & Maugis, il me s'emble que nous deuõs auoir chacun en sa tãte vn grand cierge allumé en louant nostre Seigneur du secours qu'il nous a enuoyé. Les Barons luy dirent qu'il disoit bien. Lors chacun s'en retournant à sa tante & firent allumer quantité de torches tant que, c'estoit merueilles de la grande clarté qui estoit en l'ost, chacun se mit à danser en tour leurs tentes & pauillions mout longuement. Les Turcs qui gardoient la tour de Dauid voyant si grand lumiere en l'ost des Chrestiens ils en furẽt tous esbahis. Lors aucuns d'eux l'allerẽt direntaleur Seigneur Et quand l'admiral ouit ces nouuelles il commença fort à crier, & dit, mahõ qu'ont ils trouué ces meschans gens qui font si grand feste: ie croy qu'ils font comme le cigne qui chante quand il doit mourir, car ie suis seur qu'ils seront vn de ses iours tuez & pource font-ils grand ioye.

Lors iura Mahom deuant tous ces barons qu'il sortiroit le lendemain dehors pour detrancher tous les Chrestiens. Quãd le Roy thomas qui estoit prisonnier vit la grãd ioye que les Chrestiens menoient, il ne sceut que penser, mais dit en luy-mesme. Et qu'ont maintenant mes gens qui meinent si grand ioye. Helas se recordent ils point de moy : ie croy que oüi car la feste qu'ils font ne peut estre sans quelque grande occasion. Ceux de Rames & de tout l'à d'entour quand ils virent si grande lumiere ils cuidoient que Hierusalem fust en feu : & les autres auoient peur que l'on n'eust quelque grand affaire. Quand ceux de l'ost eurent assez fait bonne chere l'on ordonna le guet. Quand le iour fut venu ses Barons se leuerẽt, & cheminerent au pauillon de Regnaut qui estoit ia leué si se leuerent honorablement & luy dirent Sire que vo⁹ semble-il que nous deuons faire : assaillerons nous la ville. Seigneurs dit Regnaut, il me semble que ouy.

Ainsi que les Barons deuisoient pour assaillir la cité, l'admiral fit ouurir la porte & sortit dehors auec dix mille hommes bien armez. Adonc Regnaut & les Barons de furie coururent aux armes. Regnaut fut armé incontinant, puis print son heaume & son espée & monta sur le cheual que le cõte de Rames luy auoit dõné, Maugis s'arma comme luy puis monta à cheual & commença a crier Barons ne vous esbahissez, car ie prometsà Dieu que iamais ne retourneray estre hermite que les Turcs ne soiẽt desconfits, & dit à Geoffroy Barons tenez vous prest de Regnaut, car si les autres Cheualiers estoient comme luy, l'admiral seroit desconfit deuant none. Quand les Barons furent armez ils ordonnerent leur bataille au mieux qu'ils purent. Lors arriua l'admiral qui se mit dans les Chrestiens. La premiere bataille sarrazine cõduisoit vn Roy qui auoit nom Margaris qui portoit en son escusson vn Dragon peint d'vne horrible figure. Quand Margaris vit qu'il estoit temps de frapper sur les Chrestiens il courut sur Regnaut, quand Regnaut le vit venir il dict au comte de Rames, le voici qui vient querir sa mort à bien grand haste. Et quand Regnaut eut ce dict il courut aspremont contre Margaris & le frappa si durement qu'il luy perça de sa lance la poictrine, tellement qu'il tomba mort par terre. Quand il eut fait ce coup il luy dit Glouton Dieu te maudie, va faire compagnie à tes predecesseurs en Enfer, puis mit la main à l'espée & frappa vn sarrazin s'y durement sur son heaume qu'il le fendit iusques aux dents, puis en frappa vn autre sous sa baniere & luy osta la teste dessus les espaules. Quand il eut occis ces trois il cria Montauban. Quand Maugis l'entendit il se mit dans la meslée si fierement que le premier qu'il rencontra il mit à mort, puis mit la main à l'espée & se mist à la grand foule, & frappoit à dextre & à senestre si furieusement qu'il abbatit quantité de sarrazins par terre, tellement que Regnaut & tous les barons, en estoient esmerueillez. Lors Regnaut dit au comte de Rames, que vous semble de mon cousin: vistes vous onc si bon hermite. Par ma foy dit le comte, il est mout à priser. Benist soit le ventre qui le porta & l'heure que vous estes venus en ce pays, car maintenant ie suis asseuré que par vostre venuë la cité de Ierusalem sera prise, & le Roy Thomas deliuré de prison. Et quand le comte de rames eut ainsi parlé à Regnaut il picqua son cheual, & frappa vn turc si rudement qu'il luy passa le fer de sa lance par derriere, & tomba mort à terre, puis mit la main à l'espée & cria rames tant qu'il peut en disant, frappez barons, car les sarrazins seront morts si Dieu nous garde le vaillant Regnaut & Maugis. Les barons du pays se mirent à la presse & commencerent à faire merueilles d'armes contre les sarrazins. Chacun s'esmerueilloit de voir Regnaut & Maugis car nul ne s'osoit trouuer deuant eux. Quand les Sarrazins virent qu'ils ne pouuoient endurer le tort que regnaut & maugis leur faisoiét, ils se mirent en fuite deuers Hierusalem.

Quand l'admiral vit que ses gens estoient desconfits il dict, fils de putain, pourquoy fuyez vous ainsi, Ne sçauez vous pas que ie suis vostre seigneur qui vous deffendray contre ces faux Chrestiens, qu'est deuenu Margaris: Sire dist vn sarrazin, il est mort, & quand l'admiral ouyt ces parolles il cuida forcener & dit. Qui est celuy qui a tué Margaris: est ce le vilain à la grand fourche. Ouy sire, c'est le meilleur cheualier du monde, il a mis auiourd'huy quantité de vos gens à mort, l'admiral iura le Dieu mahom qu'il perceroit le ventre du grand vilain. Et quand il eut fait son serment il picqua des esperons & se mit en la meslée, & le premier qu'il rencontra fut Galerant auquel il donna parmy son escu si durement qu'il luy fit passer le fer de sa lance par derriere & tomba mort, puis mit la main à l'espée, & se fourra en la grand presse criãt haute voix Perse, Barons, frappez sur ces meschans chrestiens, car à cette heure ils seront desconfits. Quand le comte de I. ffes & Geoffroy virent qu'il menoit si mal les Chrestiens, ils se mirent en la meslée fort aspremement. La y eut grande occision de gẽs de part & d'autre, mais a la fin les chrestiens eussent esté desconfits si n'eust esté Regnaut & Maugis.

Comme la ville de Ierusalem fut prise par le moyen de Regnaut & Maugis & ostée de la Tirannie des payens.

Chapitre 31

Regnaut voyant la bataille, se mit dedãs cõme vn Lyon sur les bestes, frappa vn Persan qui estoit cousin de l'admiral qui auoit nom Ortent & luy dõna vn si grand coup d'espée sur son heaume qu'il luy fit voler la teste plus loing d'vne lance. puis en frappa vn autrre qui estoit neueu de Maybon, tant qu'il tua homme & cheual A vray dire il se monstra si vaillant que les Payens en furent esbahis, car il auoit ietté sõ escu sur ses espaules & tenoit la renne de son cheual entour son bras, & tenoit son espée à deux mains & abandonnoit son corps & frappoit à dextre & à senestre, tellement qu'il ne frappoit coup qu'il ne tuast vn payen.

Quand l'admiral vit le dommage que Regnaut faisoit à ses gens il iura son Dieu Apolin qu'il ne mangeroit iamais qu'il n'eust tué le grand vilain. Sire dit le Comte Amaury, ie vous prie que laissiez cette entreprise, car ie vous dy que si vous allez deuant luy il vou occira d'vn seul coup. Maugis faisoit grande occision de tous costez ou il alloit Quand regnaut vit que Maugis faisoit si bien, il en fut bien ioyeux, si frappa vn Turc si grand coup sur son heaume qu'il luy mist la teste en deux, puis il cria montauban disant, frappez car ils sont desconfits. L'admiral entendit crier montauban, & de ce fut esbahy, car il cogneut bien que celuy la qu'on appelloit grand vilain c'estoit le vaillant regnaut, duquel plusieurs fois il auoit ouy parler que c'estoit le plus vaillant cheualier du monde. Quand il vit ce, il eust bien voulu estre en Perse. Lors print son chemin vers la cité, & s'en alla tout droit à la porte Fore pour entrer dedans & se guarentir de regnaut, mais le vaillant comte de Rames le suiuant de si pres qu'il ne le laissa point aller à sa guise. Quand l'admiral vit qu'il estoit si poursuiui, il eut peur d'estre pris, & se sauua dedans Hierusalem & laissa tous ses gens dehors, dõt il y en eut vne grande partie d'occis: car regnaut, maugis, rame, geoffroy & Iesses en firent si grand destruction que bien peu en eschappa. Quand regnaut vit que l'admiral luy estoit eschappé il en fut dolent. Lors vit vn gros cheuron qui auoit quinze pieds de long si descendit de son cheual & print ledit cheuron, & le mit dessous la porte coulisse, tant qu'elle ne pouuoit nullement tomber par terre, & la porte ne se pouuoit fermer en nulle maniere, car il y auoit tant de Turcs morts par la voye qu'on ne se pouuoit tourner. Regnaut & ses compagnons ne firent point cela sans endurer grand peine. Et quand Regnaut vit la porte coulisse arrestée, & sans faire autre demeure, il mit la main à son espée & entra dedans le chasteau de Ierusalem, & cria

Montauban. Il fit tant d'armes que maugis le comte de Rames entrerent dedans. Quand l'admiral vit que les chrestiens estoient dedans la cité il cuida sortir hors du sens lors iura son Dieu Apolin que si le roy Thomas ne luy sauuoit la vie, qu'il l'occiroit. Adonc il courut vers luy, & luy dict roy Thomas si ne me sauuez la vie, à present ie vous feray mourir, & vous ietteray en bas. A lors le roy Thomas luy dit, s'il vous plaist ayez patience que i'aye parlé à mes gens. Allez leur parler dit l'admiral, & vous despeschez. Lors le Roy Thomas se mit aux fenestres & vit venir Regnaut & maugis qui venoient les premiers assaillir la tour ou il estoit prisonnier il ne les cogneut point, si regarda apres & vit venir le comte de Rames qu'il cogneut & Geoffroy & le comte de iaffes dont il fut ioyeux, & leur cria. Seigneurs, regardez vostre roy qui est icy prisonnier. L'admiral vous mande que si vous ne l'en laissez retourner en son royaume de Perse luy troisiesme qu'il me iettera du haut en bas des fenestres. Ha bon roy dit le comte de Rame, Dieu vous saune. Il est vray que nous nous fions à ce Seigneur que voyez là qui est nostre gouuerneur & maistre, c'est le meilleur cheualier du monde dictes luy de vostre affaire, car sans luy ne pouuons rien. Le roy Thomas oyant cela cuida mourir de malle mort. Lors dit au comte de Rames en cholere. Ha comte, vous m'auez trahy faisant seigneur autre que moy. Sire dit le comte n'ayez doute nous l'auons fait à vostre respect, & n'y perdrez rien du vostre, car le cheualier à allez du sien en france. Vous deuez sçauoir qu'il a prins ceste cité luy & son compagnon par sa proüesse, n'ayez point de suspition de luy ne de nous, ie suis seur qu'il fera du tout à vostre volonté, car il n'est icy que pour vous deliurer, & incontinent qu'il aura visité le S. Sepulchre il s'en retournera en france.

Adonc dit le Roy Thomas. Seigneurs comment à nom ce cheualier. Sire, il s'appelle Regnaut de Montauban fils du duc Aimon le meilleur cheualier du monde, car il est tel que iamais charlemagne ne la peu greuer, & s'ils ont fait la guerre quinze ans durant l'vn contre l'autre, & tant a faict de vaillantise qu'il a acquis vn bon renom par tout le monde. Comte dit le roy ie vous prie de luy dire de ma part tout ce que ie vous ay proposé. Sire dit le comte, ie le feray tres volontiers. Lors s'en vint à Regnaut & luy dict tout ce que roy Thomas luy mandoit. Seigneur dit regnaut nous ne ferons pas ainsi, mais ie vous prie que nous allions l'assaillir impetueusement, car au pis aller l'Appointement que l'Admiral demande nous l'aurons bien, & vous dy qu'elle sera prise, & aurons le roy thomas à nostre volonté, & occirons le traistre Admiral. Lors assaillirent la tour de tous costez auec eschelles & luy mesme monta le premier, puis apres Maugis & le comte de rames, geoffroy & bien vingt autres cheualiers.

Le vieil comte de iafes demeura auec les archers & arbalestiers, l'Admiral dit au roy Thomas, par Apolin vous & moy sauterons d'icy à bas. Sire pour Dieu ne vous occiez ne moy aussi, & ie feray cesser l'assaut. Lors le mena à la fenestre & le print par les iambes & cõmença crier. Regnaut ie ietteray en bas le roy Thomas si ne me pardonnez, regnaut voyant que le roy Thomas alloit contrebas, il en eut pitié & dit. Ha sire, si ie laisse l'assaut, ce nous sera grand honte, car la tour est presque prinse & aussi sera ce grand mal si le Roy Thomas meurt. Alors tous les barons cõmencerent à crier. Sire pour Dieu ne souffrez que nostre roy prenne mort si honteusement. Seigneurs dit-il, ie ne voudrois que le roy print mort pour moy. Adonc il cria à

l'Admiral

l'Admiral laissa le Roy Thomas, car vous serez deliuré, par tel conuenant que vous & vos trois hommes vous en irez à pied & laisserez toutes vos gages. Par mahom dist l'Admiral, non feray, mais m'en iray à cheual & mes trois hommes aussi, si ainsi ne le voulez faire, ie laisseray tomber vostre roy. Admiral dist regnaut, ce que demandez ie vous l'octroye. Ioyeux fut l'Admiral quand il ouyt ainsi parler regnaut, retira le Roy, & luy dist, roy Thomas vous estes quitte de moy. Adonc il descendit & ouurit la porte & sortit dehors lui & ses gens. Là il fut fait grand chere entre le roy Thomas, & regnaut & tous les barons de Syrie. Apres ce, l'admiral print son sauf conduit & s'en retourna en Perse, Thomas & Regnaut, aussi tous les barons monterent ensemble en la tour.

Quand ils furent en haut, le roy Thomas s'agenoüilla deuant regnaut. Sire dist regnaut vous auez tort de ce faire. Non, dist le roy. Regnaut print le roy par la main & le releua. Adonc le roi le baisa & lui dist. Benist soit nostre Seigneur qui en ce pays vous a amené, car vous aués secouru Hierusalem la sainte Cité, & moy getté de prison. Or me dites s'il vous plaist, si aués paix auec Charlemagne, qui vous a tant fait d'ennuy. Sire dist regnaut, ouy, à l'occasion de la paix ie suis venu icy en pauure habit cherchant mon pain. Lors descendirent de la tour pour aller au S. Sepulchre, & là ils rendirent graces a Dieu, on faisoit mout grand feste par toute la Cité, de la victoire qui estoit aduenuë. Quand regnaut & Maugis eurent adoré le S. Sepulcre ils furent menés par le roi Thomas & les barons au palais, où ils furent festoyés honorablement & dura la feste plus de cent iours. Et furent donnés a regnaut ces riches dons. Comme palefrois draps d'or & plusieurs autres choses : mais Maugis ne voulut rien prendre ne changer de chappe, il vouloit tousiours estre en habit de pelerin tout nud pieds, dont regnaut fut fort dolent. Le roy fit apprester vne nef au port de Iaphet pour emmener Regnaut. Quand tout fut prest, le Roy Thomas enuoya renaut au port de Iaphet, aussi firent le comte de Rames, & Geoffroy, qui estoient marris de son departement. Regnaut print congé du roy Thomas & des autres barons en pleurant tendrement, & se mirent sur la mer. Ils y demeurerent par fortune hoit mois sans pouuoir prendre terre. Toutes-fois vn iour de ieudy ils prindrent port en vn lieu qu'on nomme Palerme. Eux ayant prins port, Regnaut commanda qu'on le mist à terre, & que la nef fust deschargée. Le roy de Palerme estoit aux fenestres de son palais, & vit comme on la deschargeoit. Lors il dist à ses barons, ie voy sur le riuage de la mer vne nef qu'on descharge à terre, il ne peut-estre que quelque grand Seigneur ne soit dedans, ie ne sçay que ce pourroit estre, si ce ne sont pelerins. Le bon Roy sans faire longue demeure, alla celle part accompagné de vaillans Cheualiers, quand ils furent au port, ils trouuerent Regnaut qui estoit descendu à terre, quād le roy le vit il fut fort ioyeux, ils se firent grand chere. Regnaut dist le roy, vous soyez le bien venu, ie vous prie que veniez loger en mon palais, & là deuiserons de nostre voyage & de la guerre. Ainsi comme le roy deuisoit, il arriua vn cheualier qui dist au roy. Sire, l'Admiral de Perse est venu à grand compagnie de gens deuant Palerme. Quand le roy ouyt ces nouuelles, il en fut iré, & regnaut ioyeux. Lors dist au roy, sire ie vous prie que soyez de rien ébahy; car auiourd'huy en serez vengé, s'il plaist à Dieu. Le roy fit crier que chacun s'armast & fist émouuoir toute la ville, regnaut voyant ce, demanda ses armes. Maugis luy dist, pour l'amour de vous ie suis deliberé de porter encores armes car ie ne vous pourrois souffrir en danger. Quand le roy ouyt ainsi parler Maugis il luy sçeut bon gré, & le courut baiser luy disant. Ma foy voicy vn bon hermite, car quand besoing est il met la main à l'espée. Sire dit Regnaut, vous dites verité, car a peine trouueroiton vn meilleur cheualier sur terre. Apres chacun se mit en armes, & le roy tout armé s'en alla à Maugis, & luy dit en riant. Mon amy ie vous prie que vous portiez mon enseigne: car ie ne la peux donner à meilleur cheualier que vous Sire dit Maugis si vous me la donnez ie la mettray en tel lieu, dont ie vous feray eschauffer le front. Quand le roy ouyt ainsi parler Maugis il en fut fort ioyeux. Maugis tenant la banniere dit au roy. Sire or me suyue qui voudra, car l'Admiral sera desconfit Adonc picqua son cheual, & se mit dans les Sarrazins, Regnaut le suyuoit de pres qui rencontra vn persan, & luy donna des a lance si rudement qu'il le ietta mort à terre dont les autres furent esbahis, puis mit la main à l'espée, & frappoit si rudement que tout ce qu'il atteignoit le renuersoit par terre.

Quand l'Admiral vit le grand effort que Regnaut faisoit contre ses gens, il dict, ma foy ie ne vy iamais deux si vaillãs cheualiers comme ceux cy, d'ou diable sont ils venus, ie cognois bien qu'ils sont estrangers, i'ay si peur d'eux que le sang me fremit Cependant le roy Simon, & ses gens firent grand occision de payens. Quand l'Admiral vit que ses gens se portoiẽt si mal il ne sçeut que faire sinon de fuyr ou d'attẽdre. Adonc l'Admiral ouyt crier Montauban, il en eut si grand peur qu'il ne sçauoit que faire, il dit. Par mahom, & apolin, ie croy que ce diable vse d'vn art diabolique, ie le laissay en Hierusalem, & maintenant il est icy. Et tout tremblant de peur dit à son neueu. Par mahõ nous auons mal fait d'estre icy venus pour faire guerre au roy Simon puis qu'il a le diable auec luy c'est le nompareil du mõde en cheualerie, pleut à apolin que ie fusse en ma nauire: car i'ay peur qu'en ceste bataille ne perde la vie. Sire dirent ses gens, ne doutez de rien, car s'il vien entre nos mains il n'en eschappera pas. Seigneurs, dit l'Admiral, vous ne sçauez pas sa vaillance, si nous estions dix fois autant nous ne durerions pas contre luy, pource ie ne veux plus icy demeurer. Il tourna donc bride le plustost qu'il peut, & s'en alla vers ses galeres, & tous ses gens apres.

Regnaut voyant que les payens estoient desconfits, il commença à crier. Apres Maugis apres, car les payens sont morts, Et puis se mit à la chasse, & le roy Simon apres, & abbatirent les payens comme bestes. Ils en occirent tant auant qu'ils peussent estre és Galeres qu'on n'en peut sçauoir le nõbre, mais ne sçeurent si bien faire que l'Admiral ne se sauuast. Et quand l'Admiral se vit sauué dans sa nef, il regarda deuers terre, & vit le grand dommage que Regnaut, & Maugis faisoient à ses gens, car tout le riuage de la mer estoit plein de paiens qui gisoient morts par terre, dont il eut si grand dueil qu'il en arrachoit sa barbe, & ses cheueux, & maudissoit l'heure qu'il fut né. Regnaut arriua sur le port, & vit que l'Admiral estoit sauué dont il en fut bien marry, & ne sçeut autre chose faire sinon qu'il ietta des fuzées de feu dedãs la nef de l'Admiral, & en fit brusler la plus grand part, & fut forcé aux payés de changer de nauire. Quand le roi Simon vit qu'il estoit venu au dessus de ses ennemis, il courut embrasser Regnaut, lui disant. Ie cognois bien que ie suis Roi par vous, parquoy ie vous fais maintenant seigneur de tous mes biens. Regnaut dit Sire ie vous remercie humblement de vostre courtoisie. Quand ils eurent parlé quelque temps sur le riuage de la mer, le roy print Regnaut, & Maugis par les mains, & s'en retournerent tous vers la cité. Le roy fit apporter tout le gain qu'il auoient, & le presenta à Regnaut, & à Maugis, mais ils n'en voulurent rien prendre, ains le donnerent aux pauures cheualiers. Quand Regnaut se fut festoyé par quatre iours, il demande congé au Roy, qui fut marry qu'il ne vouloit demeurer plus longuement.

Quand il vit qu'il s'en vouloit retourner, il lui donna de riches dons, & fit rauitailler la nef de Regnaut de toutes bonnes viandes. Regnaut print congé du Roi, & de tous les barons, le Roi lui fit compagnie iusqu'à la nef. Quand il fut prest de partir le Roy les baisa en plorant puis s'en retourna a Palerme, Regnaut & Maugis allerent à Rome, & se confesserent au Pape de tous leurs pechez, puis s'embarquerent pour Dordonne, ou ils furét bien reçeus par les habitans qui le coururent dire à Alard, & à ses freres, lesquels entendant les nouuelles de leur frere ils en furent fort ioieux, le coururent embrasser, & leur cousin Maugis, ils monterent au palais ou ils menerent grand ioie.

Lors Regnaut regarda Alard, & vit qu'il auoit le visage tout pasle, il se donna suspition, parquoy il luy dit. Frere comment se porte ma femme, & mes enfans, ie mesmerueille que ie ne les vois point. Frere n'ayez doutance, car ils sont sains, & en bon point a Montauban, & depuis vostre depart nous auons fait refaire le bourg, & garny le chasteau pour doute de gens de guerre, dequoy Regnaut fut bien ioyeux quand il ouyt ces bonnes nouuelles. Lors Regnaut commença à se resiouyr mais, quand il vit que ses freres faisoient si male chere, il dit à son frere Alard. Frere ie m'attend d'auoir mauuaises nouuelles, ie pense que ce que m'auez dit n'est point verité, si ne me dites ce qui en est ie sortiray hors du sens. Alard se mit à plorer mót tendrement, & luy dit. Sire sçachez que madame vostre féme est morte car depuis que vous partites ne cessa de plorer, elle mit toutes ses robes au feu, & ne voulut porter qu'vn manteau de serge comme vous, & tant demena son dueil qu'elle ne mourut. Quand Regnaut ouyt ces paroles, il se mit à plorer en disant. Ha roy Charlemagne ie vous dois bien hair, car par vous i'ay perdu ma femme, pource que me chassastes hors de France. Puis dit à Alard, ie vous prie que me vueillez venir monstrer la tombe de ma féme. Alard le mena à l'Eglise sur la tombe de la duchesse, la ou il demena grand dueil, puis dit. He quel pelerin suis-ie, ie croy qu'il n'en y a point au monde de si mal heureux. Or voy ie bien que i'ay perdu tout mon bien puis que i'ay perdu la plus noble Dame du monde. Ainsi qu'il disoit ces paroles les deux enfans arriuerent qui s'agenouillerent deuant luy Regnaut les baisa par gràd amour, & en plorant leur dit. Mes beaux enfans pensez de bien faire, car le cœur me dit que ie vous faudray bien tost. Quand il eust ce dit-il commença à faire plus grand dueil que parauant aussi faisoit Maugis. Adonc le dueil commença par toute la ville & dura l'espace de dix iours sans cesser, puis à l'vnziesme iour Regnaut se mit en chemin pour retourner a Montauban. Oncques Maugis n'abandonna Regnaut en quelque part qu'il peust aller, & alloit tousiours à pied. Quand ceux de Montauban sçeurent la venuë de leur seigneur ils furent ioyeux, & firent tapisser les ruës par ou il deuoit passer puis il vindrent au deuant menant grand feste, & luy faisant grand reuerence. Regnaut les reçeut fort honorablement car à celle heure il dissimula son dueil qu'il auoit pour l'honneur de ses gens qui lui faisoient grand feste.

Quand Regnaut fut dedans son chasteau de Montauban il fut fort ioieux, & se mit à la fenestre pour regarder en bas, & voiant tant de gens fut esmerueillé d'ou e-stoient venus, il fut fort ioieux car il ne pensoit iamais le reuoir en tel point. Apres que Regnaut, & ses freres furent seiourné quelques iours à montauban, aduint vn iour que maugis trouua Regnaut tout seul il lui dit, cousin il est temps que ie prenne congé de vous, & vous oublierez que tant de gens sont morts pour vous dont e-stes tenu d'en demander pardon à Dieu Puis maugis print congé de Regnaut, & de ses freres, & s'en retourna en son Hermitage, & ne voulut que personne le conduit. Quand il y fut il mena sainte vie en mangeant herbes & racines, & vesquit en telle maniere l'espace de sept ans Quand vint au huictiesme le bon maugis, trespassa enuiron Pasques. A tant ie laisse à parler de maugis, & retournerons à parler de reguaut, & de ses enfans

---

Comme Regnaut enuoya à Paris ses deux enfans à Charlemagne honorablement accompagnez pour estre faits cheualiers.

Chapitre xx. 33

REnaut demena vn grãd dueil tant pour l'absẽce de maugis que pour la mort de sa fẽme mais se conforta auec ses freres le mieux qu'il peut. En ce temps mourut le duc Aimon: & fit heritiers ses enfans de tous ses biens Regnaut departit tous les biens de son pere à ses freres & ne retint pour lui que Montauban, puis les maria fort richement. Il demeura longuement à montauban auec ses enfans, lesquels il instruit en toutes bonnes mœurs, & les nourrit iusques à ce qu'ils peurent porter armes Vn iour il les mena aux champs, & fit porter des escus & des lances pour les essaier à iouster, & mena auec luy vingt Cheualiers, ausquels il fit iouster ses enfans, lesquels iousterent aussi bien que s'il eussent esté dix ans à la guerre. Lors voiant qu'ils se portoient bien il leur dit mes enfans vous estes grand Dieu merci il est temps que soiez cheualiers, parquoy ie veux qu'alliez seruir Charlemagne vostre seigneur qui vous fera cheualiers, car de plus haute main ne le pouuez vous estre Pere dit aimonnet nous sommes tous prests de vous obeir à ce que vous nous cõmãderez, me semble que vous faites bien de noˢ faire suiure les guerres. Pere dit ionnet, iamais ne pourrez auoir mal puis qu'auez dit que serons cheualiers. Pere nous sommes prests d'y aller quand il vous plaira.

Adonc regnaut & ses enfans retournerent au chasteau de Montauban menant grand ioye. Quand ils furent au chasteau, il appella son seneschal, & lui dist, ie vous commande que fassiez mes enfans honorablement habiller de riches vestemens; car ie les veux enuoyer à la cour du Roy pour estre cheualiers. Incontinent le seneschal fit le commandement de son maistre & fit apprester des beaux palefrois couuerts de riches housses, & trouua deux bons harnois d'espreuue pour les deux ieunes Cheualiers. Puis quand il les eut bien accoustrez, il les mena deuant regnaut. Quand il les vit en si bel ordre il en fut ioyeux, puis fit armer enuiron cinq cens cheualiers pour accompagner ses enfans & leur dit. Mes beaux enfans, vous estes en bon point Dieu merci, & voicy bonne compagnie de gens de bien pour vous accompagner, parquoy vous irez deuers Charlemagne qui vous fera bonne chere pour l'amour de moy: Vous estes de noble lignage, parquoy ie vous prie que gardiez de faire chose qui tourne à reproche. Ie vous recommande que sur la foy que me deuez, que l'argent que ie vous donne que le depensiez honnestement, & ne l'espargniez point à pauures Gentils-hommes, & quand n'en aurez plus enuoiez en querir. Sur tout ie vous commande de seruir Dieu quelque chose qu'aiez à faire. Ie vous recommande aussi les pauures Chrétiens, & que de vostre bouche ne sorte vne vilaine parole, ny à Dame, ny à seruante. Portez honneur aux gens de bien. Encore vous commande plus que ne médisiez l'vn à l'autre, & portez foi, & honneur l'vn à l'autre. Et vous yonnet il conuient que portiez honneur à aymonnet vôtre frere, car il est plus agé que vous.

Adonc yonnet dit. Pere soiez asseuré que ie seruirai mon frere comme ie vous drois vous seruir. Par ma foi beau fils si ainsi faites vous en aurez honneur toute vostre vie en quelque part que soiez, mais ie vous commande encores que vous gardiez de trop parler, si vous parlez trop les François diront que vous ne me ressemblez pas, ni vos oncles aussi: car nous ne sermonnons pas volontiers. Pere dirent les enfans nous auons telle esperance en nostre Iesus-Christ qu'il nous gardera de mesprendre, mais ferons telle chose dont vous en serez content. Quand Renaut ouit ainsi parler ses enfans, il fut ioieux, si les tira à part, & leur dit: mes enfans vous allez en France souuenez vous de ce que ie dirai maintenant. Vous deuez sçauoir qu'il y a grand nombre de gens du roy Charlemagne qui ne vous aiment gueres ce sont ceux de Mante.

Ie vous commande que n'ailliez ne veniez auec eux pour chose qu'ils vous disent, & si iamais il vous outrage pensez de vous en bien vanger, & leur monstrez que vous estes fils de Regnaut de Montauban. Pere dirent les enfans n'aiez doute que nous souffrirons qu'on nous outrages. Beaux enfans agenouillez vous deuant moy. Lors les enfans s'agenouillerent deuant luy, & leur donna sa benediction, & les baisa tous en plorant.

Comme les deux enfans de Regnaut se combatirent aux fils de Fouques de morillon, & les desconfirent.

Chapitre 28.

Aymonet & Yonnet arriuerent a Paris il se vestirent honorablement auec leurs gens puis arriuerent au palais se tenãt tous deux par les mains quand les barons les virent venir si richement habillez, & apres eux si bonne compagnie, ils s'esmerueillerent grandement qu'ils pouuoient estre : & les suyuirent quand ils monterent au palais pour sçauoir qu'ils estoient. Ils entrerent dedans la grand sale, ou ils trouuerent Charlemagne. Lors qu'ils virent le roy ils se mirent à genoux deuant luy, & luy baiserent les pieds Aymonnet parla le premier disant, Sire Dieu vous doint bonne vie & garde de mal la compagnie, Nous sommes venus à vous pour auoir l'ordre de cheualerie, si c'est vostre plaisir de nous le donner, car de meilleure main que vous ne le pourrions nous estre. Dont sire, nous vous prions humblemét pour l'amour de nostre pere qu'il vous plaise que nous soyons en vostre seruice iusques à ce que vous nous donniez ledit ordre de cheualerie. Qui estes vous dit Charlemagne qui ainsi parlez. Sire dit aymonnet nous somme fils de Regnaut de Montauban.

Quand Charlemagne eut entendu qu'ils estoient les fils de Regnaut, il se leua & les reçeut honorablemét leur disant. Mes enfans vous soyez les biens venus, & comme se porte vostre pere. Sire dirent les enfans il se porte bien Dieu mercy, & se recommande bien a vous, & vous prie qu'il vous plaise nous auoir pour recommandez, & l'auons laissé a Montauban, mais il decline fort. Ainsi va le monde, mes enfans dit le roy, vn chacun y conuient passer. Ioyeux fut Charlemagne de la venue des deux fils de Regnaut, & les voyoit volontiers pour l'amour de leur pere Il dit à ses barons Seigneurs si ces enfans vouloient renier leur pere ils ne sçauroient, iamais fils ne ressemblerent si bien a leur pere comme ils font, & croyez qu'ils seront vne fois bonnes gens s'il viuent. Et se tourna deuers les enfans, & leur dit Beaux enfans, vous serez Cheualiers quand vous voudrez pour l'amour de vostre pere mon bon amy, & vous donneray plus de terre que vostre pere n'en tient. Et pour l'amour de vous ie feray cent autres Cheualiers, car vous estes de telle geste que l'on vous doit bien honorer, aymer & tenir chers. Quand le duc Naymes & Roland

Oliuier & tous les autres, pers de france les virent, ils en furent bien ioyeux, chacun les baisa par grand amour, puis demanderent comment Regnaut & ses freres faisoient.

Seigneurs dirent les enfans, qui estes vous qui demonstrez si grand ioye de nostre venuë Enfans, dit le duc Naimes, nous sommes tous vos parens de bien pres. Lors le duc Naimes leur dit le nom de tous, quand les enfans sçeurent qu'il estoient, ils s'humilierent fort honnestement deuant eux & leur dirent. Seigneurs, nostre pere vous saluë & vous prie que nous vous soyons pour recommandez comme vos parens. Les barons oyant les enfans si sagement parler, ils furent ioyeux de leur venuë mais les deux fils de Fouques de Morrillon en estoiét faschez, quand le Roy, vit que ils se comportoient si bien, il les print fort a aimer, & pource commanda qu'ils fussent seruis a table honorablement comme il le meritoient, les deux fils de Fouques voyant que le Roy les aymoit tant, ils furent fort dolens, & iurerent qu'il les occiroient deuant qu'ils partissent de la cour. Aduint que le Roy estoit à Paris & vouloit tenir court pleniere, & y estoit aymonnet & yonnet auec les autres barons en la cité. Cependant arriua vn cheualier d'alemagne qui presenta au Roy vn beau cousteau à la mode du pays. Lors le Roy appella yonnet & luy donna par grand amour: quand yonnet eut receut ce beau don du Roy, retournant en sa place il heurta a Constant ny pensant pas, qu'il en eut grand despit il dit, qu'estcecy, faut-il faire si grand baubans pour deux garçons traistres qui ne valent pas vne pomme pourrie, Plusieurs autres outrages dit constans à yonnet qui n'estoient pas dedire, quand yonnet vit qu'il l'auoit appellé traistre il en fut bien fasché, il s'en vint à luy & luy dit constans vous auez apris vn meschant mestier, c'est de mesdire: car i'ay ouy qu'auez appellé traistre mon frere & moy, & que Charlemagne sçait bien comme mon pere occit le vostre comme traistre extraict de lignée de traistre, mais il ne pleurt à Dieu que mon pere mourust ainsi ne mes oncles. Mon pere occit le vostre, c'est verité prouuée, mais ce fut a son corps deffendant & si comme noble & vaillant cheualier qu'il est, & si vous estes si hardy de dire que ce fut par trahison, voicy mon gage tout à present; car vous mentez faussement sauf l'honneur du Roy & de la cōpagnie quād. Charlemagne vit que nul des barōs ne disoit mot du debat de yonnet & constans il en fut fasché & luy dit Constans, vous auez tort de dire que moy & les pers de france sçauent bien que Regnaut tua vostre pere par trahison, taisez-vous de cela, car si sçauiez comme la chose va, vous nen parleriez iamais. Ie vous commande que vous amendez à yonnet ce qu'auez dit, ou allez vous en de ma cour, car vous l'auez toute troublée, dont i'en suis mal content. Et quand Rohars ouit ce que le Roy auoit dit à Constans son frere, il se leua & dit. Sire ie suis prest de prouuer sur yonnet que leur pere ocist le nostre par trahison & voicy mon gage. Constans dit à Charlemagne icy prenez vn mauuais plet dont vous en serez tard à repentir. Aymonnet & younet s'agenouillerent deuant le Roy & luy dirent. Sire pour Dieu nous supplions humblement, que vous preniez le gage que Rohars à ietté, car à l'aide de Dieu nous deffendōs la querelle de nostre de la trahison qui luy ont mises sus. Enfans dit-il ie le prendray, mais sur ma foy i'en suis marri. Constans dit, Sire nous entendons que nous serons deux contre deux chacun au sien. Le Roy ayant pris les gages de constans de Rohars il leur demanda pleiges. Lors sallirent en pieds le traistre Ganelon, Beranger, Estou, de Morillon, Pinabel, Griffon de haute fueille, qui dirent au roy, Sire nous pleigeons Constant & Rohars; car ils sont de nostre lignage & ne leur deuons faillir. Seigneurs dist le roy, ie vous les donne en garde & vous commande que les rameniez quand temps sera. Aymonnet & Yonnet s'aduencerent & dirent. Sire voyci nos gages comment nous voulons deffendre que nostre pere n'occit iamais Fouques de Morillon par trahison. Enfans dist le roi vous parlez bien, mais il conuient auoir pleiges comme i'ay eu des autres si ie veux faire raison. Adonc roland, oliuier, le duc Naimes Oger richard de Normandie, & Estou le fils Oedon dirent, nous pleigeons les fils de regnaut & les vous presenterons au iour de la bataille, Seigneurs dist le roi il me plaist bien. Les enfans ne sont cheualiers, mais Dieu aydant ils le seront demain. Puis mandérons à regnaut qu'il vienne pour garder la bataille des deux enfans. Quand ce vint l'heure de vespres que Charlemagne appella son seneschal & lui dit. Allez & faites venir les enfans de regnaut; car ie veux qu'ils soient demain cheualiers; & faites qu'ils soient bien accoustrez; car ie le veux faire pour l'amour de regnaut. Le seneschal a amené Aymonnet & Yonnet bien en point & tous les autres qui deuoient estre cheualiers auoient veillé en l'Eglise de nostre Dame. Puis quand ils furent deuant le roy Aymonnet & Yonnet demanderent l'ordre de cheualerie, ce que le roy leur donna & aux autres pareillement pour l'amour d'eux, puis fut fait grand feste celuy iour. Et quand la feste fut finie le roy manda à regnaut qu'il vinst à la Cour en bonne compagnie; car ses fils estoient appelez de trahison des enfans de Fouques de Morillon disant que par trahison il auoit occis leur pere, & comme ses enfans auoient tous deux ietté leurs gages, disant qu'ils auoient faussement menty comme gens traistres & extraicts de traistres par droicte lignée.

Quand regnaut ouyt ces nouuelles, il n'en fit point bonne mine. Lors enuoya querir ses freres en armes, lesquels sans faire demeure vindrent à Montaubain. Adonc regnaut fut fort ioyeux, & leur conta l'affaire. Frere dist richard, n'ayez doute, cela ira autrement que vous ne pensez. Ie conseille que nous allions à la Cour du roy, & la nous verrons ce qu'ils veulent dire, & s'il a rien mespris enuers mes neueux, iamais Dieu n'aye mercy de mon ame si ie ne l'occis quoy qu'il en aduienne. Quand ils furent la venus les douze pairs de France allerent au deuant auec Aymonnet & Yonnet, & receurent regnaut & ses freres en grand ioye. Regnaut dist à ses enfans. A cette heure on verra si vous estes mes enfans ou non; car il faut que vous me vengiez de cette grande honte que ces traistres m'accusent à grand tort. Pere, dirent les enfans n'ayez doute; car si les traistres estoient dix, si n'auront-ils pas durée contre nous.

Quand le roy sceut la venuë de regnaut si bien accompagné il en fut ioyeux. Si lui manda qu'il vint à luy. Quand il le vit, il luy fit bonne chere & à ses freres aussi. Quand regnaut eut esté la quelque temps, il print congé de luy & s'en alla en son logis, il appella ses freres & ses enfans, & leur dist. Mes fils, dites-moy comment se comporte le roy enuers vous de cette querelle, il faut que ie sçache la verité. Pere, sçache qu'il nous aime sur tous & nous entretient honorablement pour l'amour de vous, qu'il aime côme il dit. Puis lui dirent côme il les auoit fait cheualiers honorablement, & comme il soustenoit leur querelle contre les traistres & contre tous

autres

autres. Et quand Regnaut, & ses freres entendirent ainsi parler les enfans ils en furent bien ioyeux, car ils craignoient qu'il ne fut autrement, puis Regnaut dit ie recognoistray ce bien fait. Le lendemain il alla trouuer le Roy a son leuer & le remercia de l'honneur qu'il auoit fait à ses enfans, & le roy luy dit, depuis que m'auez obey, & fait mon commandement, i'ay oublié tout le courroux que i'auois contre vous, & veux que vous sçachiez que ie suis vostre, & seray toute ma vie, & vous tient pour mon amy.

Quand Regnaut entendit le Roy il se ietta à ses pieds en le remerciant humblement, cependant Regnaut auoit faict faire deux harnois d'espreuue pour ses deux enfans, & faict prouisions de deux bons cheuaux de prix. Quand le iour de la bataille fut venu les enfans de Fouques de Morillon se vindrent presenter deuant le roy appareillez pour faire armes, & le roy leur dit, vous auez mauuais conseil de faire vn si fol appel, ie croy que vous vous en repentirez, ce n'est pas la premiere faute que ceux de vostre lignée ont faicte, aussi ne sera-ce pas la derniere, & quand Ganelon, & ceux de son lignage ouïrent le Roi ainsi parler ils en furent tous esbahis si qu'il ne sçeurent que respondre: Constans dit au roy Sire nous vous prions que nous signifiez le lieu ou nous deuons combattre nos ennemis, & si nous deuons combattre deux contre deux, ou vn contre vn. Adonc se dressa le duc Naymes, & dit, Sire il m'est aduis puis que Constans appella aymonnet traistre sans rien nommer, & Rohars yonnet qu'ils se doiuent combattre deux à deux tous ensemble Sire dit, Regnaut le duc Naymes à tres-bien dit. Le roy dit ie l'octroie, mais ie veux que la bataille se face en l'Isle nostre Dame dedans Seine, au matin Regnaut mena ses d'eux enfans auec lui. Et les deux enfans de Fouques de Morillon s'en allerent pareillement auec leurs parens & amis. Quand Regnaut, & ses freres eurent souppé, & fait bonne chere il fit apporter les harnois, & Alard, Guichard & Richard amenerent les deux enfans, & puis monstrerent à aymonnet, & yonnet comme ils se deuoient deffendre de leurs ennemis, & comme ils les deuoient assaillir. Apres Regnaut enuoya ses deux enfans à sainct Victor, les traistres alle ent veiller à sainct germain des prez. Quand le iour fut venu vn Euesque qui estoit de la parenté de Côstans, & Rohars leur chanta la Messe, l'Archeuesque Turpin leur chanta à sainct Victor deuant Regnaut, ses enfans, & les douze pers de France. Quand les ieunes cheualiers eurent ouy Messe ils s'en vindrent tous armez au palais, & se presenterent au roy. Et quand il les vit il appella Roland & Oliuier, le duc Naimes, & le duc Richard de Normandie, & leur dit. Seigneurs ie vous commande que le champ soit honorablement gardé, & que portiez auec vous les sainctes Euangiles, & leur ferez faire serment qu'ils y entreront en bonne querelle, & sur tout que mon honneur y soit gardé. I'ai doute que meslée y suruienne, car Rohards est plein de toute mauuaise trahison, & tous ses amis aussi.

D'autre-part, Regnaut & ses freres sont puissans, & sages, & ne souffriroient pas qu'on leur fit tort ni à leurs parens, & mesmemēt Richard le frere de Regnaut, car quand il est courroucé il n'espargne ni comte ni Cheualier, & pource ie le doute plus que nul autre, car vne fois il me vouloit moy mesme occire, dont bien m'en souuient encores. De Regnaut ie ne me doute pas, car il est sage & raisonnable, sire dit le duc Naimes ne vous esmaiez de rien, car nous garderons bien vostre droit, &

honneur sans faire tort à autruy. Cependant les enfans de Fouques s'en allerent en l'Isle ou Charlemagne leur auoit ordonné. Quand ils furent allez en l'Isle à tout leur cheuaux ils descendirent, & les attacherent, & s'assirent sur le pré en attendant leur aduerses parties. Or entendez que les traistres auoient ordoné. Vous deuez sçauoir que cependant que Charlemagne auoit parlé à ses barons, beranger, hardre, & griffon de haute fueilles s'embuscherent aupres de l'Isle par telle attention que si les fils de Regnaut auoient le meilleur à l'encontre des deux fils de fouques qu'ils sortiroient a grande compagnie de gens pour les faire mourir vilainement. Quand Regnaut vit qu'il estoit temps que ses fils deussent aller en l'Isle pour accôplir leur bataille : il appella aymônet, & luy dit, venez auant beau fils vous estes l'aisné & pource deuez auoir plus d'honneur que le ieune. Tenez ie vous donne flamberge ma bône espée de la quelle vous prêdrez vengeance de ces traistres, vous auez le droit, & eux le tort, pere dit aymonnet, soyez tous asseuré que vous verrez huy telle chose dont vous serez ioyeux, car nous mettrons les traistres à mort, s'il plaist à Dieu. Quand Regnaut ouyt son fils ainsi parler il en fut bien ioyeux, si le baisa, puis luy donna sa benediction, & pareillement à yonnet quand il eust ce fait il mena ses freres, & ses deux fils dedans l'Isle de nostre Dame.

Et quand ils furent outrepassez, Regnaut & ses freres se mirent au retour pour venir deuers Charlemagne. Et à mesme temps vint vn messager qui cria à Regnaut tant qu'il peut, Regnaut aye mercy de tes enfans, car ils sont perdus, griffon est embusché auec grand nôbre de gens aupres de l'Isle pour tuer tes enfans. Quand Regnaut ouyt cela il tomba pasmé & dit. Ha douce France que c'est grand dommage à vous que ne pouuez iamais estre sans traistres. Et quand il eut ce dit, il appella son frere Richard, & luy dit. Allez vous armer, & faictes armer tous nos gens, & les menez en l'Isle, & si le traistre griffon vient pour greuer mes enfans tuez le. Quand vous y serez faictes que chacun vous voye, & vous gardez que si les deux fils de fouques ont du meilleur que vous n'aydiez point à mes enfans mais laissez les mourir si à tant vient, car ce seroit grand deshonneur pour nous si vous le fasiez. Frere dit Richard, ne vous souciez. Lors s'en alla armer luy, & ses gens, & incontinent s'en allerent là ou Regnaut leur auoit dit.

Quand le roy vit Regnaut sans Richard il en eut aucune suspition, & luy dit. Ou est vostre frere Richard qu'il n'est icy comme les autres. Sire il est allé ailleurs pour certaine affaire, mais n'ayez doute de luy. Non ay ie dit le roy tant que seray en vie mais il vous conuient aller sur la tour de seine pour voir la bataille de vos enfans, Allons y sire, dit Regnaut, quand il vous plaira. Adonc s'en allerent auec eux l'Archeuesque Turpin, Salomon, Oger, Naimon, & plusieurs autres. Ainsi que Charlemagne fut monté dessus la tour pour voir la bataille il vit venir Richard frere Regnaut à grand compagnie de gens en armes. Le roy le cogneut bien, car il portoit ses propres armes. Et Richard auoit fait à celle fin qu'on le cogneut. Quand Charlemagne vit ce, il fut tout esbahy, Lors appella Regnaut, & luy dit. Qu'est ce que vous voulez faire, me voulez vous deshonorer, auez vous ia oublié vostre loyauté. Sire dit Regnaut n'enny, sauf vostre honneur, mais vous veux seruir, honorer comme mon droicturier seigneur.

Pourquoy dit le roy, est allé Richard en l'Isle tout armé auec tant de gens pour le camp briser, en quoy ie ne pourrois estre mieux diffamé. Sire dit Regnaut, n'ayez doutance, car i'en prend nostre Seigneur à garent, & pour pleige qui sçait tout, que par Richard ne sera faicte chose qui vous tourne a des-honneur ny à dommage mais ie vous diray pourquoy mon frere Richard s'est mis en armes vous deuez sçauoir que le traistre griffon de haute fueille est embusché sous saint Marcel en vn verger auec vne grande compagnie de gens qui veulét briser tout vostre camp pour occire mes enfans, & pour c'est armé mon frere Richard pour les secourir s'il en est besoing, & si vous voyez que Richard face chose outre vostre vouloir, & commandement, prenez en sur moy la vengeance. Roland fut mout dolent quãd il vit la vilaine trahison de griffon vouloit faire. Cependant le roy vint auec belle compagnie de gens bien armés. Quand il veit Roland il luy dit comment nepueu, souffrez vous les outrages que les fils de fouques voulent faire aux enfans de Regnaut: ie blasmois Regnaut de ce que son frere s'estoit mis en armes: mais ie cognois qu'ils ont raison, sire dit Roland nul ne se peut garder de trahison, neueu dit le roy, ie les feray tous pendre vilainement en despit de tous leur lignage, seulement la trahison qu'ils ont auiourd'huy faicte Roland dit, vous ferez bien. Atant voicy venir Regnaut monté sur vn palefrois sans espée. Quand Roland le vit il luy dit. Sire Regnaut est ce de vostre volonté que vostre frere Richard soit icy venu en armes, sire Roland, dit Regnaut seurement ouy, car la chose que i'ay faicte ne sera point celée. Vous auez veu la trahison que les traistres vouloient faire pour occire mes enfans. Et quand ie sçeu le fait ie luy ay commandé qu'il s'allast tost armer pour les secourir si les traistres venoient, & s'il vous semble, que luy ne moy ayons de rien mespris le roy en face iustice. Par ma foy dit Roland ny vous ny vostre frere n'auez rien mespris, mais auez fait comme bons cheualiers doiuent faire.

Apres que les quatres champions furent a cheual ils donnerent des esperons a leurs cheuaux, & allerent les vns contre les autres & se donnerent des lances parmy leurs escus, tant qu'elles furent en pieces, & nul ne tomba à terre ils mirent la main aux espées Lors aymonnet qui tenoit flãberge dit à yonnet frere ie vous prie que pensés de bien faire, car si vous m'aydez honnis seront confus ces traistres. Frere dit yonnet ne vous souciez, car ie ne vous faudray iusques à la mort, & ne vous esbahissez car nous auons le droit, & eux le tort. Lors ils coururent tous deux ensemble sur leurs ennemis l'espée au poing. Aymonnet acconceut constans de flamberge si durement que le coup aualla sur la visiere, & le trancha, & luy emporta la moitié du nez. Et quand aymonnet vit le nez de son ennemy par terre il luy en fit reproche. Constans il vous va pis que parauant, car iamais ne serez sans signe, car ce coup a fait flamberge lequel occit vostre pere, & aussi fera elle vous si Dieu plaist. Rohars courut sur yonnet, & luy donna si grand coup sur le heaume que s'il n'eust esté bon il l'eust occis. Cependant aymonnet courut sur constans, & lui donna sur le heaume qu'il le fit encliner sur la selle, & conuint par la vertu du coup au Cheual tomber sur les genoux, & donner du museau à terre. Et quand le cheual sentit le coup il se dressa vittement & se mit à courir prestement parmi le pré comme s'il fut enragé, & constans ne le pouuoit greuer car il estoit tout estourdi du coup qu'il auoit reçeu. Et lors aimonnet & ionnet allerent courir sur Rohars, & le commencerent fort à mal mener rohars se mit à crier, frere ou estes vous, me lairrez vous ainsi tuer: Constans qui couroit parmy le pré qu'il fut vn peu reuenu & auoit appa[...] cheual & oiant ainsi crier son frere, il s'en vint& frappa aymonnet sur son heaume, lequel se trouua fort pour y resister & ne lui fit aucun mal, quand constans vit qu'il n'auoit occis aimonnet il pensa enrager, voiant la place toute pleine de sang de son frere, si ne sceut que faire, à cause que aimonnet le tenoit de si pres. Cependant ionnet auoit prins Rohars par le heaume, & l'estrangloit a fine force, constans se mit entre Rohars& ionnet,& fut force à ionnet de le lascher, Aimonnet voiant que constan auoit deliuré Rohars des mains deyonnet il frappa constans de flamberg sur son escu si durement qu'il en fit deux pieces. Abref parler les enfans de Regnaut hasterent tant les enfans de fouques de Morillon qu'ils commancerent à perdre la place & estoient tant trauaillez qu'ils ne demandoient que repos mais aimonnet & son frere n'auoient volonté que de combatre. Et vous dy vray qu'ils estoient tous quatre finaurez qu'ils perdoiẽt abondamment leur sang, car ils s'estoient longuement combattus sans repos parquoy leur conuint à chacun deux prendre vn peu d'alaine. quand cõstans vit qu'il auoit assez seiourné il courut sur Aymonnet, & luy donna vn grand coup sur l'espaulle tant qu'il luy fit vne grãde playe non mortelle Aymonnet se sentant ainsi blessé donna si grand coup à constans sur loreille qu'il la luy emporta tout la iouë.

Quand le Roy vit ce coup il ne se peut tenir de rire. Pardieu or va il pis que parauant, car les deux fils de fouques de morillon son confus, Sire dit Regnaut, ils l'ont bien deseruy car ils sont pariurez faussement cepandant yonnet courut sur rohars & le frappa si durement que l'espée luy entra vn doit dans la teste. Aduint qu'a force de combatre chacun au sien, il se furent esloignés d'vn traict d'arc Aymonet se combattoit à constans, & yonnet à rohars, mais rohars alloit trop mallement, car yonnet l'auoit mis parterre quand yonnet veit rohars parterre, il dist ce seroit grãd vileinie d'estre à cheual & sa partie à pied : si mit pied a terre pour combatre a Rohars, mais quand il fut deualé son cheual courut à celuy de Rohars, & le cuida estrangler, quand Charlemagne vit ce, il se print à rire & dit nous auons trois batailles. Ie connois que yonnet a tant malmené rohars qu'il ne peut aller en auant. quand rohars vit qu'il ne pouuoit plus endurer yonnet il se mit à crier & dit ha constans ou estes vous, que ne me venez aider : vous qui estes si bon cheualier, & qui prinstes la querelle vous mesme, dont il nous va mal, car si vous ne me secourez, tout à present me faut mourir. Cõstans oyant ainsi parler son frere il laissa Aymonnet, & s'en alla vers yõnet pour secourir son frere rohars, mais sçachez qu'il ne partit a gueres sain d'aymonnet, car il luy auoit fait plus de vingt playes, quand constans fut venu vers son frere incontinent il courut sur yonnet à tout son cheual. quãd Aymonnet veit ce il commença à crier apres constans mal baptisa celuy qui vous mit ce nom de constans, iamais ne fut veu homme si couard que vous estes qui ainsi vous en fuyez Lequel il courut vers constans, & constans contre luy, lequel luy donna vn grand coup sur son heaume, mais le coup deualla sur le cheual & tomba mort parterre.

Quand aymonnet se vit par terre il se redressa prestement, & frappa constans dessus son heaume, mais il fut si dur que flãberge n'y peut entrer, & le coup glissa sur la visiere & la trencha & la plus part du visage, tant que les dents luy paroissoiẽt & puis le coup tõba sur le cheual deuant larçon de la selle, & cheut le cheual en deux pieces

& conſtant cheut à terre mais incontinent ſe releua au mieux qu'il peut. Mout fut ébahy conſtans & lors aimonnet luy dit. Traiſtre or vous conuient il mourir mal penſaſtes oncques d'appeller mon pere de trahiſõ, mais auiourd'huy eſt venu le iour que vous l'acheterez cher, quand Regnaut ouyt ainſi parler ſon fils, il en fut ioieux aymonnet voyant conſtans releuer il luy courut ſus, & le frappa à grands coups tant que conſtans n'auoit pouuoir de frapper vn ſeul coup : mais s'en alla ça & la. quand conſtans vit qu'il ne ſçauoit plus que faire il ietta ſon eſcu à terre, & print aymõnet à plain bras à mode de luitte Aymonet ne fut de rien ébahy car il eſtoit fort & puiſſant ſi print conſtans par ſon heaume, & le tira à luy de grand puiſſance qu'il le luy oſta de la teſte, conſtans cria ſon frere rohars & luy dit Ha frere ſecourez moy, car ie n'ay pouuoir de me deffendre, rohars oyant ſon frere crier, il fut mout dolent de ce qu'il ne le pouuoit ſecourir, car il auoit perdu tout ſon ſãg qu'il ne ſe pouuoit ſouſtenir : toutesfois il ſe parforça tant qu'il vint vers ſon frere conſtans, & penſa frapper aymonnet par derriere, mais il ne peut Aymõnet le frappa ſi durement par les eſpaulles qu'il le fit tomber à terre & courut ſur conſtans, auquel il couppa le viſage, lors conſtans ſe mit à crier ha frere ſecourez moy ou autremẽt ie ſuis mort Frere, dit Rohars ie ne vous puis ſecourir, car moy meſme ſuis fort eſbahy. Le Roy dit or ſont morts les deux fils de Fouques de morillon. Par leur mauuais vouloir ſire dit oger, il n'en peut gueres chaloir, car ils maintenoient mauuaiſe quere [illegible] Regnaut voyant que ſes enfans eſtoient au deſſus, il en fut fort ioyeux, mais non eſtoit ganelon car de couroux qu'il auoit il deuint tout noir comme vn diable Lors ganelon appella beranger, hardes & henri de lyon, & leur diſt Seigneurs [illegible] ſommes tous deshonorez car les enfans de fouques ſont deſconfits [illegible] rois volontiers, mais ie n'oſe pour crainte du Roy. ſire dit hardes [illegible] autre choſe ne pouuons faire que de monſtrer que nous n'en ſommes [illegible] cez, endurons, le iuſques a ce qu'il viendra le temps de nous venger ſur les parens & amis.

Aymonnet voyant qu'il auoit frappé conſtans mortellement il en fut bien ioyeux, adonc ſon frere yonnet lui dit. Frere vous auez mal fait d'auoir occis ce meſchant traiſtre ie le voulois occire moi meſme mais puis qu'il eſt ainſi, allez l'acheuer & ie vrai occire Rohars, frere ce dit aymõnet vous parlez bien car ainſi doit on faire des traiſtres. quand les deux freres ſe furent accordez chacun alla ſur ſon ennemy aymonnet dit à conſtans pourquoi appellaſtes vous mon pere de trahiſon, ie vous dy que mon pere eſt l'vn des loiaux cheualiers du monde, & qu'il occit voſtre pere à ſon corps deffendãt, la ou votre pere l'auoit voulu occire par trahiſon, recognoiſſez voſtre mauuaiſtié ou autrement vous eſtes mort aymõnet dit conſtans, pour dieu ie me rend à vous, aimonnet print ſon eſpée & le mena deuant le roy auquel il dit. Sire, tenez ce traiſtre ie vous le rends pour en faire ce que raiſon voudra Le Roy luy dit, Ami vous en auez aſſez fait tant que n'en demande autre choſe, & quand nous aurons l'autre ie les ferai tous deux pendre, Aimonnet retourna deuers ſon frere pour luy aider, tenant ſon eſpée en ſa main, lequel dit á Rohars. Traiſtre vous mourez vilainement, lors il lui courut ſus pour le frapper, quand yonnet vit cela, il luy dit, Frere ne l'occiez pas ie veux conquerre le mien comme vous le voſtre. Frere dit aimonnet vous dictes mal, je vous veux ayder, car il a eſté pardonné, Yonnet lui dit frere si vous touchez à rohars iamais ne vous aymeray, Frere dit aymonnet, Ie m'en deporteray puis qu'il vous plaist, mais ie vous prometz que si ie voy qu'il aye pouuoir sur vous ie vous aideray. Frere dit yonnet ie le veux bien. Lors yonnet courut sur rogars & luy donna sur l'espaulle qu'il luy trancha tout outre & tomba le bras a terre, & luy dit. Traistre sçachez que regnaut de mõtauban n'est point traistre, mais és l'vn des bons cheualiers du monde, & si tu ne le recognois tu mauras tout a present. Il print rohars par le heaume & le luy arracha, puis le battit du põmeau de son espée de grands coups quand rohars veit qu'il estoit si mal mené il cria, Dieu aye mercy de mon ame, ie cognois que de mon corps est fait. quand constans ouyt parler son frere il se mit à pleurer, ne pouuant faire autre chose. Lors yonnet voyant que rohars ne se vouloit desdire, ne luy crier mercy il luy coupa la cuille, puis la luy mit sur le corps, & luy dit. Or tost traistres dites vostre mauuaistié, ou vo^9 estes morts a laquelle chose ne voulut dire mot. Adonc yonnet luy trancha sa teste. quand aymonnet & yonnet eurent vaincu ainsi leurs ennemis ils se prindrent par les mains & s'en allerent vers le Roy Charlemagne, auquel aymonnet dit. Sire vous semble il qu'ayons assez fait car nous sommes tous prest d'en faire encores plus si vo^9 nous le commandez. Enfans dit charlemagne, vous auez assez fait, constans est receu & rohars mort. Or vous en allez reposer ie vous promets que ie feray des traistres ce qu'il en appartient. Lors Charlemagne commanda que constans fut pendu & le corps de son frere aupres de luy, car bien l'ont deseruy. quand ganelon les vit pendre, il cuida sortir hors du sens puis appella herdre, beranger & malu qui sçauoient autant de mal que lucifer, & leur dit Seigneurs vous voyez comment Charlemagne nous à fait grande deshonneur si le sçauons cognoistre, car il a fait pendre nos amis charnels vilainement mais nous verrons encores l'heure que ceste honte sera vangeé Il dit vray le traistre ganelon, car il trahit les douze pairs de france, & les fit mourir à ronceuaux.

Regnaut voyant ses enfans victorieux il rendit graces à Dieu, & luy & ses freres. Lors il demanda a ses enfans comme ils estoient. Pere dirent-ils il nous va bien Dieu mercy. Lors Alard & Guichard visiterent leurs playes, lesquelles furent bien tost gueries, Apres qu'ils furent gueries ils allerent aux palais pour voir le Roy qui leur fit bon recueil & leur donna de mont beaux dons, comme chasteaux forteresses. Regnaut & ses freres demanderent congé au Roy pour s'en aller, & il leur donna, en les priant qu'il retournast bien tost, & firent tant par leurs iournées qu'il arriuerent à montauban & apres estre vn peu reposà Regnaut appella ses enfans & leur dit. Mes enfans i'ordonne des maintenant que yonnet aura dordonne pour sa part, & aymonnet montauban car i'ay ouy dire que nostre seigneur maudit l'arbre qui n'est iamais meur. Sçachez que i'ay nostre seigneur Iesus-Christ grãdement courroucé parquoi le temps est venu que ie me dois amander, dont i'ay tres grand peur de ma pauure ame, dont, ie dois faire mon deuoir de la rendre à celuy qui me crea à son image & semblance.

Comme Regnaut se partit de Montauban en habit de pelerin apres auoir desparty tous ses biens à ses enfans, lesquels menerent grand dueil quand ils sceurent qu'il s'en estoit allé sans leur rien dire,

Chapitre 35.

TAntost apres que Regnaut eut departy sa cheuance à ses enfans : il alla en sa chambre, & y demeura iu'qu'a la nuict, puis vestis vne grande chappe, & print son bourdon se pour deffendre des chiens il se partit du palais, & s'en vint à la porte de la ville, laquelle il fit ouurir, quand le portier veit que son seigneur estoit si pauurement habillé il lui dit. Sire ou allez vous, ie m'en vay esueil er vos freres, & vos fils, car vous estes en grand danger des larrons veu que ne portiez rien pour vous deffendre. Amy, dit Regnaut, ni va point, i'ai esperance en Dieu, mais tu diras à mes freres demain au matin que ie leur demande salut, & bonne amour, & à mes enfans aussi qu'il pense tousiours de bien faire, qu'ils facent ceque ie leur ai dit, & que plus il ne me verront, ie m'en vai sauuer mon ame, si Dieu plaist, & mourray quand lui plaira, car i'ay fait mourir beaucoup des hommes, dequoi mon ame est chargée, si ie pouuois tant faire qu'elle en fut deliurée ie ne demande autre chose Adonc il regarda en son doigt, & vit son anneau ou il y auoit vne pierre qui valoit bien cent marcs d'argent, il le donna au portier lequel le remercia de ce don Helas Sire, vous faictes grand tort à ce pays, lors il se mit à pleurer Cependant Regnaut se mit en chemin en l'estat qu'auez ouy, Ainsi qu'ils s'en alloit le portier le regarda tant auant qu'il peut, puis quand il ne peut plus voir il tomba pasmé à terre, la ou il demeura vne grand piece, & quand il fut reuenu il commença à demener son dueil comme par deuant quand il eut mené son dueil il ferma la porte, & s'en retourna en son hoste. Quand il fut en sa chambre il se mit à regarder l'anneau que Regnaut luy auoit donné, quand il cogneut qu'il estoit si riche il en fut bien ioyeux: Le lédemain aussi-tost qu'il fut iour le portier alla vers les freres de Regnaut, & leur compta tout ce qu'il leur mandoit, lesquels commencerent à mener grand dueil, de ce qu'il s'en estoit allé sans leur dire à Dieu.

Comme Regnaut se mit à seruir les massons à Cologne & par enuie fut tué par iceux, & ietté dans le Rhin.

Chapitre 36

QVand Regnaut fut party de Montauban, il se mit à cheminer par dedans le bois tout à trauers, sans trouuer rien à manger que des pommes sauuages, & des nesples, & quand il fut nuict il se coucha dessous vn arbre, & ainsi qu'il se vouloit endormir, il fit le signe de la Croix sur soy, & se recommandant à Dieu s'endormit, & quand le iour fut venu il se mit en chemin dedans le bois ou il demeura l'espace de huict iours sans manger que des fruicts sauuages. Tant chemina qu'il sortit du bois, & trouua vne maison de religion ou il coucha, les freres lui voulurent donner a manger mais il ne voulut que du pain, le lendemain il print son chemin vers Cologne, ou l'on batissoit l'Eglise sainct Pierre, ou il entra, & se mit à genoux deuant l'Autel, ou il offrit son cœur à Dieu, cependant il print volonté de seruir audit lieu pour l'honneur de Dieu, & de sainct Pierre, & qu'il valoit mieux seruir à l'Eglise que d'estre parmy les bois.

Apres auoit beaucoup pensé il s'en alla au maistre de l'œuure & lui dist, maistre ie suis homme estranger vous plaist-il que ie serue ceans. Alors le maistre lui dit. Mon amy allez donc aider à ces quatre qui ne peuuent porter ceste pierre, maistre dit-il ne vous courroucez point à ces pauures gens, ie vous vai querir la pierre tous maintenant, amy dit le maistre ne vous hastez point car si autre que vous ny met la main la pierre pourra bien demeurer ou elle est c'est vn trop pesant faix, maistre dit-il vous l'aurez incontinent sans ayde d'autre que de moy s'il plaist à Dieu, alors il prit la pierre, & la porta aux maistres massons, il fit tant par son seruice qu'il fut en la grace des maistres de l'œuure, dont les autres manœuures en furent fort enuieux de maniere qu'il le tuerent en dormant, puis le mirent dans vn sac, & le ietterent dans le Rhin, mais par le vouloir de Dieu les poissons le soustindrent, & parut si grande clarté à l'entour du corps que les habitans du pays en furent esbahis, si prindrent le corps, & le mirent dans vn tombeau, alors les Barons du pays le voulurent emmener en la cité de Cologne, mais ils ne peurent ce qui leur fit dire, nous voyons bien que nous ne sommes pas dignes le toucher le corps de ce sainct homme, car nous sommes trop grands pecheurs cependant que

chon eur

les barons parloient le chariot se partit tout seul par le vouloir de Dieu, & alla vistement deuant tout le peuple. Lors le clergé, & le peuple voyant cela se mirent tous à plorer. Vous deuez sçauoir que quand le chariot se mit à cheminer, & passant deuant la tombe ou l'on le vouloit enterrer, il passa tout outre, si qu'on ne le peut arrester, & sortit hors de cologne. Quand le chariot fut hors de la cité il alla le grād chemin dont le peuple se mit à pleurer. Lors l'Euesque leur dit. Seigneurs bien pouuez voir que celui corps est sainct, par les beaux miracles qu'il a fait auiourd'huy deuant tous parquoy allons apres pour le conduire, ce n'est pas bien fait de le laisser aller tout seul. Lors le clergé, & tout le peuple, petits & grāds se mirent à aller apres le corps sainct dont le clergé alla chantant apres par grande deuotion. Tant alla le chariot qu'il arriua en vne petite ville nommée Croine, & là s'arresta. Et deuez sçauoir que nostre Seigneur demōstra là plusieurs beaux miracles pour l'amour du corps saint, car tous les malades de quelque maladie que ce fut qui venoient voir le corps sainct estoient guetis. La renommée du corps estoit si publiée par tout le monde que de tout le pays de France, & d'allemagne on y alloit. Et tant valurent les offrandes qu'on donnoit au corps sainct, que d'vne petite chapelle qui estoit de nostre Dame, là ou il s'estoit arresté on en fit vne belle Eglise. L'euesque Turpin voyant que le corps s'estoit arresté luy descouurit le visage, à celle fin que chacun le vist, & si quelqu'vn le pouuoit reconnoistre pour sçauoir son nom, car nul ne le sçauoit nommer. Quand l'Archeuesque vit que nul ne reconnoissoit point le corps sainct il en fut bien dolent.

Vous deuez sçauoir que les freres de regnaut estoient vn iour pres d'vne fontaine fort triste, & dolens de ce qu'ils ne pouuoient auoir nouuelles de leur frere, lors vit vn pelerin qui passoit par là, lequel salüa les barons. Pelerin dit Alard, d'ou venez vous, si sçauez quelques nouuelles dites le nous. Seigneurs ie viens d'allemagne d'vne ville appellée Croine, aupres de Cologne sur le rhin, là ou i'ay veu de beaux miracles, que fait vn homme qui vint à Cologne qui estoit fort grand & chacun disoit que c'estoit vn geant, quand il fut à Cologne il vit qu'on massonnoit à l'Eglise de sainct Pierre, se presenta au maistre pour ouurer de manœuure qui le receut volontiers. A bref parler ledit homme faisoit merueilles à bien seruir, car il portoit plus en vn coup que ne faisoient dix autres, dont les massons s'en contentoient bien. Quand les autres manœuures virent cela, ils en furent enuieux par tel moyen qu'ils l'occirent, & le ietterent dans le Rhin, lequel par le vouloir de Dieu a esté esleué corps sainct, & fait plusieurs beaux miracles. Il leur compta de point en point toute la façon dudit corps. Alard, Guichard, & Richard entendant le pelerin se mirent à pleurer de la pitié qu'ils auoient de leur frere, car ils cogneurēt bien que c'estoit celuy dequoy le pelerin parloit. Helas dit Richard à ses freres nous sommes destruits, car ie cognois que c'est nostre frere que tant auons cherché. Ils prindrent congé du pelerin en menāt grand dueil, puis prindrent leur chemin deuers Croine, & s'en allerent descendre dedans l'Eglise, là ou ils trouuerent si grand peuple qu'à peine peurent-ils entrer dedans. Lors quand ils furent entrez en l'Eglise ils s'approcherent du Corps qui estoit à descouuert sur vne belle pierre, & virent si grand clarté entour le corps cōme s'il y eut eu cent torches. Lors s'approcherent de pres, & commencerent à le regarder, ils cogneurēt bien que c'estoit leur frere, alors ils cheurent tous pasmez. L'archeuesque voyant cela il fut fort esbahy, & dit à aucuns de son clergé. Seigneurs, ie croy que nous sçaurons à present ce que nous auons desiré car ie croy que ces seigneurs qu'icy sont, cognoissent bien le corps sainct. Ce pendant ils reuindrent de pasmoison & dirent. Helas puis qu'auons perdu nostre frere, par qui nous estions crains & redoutez. Helas qui a esté si hardy d'auoir mis la main sur vous: ie croy qu'ils ne cognoissent pas vostre bonté & valeur, car ils ne vous eust pas si cruellement occis. Lors Alard se tourna deuers ses freres, & leur dit. Mes freres, bien deuons estre dolens, puis qu'auons perdu nostre frere qui estoit nostre confort, nostre soulas & ayde. Adonc l'archeuesque alla vers eux, & leur dit. Seigneurs, ne vous desplaise de ce que ie vous dirai, il m'est aduis qu'auez tort d'ainsi vous desconforter, car vous deussiez mener grand ioye pour vostre frere qui est sainct en Paradis, lequel a souffert martire au seruice de nostre Seigneur, vous voyez qu'il luy en rend bon guerdon, bien voyez aussi les beaux miracles qu'il faict, parquoy ie vous prie de vous reconforter, & nous dictes s'il vous plaist qui vous estes, & comment se nomment le corps sainct, afin que nous fassions mettre sõ nom dessus la tombe. Quand ils ouyrent l'Archeuesque ainsi parler ils commencerẽt à moderer leur dueil. Alors Alord qui estoit l'aisné apres regnaut, luy dit, Seigneur, puis qu'il vous plaist de sçauoir qui nous sommes, & comment ce Corps s'appelle, vous deuez sçauoir que ce corps fut appellé Regnaut de Montauban le vaillant cheualier & nous qui sommes icy estions ses freres, & bien sçay que vous auez ouy parler des quatre fils Aimon, desquels le monde parloit tant, & que le corps sainct estoit Regnaut de Montauban le noble cheualier, ils se mirent tous à pleurer de pitié, & de ioye de ce qu'ils voyoient deuant leurs yeux le plus vaillant cheualier du monde, & qui estoit mort au seruice de nostre Seigneur faisant penitence. Apres que les trois freres eurent vn peu laissé leur dueil, ils firent mettre en sepulture leur frere fort honorablement, & le mirent dans vn riche tombeau, lequel l'Archeuesque auoit fait faire, là ou le sainct corps est encores, comme chacun sçait, & est appellé sainct Regnaut martyr, sa memoire fut mise en escrit autentiquement, & en fait-on chacun an grand solemnité au pays de par de-là. Apres que le corps fut enterré ses freres s'en allerent en leur pays.

FIN.

TABLE
DE LA PRESENTE HISTOIRE SELON l'ordre des Chapitres

FIN.

www.ingramcontent.com/pod-product-compliance
Ingram Content Group UK Ltd.
Pitfield, Milton Keynes, MK11 3LW, UK
UKHW022024170726
13837UKWH00001B/383